KB071581

Feminist counseling and Supervision

여성주의상담과
사례 슈퍼비전

한국여성의전화 부설 한국여성주의상담실천연구소 기획

이미혜 · 김영자 · 문채수연 · 배인숙 · 이문자 · 이화영 · 황경숙 공저

학지사

발간사

한국여성의전화는 1983년 창립한 이래 지난 30년간 여성의 경험에 근거하고, 여성을 역량강화하며, 여성의식화를 통해 성차별적인 사회구조에 대항할 수 있는 상담 이론을 찾아왔다. 그것은 개인의 변화와 함께 사회구조의 변화를 목표로 삼는 여성주의상담이었다.

한국여성의전화의 여성주의상담 이론에 대한 체계화는 1988년 『여성상담 사례집』을 발간하면서 시작되었다. 그 후 한국여성의전화(구 서울여성의전화) '여성주의상담 연구팀'은 2005년 발간한 『왜 여성주의상담인가』를 통해 여성주의상담의 역사, 여성주의상담의 원리와 목표, 여성주의상담가 등 여성주의상담에 관한 전반적인 내용을 정리하였다.

『왜 여성주의상담인가』는 발간 후 현재까지 여성주의상담을 공부하고자 하는 사람들에게 여성주의상담의 길잡이 노릇을 톡톡히 해 왔다.

2008년에는 『여성주의적 가정폭력 쉼터운영의 실제』를 통해 가정폭력 피해자에 대한 여성주의상담과 기관 운영의 여성주의적 적용과 활용에 대한 도서를 발간하기도 하였다. 이러한 활동들은 2010년 '한국여성주의상담실천연구소' 개소라는 성과로 이어졌다.

'한국여성주의상담실천 연구소'는 교육과 실습, 훈련으로 이루어진 5단계에 걸친 '여성주의상담전문가 교육'을 통해 여성주의상담 교육 훈련을 체계화하였다.

　'여성주의상담 슈퍼비전 그룹'과 '공개 슈퍼비전' 등은 현장에서 여성 문제를 상담하는 상담가들의 전문성을 향상하는 데 큰 역할을 하였다. 매월 열리는 '여성주의상담 논문 발표'는 여성주의상담 관련 연구 내용을 공유하고 심화하며, 여성주의상담의 영역을 확장하고 대중화하는 데 큰 역할을 하고 있다.

　1995년부터 본격적으로 시작된 한국여성의전화 '여성주의상담 슈퍼비전'은 상담 현장의 각종 상담을 여성주의적 관점에서 분석하고 살펴볼 수 있게 하였다.

　'여성주의상담 슈퍼비전'은 상담 사례를 여성주의적으로 이해하고, 사회에 존재하는 성차별주의와 성역할 고정관념이 여성의 삶에 어떻게 영향을 미치는지 탐색하며, 가부장적 편견이 어떻게 상담자 자신에게 내면화되어 있는가를 성찰하게 한다.

　이번에 발간하는 『여성주의상담과 사례 슈퍼비전』은 『왜 여성주의상담인가』에서 제시된 여성주의상담 목표와 원리의 실천편이라고 볼 수 있다.

　이 책은 가정폭력, 성폭력, 외도 등 각각의 사례에 대한 여성주의적 관점에서의 분석과 사회구조적 관점에서의 설명, 실제 상담 내용을 담은 축어록과 슈퍼비전 내용을 주석(註釋)으로 첨부하여 각각의 상담사례에 대한 여성주의상담의 적용을 사례별로 기술하고 있다.

　또한 쉼터에서 이루어지고 있는 다양한 프로그램과 최근 많은 문제가 되고 있는 데이트폭력에 대한 여성주의적 관점의 설명에 이르기까지 참으로 공이 많이 든 책이다.

　『여성주의상담과 사례 슈퍼비전』을 통해 여성주의상담에 대한 이해가 넓어지고, 구체적이고 실질적인 여성주의상담의 방법론을 배울 수 있기를 바란다.

 필자들을 비롯한 모든 한국여성의전화의 여성주의상담가들과 활동가와 회원들에게 감사의 마음을 전하며, 특히 한국여성의전화를 믿고 자신들의 모든 얘기들은 들려준 내담자들에게 진심으로 감사를 드린다.

정춘숙
한국여성의전화 상임대표

머리말

『왜 여성주의상담인가』가 2005년에 나왔으니 7년만에 그 뒤를 이어 『여성주의상담과 사례 슈퍼비전』이 발간됐다. 『왜 여성주의상담인가』가 여성주의상담에 대한 원론을 다룬 것이었다면 이번 책은 여성주의상담 원리를 적용해서 어떻게 상담하는 것인지를 구체적으로 보여 주는 실제에 초점을 두고 쓰였다. 『왜 여성주의상담인가』 발간 이후 좀 더 쉽고 구체적으로 여성주의상담을 할 수 있는 지침서가 필요하다는 요구가 많았다. 현장에서 일하는 상담자들이 가장 목말라하는 부분이 상담을 풀어 가는 방법론과 슈퍼비전이므로 거기에 부합하도록 집필 방향을 잡았다.

이 책은 가정폭력, 성폭력, 외도, 쉼터 사례 등 상담 현장에서 만나는 다양한 내담자들의 상담 사례 슈퍼비전이 내용의 절반 이상을 차지하고, 나머지는 여성주의상담 개관, 의식향상훈련, 데이트폭력에 대한 소개글로 구성되었다. 사례들은 한국여성주의상담실천연구소에서 2010년부터 2011년까지 2년간 실시한 '여성주의상담 그룹 슈퍼비전'에 제출된 참가자들의 사례 중 내담자의 동의를 거친 다섯 사례를 선정했다. 이 사례를 여성주의상담 슈퍼바이저들이 하나씩 맡아 고민해 볼 만한 여성주의상담의 주제를 사례 앞에 서술하고 뒤에 상담축어록과 함께 여성주의상담원리를 상담에 어떻게 적용해 볼 것인지 하나하나 각주 처리를 하여 정리해 놓았다. 또한 슈퍼비전에 참가한 동료들의 피드백도 첨가했다. 편집회의에서 참가자들의 피드백이 현실감이 있어서 살리자는 의견이 많았다.

이번 책의 장점은 사례와 함께 여성주의상담과 관련한 주요한 주제들이 함께 다루어졌다는 점이다. 의식향상훈련은 여성주의상담의 고유한 방법으로 『왜 여성주의상담인가』에서 다루지 못한 2005년 이후의 의식향상훈련의 역사와 내용을 소개하고 있다. 데이트폭력은 요즘 한창 주목을 받고 있는 주제로 이번 기회에 전체 내용을 정리해서 관련 활동가와 상담자들에게 좋은 자료가 되고자 기획했다. 그동안 데이트폭력이 갖는 중요성에 비해 정리된 자료가 적어서 현장 상담자들이 애태우던 차에 유용한 지침이 될 것으로 기대한다.

1년여에 걸쳐 선후배들과 함께 이 책을 써 나갔다. 수많은 회의를 거쳤고 원고 하나하나를 같이 읽고 피드백하며 책 모양을 잡았다. 7년만에 슈퍼바이저들이 다 같이 모이고 후배들도 함께하다 보니 몸이 아픈 분도 있고 개인 일정이 바빠서 호흡을 맞추면서 진행하기가 쉽지 않았다. 여전히 만들어 가는 과정에 있는 여성주의상담이라 역량 부족을 절감했고 서로의 지혜가 필요했다. 사례집의 특성상, 거의 다 써 놓았던 상담 사례 원고가, 내담자가 갑자기 동의를 철회해 취소되기도 하고, 성폭력 사례는 민사소송이 끝나지 않아 원고를 포기해야 하는 경우도 있었다.

하지만 책 작업을 하면서 느끼는 것은 이런 과정 하나하나가 집필자들에게 힘이 되고 어려움을 극복해 가면서 서로의 관계성을 끈끈히 할 수 있는 과정이라는 것이다. 2년에 걸쳐 써 내려갔던 『왜 여성주의상담인가』 집필 과정이 하나의 의식향상집단이었다는 기억이 있는데, 이번 작업 역시 그 선상에서 경험될 것이다.

머리말을 마무리하면서 자신의 소중한 이야기를 기꺼이 게재하도록 동

의해 준 내담자들과 마음으로 이들과 만난 상담자들에게 제일 먼저 감사
드린다. 그리고 누가 알아주지 않아도 여성주의상담의 정신을 지키고 내
용을 만들어 내기 위해 정성을 아끼지 않는 여성주의상담 슈퍼바이저들
과 후배들에게 고맙다.

　여성주의상담은 우리들이 만들어 가는 조각보와 같다. 원론과 실제를
다루었으니 다음에는 좀 더 발전되고 우리의 경험이 스며든 이론서가 나
와야 하지 않나 싶다. 작은 노력이 큰 산을 이루듯 거북이걸음처럼 걷다
보면 한국의 역사와 문화가 녹아든 여성주의상담이 완성될 날이 있을 것
이다. 그런 날을 희망해 본다.

이미혜
한국여성의전화 부설 한국여성주의상담실천연구소 소장

추천의 글 · 1

　『여성주의상담과 사례 슈퍼비전』의 발간 추천사를 부탁받았을 때, 약 30년 전의 일이 생각났다. 그 당시 여성개발원에서 여성상담을 주제로 심포지엄인지 세미나인지가 개최되었는데, 그곳에서 나는 얼굴을 들 수가 없었다. 여성운동이, 여성상담이 발전하는 데 나 같은 사람이 가장 큰 잠재적 방해 요인임을 비로소 깨달았기 때문이다. 나는 슈퍼우먼을 향해 달려왔다. 가정에서도 훌륭한 엄마, 아내, 며느리가 되려고 노력했고, 밖에서 공부하고 상담을 할 때에도 우수한 전문가가 되려고 노력했다. 그렇게 안과 밖에서 완벽해야 한다고 생각했다. 이에 미치지 못할 때, 그러니까 아이들에게 소홀할 때나 남편의 속옷을 사다 주지 못할 때에 미안하고 미안했다. 뿐만 아니라 남에게까지도 두 역할을 온전하게 하기를 기대하고 요구했다. 미진하면 속으로 비난했다. 그래서 여성운동의 큰 문제는 이렇게 완벽해야 한다고 자신과 남에게 요구하는 여성이라고 했다. 그 이후로 나는 여성운동은 물론이고 여성상담을 멀리했고, 피했다.

　요즈음 나는 주중에 혼자 외지에 와서 생활한다. 집 안에서 남편과 아들, 시어머니가 어떻게 먹고 사는지 크게 염려하지 않는다. 그렇다고 걷지도 못하는 시어머니가 집안일을 하시는 것도 아니고, 파출부가 오는 것도 아니다. 남편과 아들이 알아서 먹고 다니고, 어머니를 건사한다. 초기에는 남편이 불편해했다. 그러나 60년 정도 살아온 어른이 자신의 먹을 것을 스스로 챙기지 못해 불평하는 것은 말이 안 되는 것이고, 늙은 아들이 더 늙은 어머니의 식사를 준비하고 양육하면 안 되는 것이냐는 반문에 남편은 큰 저항 없이 상황에 적응했다. 시어머니가 가끔 못마땅한 마음을 늙은 아들에 대한 걱정으로 표현하지만 나는 그러려니 하고 별로 죄책감 없이 지나친다. 아들이 설거지를 하고 세탁기를 돌리고 빨래를 널고 개어도 잘 적응하며 살고 있구나 하지 크게 미안하지는 않다. 나도 외지에서 홀로 나를 건사하며 지내는 것이기 때문이다. 왜 저들은 집 밖에서 정작 고생하는 사람이 나라는 것을 모르는 것일까? 30년 전의 나라면 이러한 상황에 개의치 않았을 리가 없다.

이러한 변화에 대해 여러 가지 이유들을 생각해 본다. 돈을 벌고 있기 때문인가? 남편이 퇴직하고 힘이 없기 때문인가? 사회에서 여권 신장이 이루어졌기 때문인가? 이제 나이가 들어 뻔뻔해진 것인가?

이러한 상념들이 떠오르는 가운데, 『여성주의상담과 사례 슈퍼비전』을 읽어 본다. 『왜 여성주의상담인가-역사, 실제, 방법론』에 이어 한국여성의전화 실무진이 두 번째로 내놓은 책을 보면서 이들이 얼마나 치열하게 노력해 왔는지를 온몸으로 경험한다. 이들은 자기 뼛속 깊이 있는 남존여비를 직면하고 철저히 변화시킨 그 역량을 자신뿐 아니라 또 다른 여성들에게 전도하고 적용하는 여성주의상담의 전도사들이었다. 그들은 스스로를 치료해 나갔고, 서로를 치료하여 여기까지 왔다. 그렇게 해서 얻어진 '개인적인 것은 정치적인 것이다.' '상담자와 내담자는 평등하다.' '역량강화' '여성의 시각으로 재조명하기' 이 네 가지 여성주의상담의 원리들은 정재된 기법이자 가치다. 이러한 원리들은 여성주의상담에서만 적용되는 것은 아니다. 문화적 예민성, 상담자와 내담자의 평등, 내담자의 역량강화는 어떤 상담에서도 철저하게 지켜져야 할 원리들이다. 그러나 우리 생활에서 공기처럼 너무나 당연한 기본적인 원리들이기 때문에 간과하기 쉬운 것이 문제가 된다. 그래서 여성주의상담을 통해 그러한 기본에 대해 도전받아 민감성이 높아짐을 경험한다.

책에서 다루고 있는 가정폭력, 아동기 가정폭력피해의 영향, 성폭력, 외도, 데이트폭력 등 여성들이 겪고 있는 대표적 사례들을 이론과 실제 사례를 엮어 소개하기 때문에 상담이 이상이 아니라 현실임을 증명한다. 각주를 통해 여성주의상담의 어떤 원리와 기법이 도입되었는지, 평가와 대안을 꼼꼼히 적어 놓은 것은 여성적 돌봄뿐 아니라 전도자들의 열정이 묻어나는 대목이다. 우리는 이 책을 통해, 우리가 얼마나 많은 편견과 왜곡들에게 인도되어 살아왔는지 새삼 놀라게 된다. 아마 몇몇 이들은 이 책을 읽으며 그것이 있다는 것조차 모르고 있었음을 발견할 것이다.

자신이 불쌍하고, 이웃의 여성이 안타까운 자비의 마음에서 시작하여 여성주의상담의 일가를 이룬 한국여성의전화 전문가들에게 존경과 감사의 마음을 전하며, 여성이 대다수를 차지하고 있는 심리상담계에 이 책을 추천한다. 이 책을 통해 변화해야 할 사람은 내담자가 아니라 우리 자신임을 알게 된다는 것이 오히려 마음 아프다.

금명자
대구대학교 심리학과 교수
전 한국상담심리학회장

추천의 글 · 2

내가 어렸을 때는 한국 여성들이 정말 말도 안 되는 차별을 당하고 살았다. 남편이 병들어 먼저 죽으면 아내는 애꿎게 '남편 잡아먹은 년'이 되었다. 점잖게 '미망인'으로 불리지만 이는 '(남편을 따라 죽어야 하는데) 아직 죽지 않은 사람'을 가리키는 말이다.

뭐든지 나쁜 일이 생기면 이를 여성의 탓으로 돌리는 일은 현재도 다른 나라에서 흔하게 일어나고 있다. 예를 들면 아프리카의 가나 등지에서는 마을에 나쁜 일이 생겼을 때 한 여성을 마녀로 지목해서 죄를 뒤집어씌우고 마을에서 내쫓는다. 남자 주술사가 지목하는 대로⋯⋯. 내가 겸임교수로 강의하는 이화여자대학교 국제대학원의 외국학생들에게서 듣는 이야기다. 21세기에 아직도 벌어지고 있는 현실이다. 주술사에게 의존하는 미신부터 먼저 없애야 하지만, 아무 죄 없이 하루아침에 쫓겨나야 하는 여성들의 눈물을 닦아 줄 수 있는 여성주의상담자가 이런 경우 절실히 필요하다.

이 책의 저자들은 여성주의상담의 개척자로서 자부심을 가질 만하다. 전통적인 상담이 프로이트의 심리 해석에 근거해서 오이디푸스 콤플렉스를 이야기할 때, 이 책의 저자들은 "그렇지 않다."라고 새로운 해석을 내놓았다. 여성이 고통을 겪는 것은 '남성이 달고 태어난 무엇이 결핍되어서'가 아니라고, 여성이 당하는 억압과 폭력과 학대는 우리 사회가 남성 중심의 가부장적 사회이기 때문이라고…….

　여성이 살아온 절망의 세월에 공감해 주고, 같이 고민하고, 당신 탓이 아니라고 격려해 주고, 보다 나은 상담을 제공해 주기 위해 선배 상담원 들에게 슈퍼비전을 받고, 그리고 이 모든 과정을 가감 없이 그대로 한 권 의 책으로 엮어 낸 그 노고에 진심으로 박수를 보낸다.

신혜수
유엔인권정책센터 상임대표

차 례

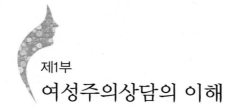

제1부
여성주의상담의 이해

제2부
여성주의상담 사례 슈퍼비전

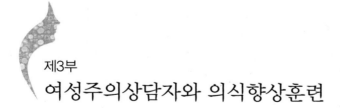

제3부
여성주의상담자와 의식향상훈련

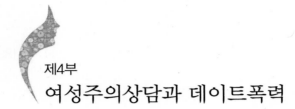

제4부
여성주의상담과 데이트폭력

제1부

여성주의상담의 이해

Feminist counseling and Supervision

여성주의상담(feminist counseling)은 내담자의 문제를 사회문화적 측면에서 거시적으로 조명하는 상담이론이다. 전통 상담이 개인 심리 중심으로 내담자의 문제를 설명하는 것과는 매우 다른 접근 방식을 취한다. 여성주의상담은 사회적 조건이 내면화되어 개인에게 영향을 준다고 보며 성차별이나 권력의 문제 등을 주의 깊게 다룬다.

한국에서 여성주의상담은 학교보다는 가정폭력, 성폭력 문제를 다루는 현장의 상담소를 중심으로 활발히 논의되고 있다. 가정폭력, 성폭력은 성차별이 주요인으로 지적되는 대표적인 여성 문제로 여성주의적인 접근이 필수적이기 때문이다. 현장 상담자들은 여성주의 접근이 가정폭력, 성폭력 피해자를 상담하는 데 필수적인 접근법이라고 말한다. 1983년 개원한 이래 가정폭력 문제를 주요 의제로 활동해 온 한국여성의전화는 한국 최초로 여성주의상담의 주요한 현장이 되었다.

1990년대 말 여성폭력 관련 법들이 제정된 이후, 관련된 현장 상담소가 빠르게 증가하고 있다. 또한 장애인이나 성적소수자 및 다문화 문제가 사회에서 주목받기 시작하면서 여성주의상담에 대한 요구가 증가하고 있는 실정이다.

다음에서는 여성주의상담의 개념, 상담 원리, 여성주의상담자의 특성, 여성주의상담 기법과 함께 한국의 상담 현장에서 여성주의상담의 필요성 부분을 정리하여 여성주의상담의 이해를 돕고자 한다. 한국여성의전화에서의 경험을 중심으로 이 글이 쓰였음을 밝힌다.

여성주의상담의 이해

이미혜
(한국여성의전화 한국여성주의상담실천연구소[1] 소장)

1. 여성주의상담의 개념

여성주의상담은 1960년대 서구에서 활발하게 일어난 여성운동의 영향
속에서 성장했다. 여성주의상담은, 다른 상담이론들이 한 사람의 천재적
인 이론가에 의해 주창되고 성장해 온 것과는 다른 과정을 거쳐 발전해
왔다. 여성주의상담 발달 초기인 1960년대 여성심리상담자들이 의식향
상집단(Consciousness Raising Group: CR집단)에 참여하고 스스로 변화하

---

1 한국여성의전화는 1983년 설립된 여성인권운동단체로 30여 년 간 가정폭력 성폭력 상담소를
  운영해 왔다. 한국 최초로 여성주의상담을 표방하고 실천해 온 역사성, 상담 경험과 인적 자
  원을 기반으로 2010년 한국여성주의상담실천연구소를 개소했다.
  여성의전화는 서울 지역에 기반을 두고 활동해 온 서울여성의전화와 25개 지부사업을 펼쳐
  온 한국여성의전화 연합이 통합되어 2009년 한국여성의전화로 새롭게 출범했다.

면서 심리상담과 치료에 변화가 일어나기 시작했다(김혜경, 2005: 15). 여성심리상담자들은 전통적인 심리상담이론이 성역할 고정관념을 강화하고, 결국은 내담자의 대부분을 차지하는 여성에게 자신의 삶의 변화를 촉진하기보다는 적응하도록 만들고 있다는 문제의식을 느끼게 된다.

여성 내담자의 경우 성차별 사회에서 억압당해 온 존재로서 새로운 조명으로 이해되어야 하고 상담자의 신념, 가치, 태도의 체계 안에 이러한 새 조명이 의식화되어 있어야 여성 내담자를 제대로 상담할 수 있게 된다(최혜림, 1989: 50). 서구에서는 이미 이런 관점을 상담심리가들이 상담 과정에서 유념해야 할 지침으로 권장했다. 1975년 미국심리학회에서는 전문적인 상담자들의 성편견 및 성역할 고정관념과 관련된 심리치료를 위해 CR훈련을 사용할 것을 권장하였다(정소영, 1985: 이지연, 2004에서 재인용). 여성에 대한 상담 및 심리치료에 대한 원리[2]를 이미 미국심리학회 17개 분과에서 이른 시기에 제시하고 있다(American Psychological Association, 1979: 이지연, 2004에서 재인용).

한국의 여성주의상담도 여성운동과 밀접한 관계를 맺고 성장했다. 한국 여성주의상담의 기원은 여성주의 철학의 관점에서 상담을 시작한 여성의전화로 꼽힌다(김민예숙, 2011: 209). 1983년 창립된 여성의전화는 단순한 여성상담의 한계를 벗어나 한국 사회에서 여성주의상담이 태동 전개되는 데에 가장 핵심적 역할을 담당했다(노성숙, 2009: 17). 여성의전화

---

2 이 원리는 세부적으로 지식, 상담자 태도, 상담 과정과 기술을 포함한다. "상담자들은 일반적으로 여성에게 영향을 주거나 사회적으로 특별히 영향을 끼치는 생물학적, 신체적, 사회적 이슈들에 대해 알고 있어야 한다."(1항), "상담자들은 모든 형태의 억압에 대해 알고 억압이 성차별주의와 어떻게 상호작용하는지 알고 있어야 한다."(4항)를 포함, 총 13개항으로 구성되어 있다.

는 창립취지문에서 상담 활동을 '폭력의 희생자들을 돕고 가정에서 폭력을 추방하는 동시에 사회 전체의 심리적 건강에 기여하고자 하는 상담사업으로 여성운동의 일환'이라고 밝히고 있다. 여성의전화는 가정폭력 피해자들을 조력하는 경험 속에서 결국 개인과 사회의 심리적 건강은 같은 맥락이며 동시에 변화가 필요하다는 여성주의상담의 관점을 더욱 확고히 하게 된다. 여성의전화가 1994년 개최한 '여성상담 심포지엄'은 여성주의상담의 구체적인 내용이 없었던 한국 사회에서 매우 중요한 의미를 지닌다(정춘숙, 2005: 53). 여성상담에 대한 이론적 배경과 방법론(김영애), 여성주의상담과 여성주의정체성 발달단계(박애선), 성차별문화와 종교적 관점에서 본 여성상담(윤종모), 여성성과 남성성 원리에 의한 쉼터상담(김명희) 등을 주제로 학자들과 여성주의상담자가 참여하여 본격적으로 여성주의상담을 고민해 보는 토론의 장이 되었다. 여성의전화는 여성인권운동과 상담을 통합하는 방식으로 여성주의상담을 정리해 왔다.

학계에서도 몇몇 연구자들을 중심으로 여성주의상담의 개념이 정리되어 왔다. 이런 일련의 과정은 '여성상담'에서 '여성주의상담'이라는 개념 변화를 통해 알 수 있다. 여성상담의 광의적인 정의는 '여성 내담자의 인간적 성숙을 도와주는 과정'이다. 좀 더 구체적으로는 '여성의 인간적 발달과 정신건강을 도모하기 위하여 여성 내부에 존재하는 여성성을 포함하는 무한한 가능성을 발굴해 내는 과정'이라고 말한다(이혜성, 1997: 5-6). 그러나 이들이 제시한 상담은 상담의 대상을 '여성'에게 국한시키면서 기존의 인본주의, 정신분석 상담의 주요 신념에 근거한 여성상담의 모형을 제시하였다(한국여성개발원, 1985: 이지연, 2004에서 재인용).

'여성주의상담' 개념은 여성상담과 뚜렷한 차이를 보인다. 여성주의상담은 여성들의 심리적 불편감이 여성이라는 사회적 위치와 관련되어 있다고 본다. 그래서 여성주의상담은, 개인적인 것이 정치적인 것이라는 여성주의(feminism)의 명제를 적극 받아들이고 개인과 사회의 변화를 동시에 추구한다. 여성주의상담은 '여성주의 가치관을 바탕으로 성별, 인종, 민족, 장애, 성적 선호 등을 이유로 차별받는 내담자들의 역량을 강화하여 자신의 문제를 해결할 수 있도록 조력하고 사회를 변화시키려는 상담'이다(이미혜, 2012). 이 개념은 '여성주의 가치관'을 강조한다. 여성주의 가치관은 성차별을 포함하여 장애, 민족, 성적소수자 등 사회소수집단의 문제에 주목하기에 여성주의상담의 대상을 '여성'으로만 한정하지 않는다.

이처럼 여성주의상담 개념이 변화하게 된 배경에는 한국 사회가 여성인권을 포함해 그동안 별로 주목받지 못했던 사회소수자의 인권에 대한 인식이 높아졌으며 결혼이민자 증가로 다문화가정 문제가 부각되면서 다양성을 인정하는 사회구조로 변화하게 된 것도 영향을 주었다. 90년대 중반 이후 10여 년간 「성폭력방지법」(1994), 「가정폭력방지법」(1997), 「성매매특별법」(2004) 등 여성 폭력 관련 법과 제도가 정비되어 여성 인권에 대한 기초가 마련되었다.

2. 여성주의상담 원리[3]

여성주의상담 원리는 개인적인 것은 정치적인 것이다, 상담자와 내담자는 평등하다, 역량 강화, 여성의 시각으로 재조명하기다. '개인적인 것

---

3 이 부분은 『왜 여성주의상담인가』(2005)의 7장 '여성주의상담 원리와 사례'(이미혜)를 참조, 재구성해 수록했다.

은 정치적인 것이다.'라는 말은 상담자가 내담자의 문제를 어떻게 이해하는가라는 기본 관점을 말한다. '상담자와 내담자는 평등하다.'는 여성주의상담이 상담자와 내담자의 관계를 어떻게 설정하고 만들어 가는가를 보여 준다. '역량강화'는 적응이 아니라 변화라는 상담의 방향성을 포함한다. '여성의 시각으로 재조명하기'는 내담자가 억압된 자기 경험을 드러내고 수용할 수 있도록 돕는 것을 말한다. 실제 상담 과정에서 이 네 가지 원리는 서로 연결되어 있으며 상담자는 이 원리들을 잘 통합하여 상담을 이끌어 가야 한다. 가정폭력 상담 사례를 중심으로 이 원리들이 어떻게 적용되는지 살펴보자.

원리 I: 개인적인 것은 정치적인 것이다

이 원리는 내담자들이 겪는 문제는 개인적으로 보이지만 개인을 둘러싼 사회적 조건 속에서 형성된 문제라는 의미다. 사회적 조건이 오랜 세월 성편향적으로 구성되어 왔기에 내담자들의 문제는 내면화되어 개인적인 측면과 사회적인 측면을 따로 떼내어 보기가 힘들다. 그래서 문제의 해결을 위해서는 어떻게 문제가 생겨나고 자라났는지에 대한 구조적 이해가 필요하다. 이 이해를 통해 내담자들은 자신의 문제가 자기 안에서만 만들어진 것이 아니며 성차별적이고 가부장적인 사회구조 안에서 생겨났고 자라나며 강화된다는 인식을 갖게 된다.

가정폭력 피해 사례에 이 원리를 적용해 보자. 가정폭력 피해자들은 자신들이 더 이상 맞고 살 수 없어서 상담소나 쉼터를 찾았음에도 불구하고 대부분 죄책감에 시달린다. 죄책감의 내용은 '가정을 끝까지 지키지 못했다.' '가해자인 남편을 구원하지 못했다.' '자식을 돌보지 못했다.' '최

선을 다하지 못했다.' 등이다. 이 죄책감을 잘 들여다보면 내면화된 성고
정관념⁴이 영향력을 발휘한다. 성고정관념은 젠더에 대한 신념체계에서
가장 기본적 측면이며 다른 신념체계(성정체성, 태도)에 영향을 미친다(조
혜자, 2002: 163). 성고정관념은 전통적으로 사회가 '바람직한 여성의 행
동'이라고 말해 온 기대와 밀접한 관계가 있다. 여성을 '돌보는 사람' '무
기력한 사람' '모성적 존재'라고 보는 이런 고정관념들은 가족이나 학교,
직장, 매체, 종교 등을 통해 개인에게 그렇게 하는 것이 바람직하다는 무
언의 압력을 주게 된다. 개인의 인권보다 완벽한 아내, 엄마, 며느리로서
의 역할 수행이 더 중시된다. 가정폭력 피해 여성들은 자신이 살기 위해
서 집을 나온 행동을 정당화하기가 힘들다. 나쁜 엄마, 나쁜 아내가 되었
다는 현실에 당황하고 주위의 평판을 의식하며 자신의 행동이 옳은 것이
었는지 혼란스러워한다. 그래서 가정폭력 피해자들은 여성주의상담자들
로부터 "당신 잘못이 아니다."라는 말을 들을 때 자유로움을 느낀다.

사적 영역으로만 여기던 가정폭력, 성폭력 문제에 국가가 개입하고 관
련 법이 제정된 것은 개인적인 것이 정치적인 것이라는 이 원리가 타당
하다는 증거다. 이 밖에도 여성들이 호소하는 다양한 문제들—우울증,
폭식증/거식증, 진로 선택, 시집 갈등, 부부 갈등—은 여성이 무력한 성
차별적 사회 현실과 관련되어 있는 경우가 많다.

가정폭력 쉼터 내담자들은 개인상담 외에 의식향상훈련, 성의식 향상,
성역할분석집단 등에 참여하며 자신이 경험한 가정폭력이 사회구조와 연
결된 문제라는 것을 알고 비로소 죄책감에서 벗어난다. 비슷한 가정폭력

---

4 가장 변화를 보이지 않는 고정관념이며 남녀가 갖고 있는 것처럼 보이는 특성들에 대한 믿음
의 집합(Deaux & LaFrance, 1998)으로 정의된다.

피해를 입은 사람들과 만나면서 나만의 개인적인 문제가 아니라는 것을 깨닫고 안정감을 찾게 된다. 당사자 모임은 스스로를 타당화하고 공감받을 수 있는 좋은 기회가 된다. 개인상담 초기에 자신의 생애사를 서술해 보면서 스스로 객관화하고 상담자와 검토해 보는 시간도 유용하다. 원가족과 성장 과정 속에서 자신이 여자라는 이유로 억압했거나 차별받았던 경험들을 드러내면서 내담자가 무엇을 경험하고 내면화했는지를 알 수 있다. 자신의 현재 문제와 관련된 성역할분석(부록 1 참조)이나 자신의 사회적 위치와 권력을 검토해 보는 권력분석(부록 2 참조)도 도움이 된다.

이 과정에서 내담자는 분노감이 올라올 수 있으며 상담자는 이 분노감을 내담자들이 건강성을 되찾아 가는 좋은 신호로 보고 수용할 필요가 있다. 경험적으로 보면 분노를 표현하지 못하는 폭력 피해 여성들은 그만큼 회복도 더딘 것을 알 수 있다. 자신의 문제가 사회적인 것임을 이해하고 분노감을 경험한 내담자는 사회 변화에도 참여할 수 있다. 이는 문제의 원인이 되는 환경적, 외적 조건을 직접 변화시키려는 시도를 말한다. 사회 변화를 크게 보기보다 생활 주변의 작은 것부터 시작하여 큰 수준까지 내담자의 역량이 허락하는 선에서 시도해 볼 수 있다.

원리 II: 상담자와 내담자는 평등하다

여성주의상담의 평등성은 같은 여성으로서 상담자와 내담자가 공유하는 경험에서 출발한다. 상담자는 내담자의 폭력 피해에 대해 공감하고 자신 역시 여성폭력이 만연한 사회에서 폭력의 두려움에서 자유로울 수 없다는 사실을 인정한다.

여성주의상담자는 내담자를 자신의 삶에 관한 최고의 전문가라고 인정한다. 피해자가 아닌 생존자로 바라본다. 또한 상담 관계가 권력화되지 않도록 노력하며 상담자의 가치관을 내담자에게 개방한다.

여성주의상담자는 가치자유적인 상담을 하는 것은 불가능하다고 믿는다. 그결과, 상담자들에게 자신의 가치관을 명료하게 하는 것이 필수적이라고 여기며, 내담자에게 그들의 가치관이 잠재적인 영향력을 끼칠 수 있다는 것을 알고 있다(Brodsky, 1976; Butler, 1985; Gilbert, 1980: Enns, 1997: 13에서 재인용).

상담자는 내담자 문제와 관련된 자신의 경험이나 현재 상담 관계에서 느끼는 감정과 생각을 개방할 수 있다. 이를 위해서는 상담자 자신과 내담자가 이 부분을 수용할 내적인 준비가 되었는지를 잘 판단해야 한다.

원리 III: 역량강화

역량강화(empowerment)는 내담자들이 자신에게 도움이 되지 않는 현재의 상황이나 관계에 적응하기보다는 변화를 지향하도록 돕는 것이다. 사회 권력구조의 분석, 여성들이 어떻게 무력함을 느끼도록 사회화되는지에 대한 토론과 자각, 여성들이 개인적, 관계적, 제도적 영역에서 어떻게 힘을 성취하는지에 대한 발견, 여성의 이익을 옹호하는 기술의 사용 등(Hawxhurst and Morrow, 1984: Enns, 1997: 26에서 재인용)이 포함된다. 상담과 병행되는 가정폭력·성폭력 교육, 직업훈련, 문화활동, 자원봉사 참여 활동 등이 이 과정을 촉진한다. 내담자가 가진 자원을 찾아내어 활용하도록 한다.

여성주의상담자는 내담자가 자기 욕구에 초점을 두도록 하며 경제적인 독립을 강조한다. 전업주부라면 가사노동의 가치를 인정받고 가정 내에서 재산권을 획득할 수 있도록 부부재산 공동 명의, 자기 명의 통장 갖기 등을 계획으로 세워 볼 수 있다.

여성주의상담자는 상담 과정에서 개입할 지점이 나타나면 적극적으로 참여한다. 가정폭력 위기 상담 중 즉각적인 보호가 필요하다고 판단되면 지역 경찰서에 도움을 청하기도 한다. 여성주의상담자는 지역사회 폭력 예방 강사로 활동하고 지역 내의 관련 정책 모니터링 등에도 적극 참여한다.

원리 Ⅳ: 여성의 시각으로 재조명하기

이 원리는 그동안 낮게 평가되어 왔던 여성으로서의 경험을 긍정하고 재평가하도록 촉진한다. 이는 인간으로서 온전히 자기의 경험을 믿고 수용하도록 돕는 원리이며 그동안 억압되어 왔던 경험을 되살려서 통합하는 과정이다. 여성의 경험에 입각해서 사춘기, 2차성징, 성관계, 임신, 출산, 양육, 완경기,[5] 노화 등 발달의 전 과정이 해석되고 가사노동에 대한 새로운 이해가 이루어진다. 사회 안에서 전통적인 여성적 특성으로 낮게 평가되어 온 보살핌, 수동성, 관계성 등의 심리적 측면들이 부정과 긍정의 측면을 드러내고 통합할 수 있도록 다룬다.

이와 함께 여성의 경험이 잘 드러나도록 기존의 언어를 여성의 언어로 바꾸어 보는 작업도 유용하다. 예를 들면 폐경기 → 완경기, 미혼 여성 → 비혼 여성, 편모가족 → 한부모가족 등으로 재명명해 볼 수 있다.

---

5 중년기 이후 여성들이 겪는 심리, 신체적 변화를 폐경기나 갱년기로 묘사하는 대신 여성의 경험에 잘 맞으며 보다 긍정적인 의미를 가진 완경기라고 부른다.

3. 여성주의상담자의 특성[6]

여성주의상담자는 여성주의 가치관을 바탕으로 상담하는 사람이다. 여성주의상담자의 특성은 다음과 같다.

첫째, 여성주의에 입각한 자기 성찰과 실천을 위해 노력한다.

여성주의상담자들이 성찰하는 주요한 문제는 다음과 같다. 상담자 자신이 여성주의자 혹은 상담자로서 자신의 정체성을 유지하는 것, 상담자와 내담자의 평등한 관계, 상담 관계의 맥락을 유지하려는 노력, 내담자를 단순한 피해자가 아닌 유능한 사람으로 보려는 노력, 상담자의 변화에 대한 조급성의 성찰, 그리고 상담자 자신 안에 있는 가부장성에 대한 성찰 등으로 나타난다(강문순, 2003: 92-93). 실천은 여성주의 가치관을 상담과 자신의 삶 속에 적용하는 노력을 말한다. 개인 및 집단상담으로 내담자를 돕는 것, 인권 지원 활동, 지역사회 폭력 예방, 성평등 문화 조성 활동, 법제화 운동 등 사회구조를 변하게 하는 운동에 참여하는 일 등이 포함된다.

둘째, 지지집단이 있다.

지지집단은 상담자들의 여성주의 정체성 발달 과정[7] 중 새겨둠 단계에서 중요한 역할을 한다. 여성주의상담자는 자신의 여성주의 가치관이 사

---

6 이 부분은 『왜 여성주의상담인가』(2005) 4장 '여성주의상담자의 정체성과 특성'(이미혜)을 참조, 재구성해 수록했다.

7 여성주의정체성은 개인적 정체성과 사회적 정체성이라는 양면을 통합하는 사회적인 지점이다. Worell은 여성주의정체성 발달단계를 4단계로 제시했다(부록 3 참조).

회 안에서 수용되지 못할 때 많은 좌절을 겪으며 여성주의 가치를 나누고
지지받을 집단이 필요하다.

셋째, 평등의식과 자매애가 있어야 한다.

여성주의상담자는 자신이 속한 다양한 집단사람들과의 관계에서도 평
등성의 원리를 적용, 권력관계가 발생하지 않도록 주의한다. 자매애는 평
등한 관계를 기반으로 하여 맺어지는 정서적인 유대를 말하지만 내용은
그 이상이다. 남성 중심적인 세상의 질서에 맞서 여성들만의 독특한 질서
를 새로이 구축하는 개념이다.

넷째, 변화에 대한 희망을 가져야 한다.

여성주의상담자는 사회 변화에 대한 신념을 갖고 상담을 하며 내담자
도 의식의 변화를 통해 능동적으로 사회 변화에 참여할 수 있다고 본다.
여성주의상담자는 성차별이 없고 평등한 사회 건설을 위해 일정 시간 사
회 변화를 위한 실천 활동에 자기 시간을 할애한다.

다섯째, 다양한 분야의 학습이 필요하다.

미시적인 관점에서 개인 심리를 이해하고 상담할 수 있는 능력과 거시
적 관점에서 사회구조를 이해하고 분석할 수 있는 능력이 함께 요구된다.
'여성학' '상담심리학' '여성심리학' '여성주의상담' 공부가 필요하며
이를 현실에 적용할 수 있는 '실천'까지 다양한 영역의 학습이 필요하다.

4. 여성주의상담 기법

여성주의상담은 상담자의 가치관을 강조하는 것에 비해 기법적인 면에
서 취약하다는 지적을 받는다. 여성주의 가치관을 토대로 다양한 상담 접

근들이 통합적으로 사용될 수 있다. 실제로 정신분석, 정신역동, 인지행동, 교류분석, 현실치료, 표현예술치료 등 각 분야를 공부한 여성주의상담자들이 상담 현장에서 활동하고 있다.

여성주의상담 기법으로는 문화분석, 성역할분석, 권력분석, 자기주장훈련, 의식향상집단, 독서치료, 재구성과 재명명, 상담탈신비화 전략 등이 있다. 이 중에서도 여성주의상담의 독특한 기법으로는 성역할분석과 권력분석이 꼽힌다.

성역할분석[8]은 사회의 성역할과 관련된 기대가 어떻게 개인에게 해로운 영향을 미치는지 그리고 여성과 남성이 어떻게 다르게 사회화되는지에 대한 내담자의 각성을 증가시키기 위해 고안되었다. 총 8단계로 다음과 같이 진행된다.

1단계   성역할 목록 만들기
2단계   현재 영향을 주는 성역할 메시지 찾기
3단계   메시지를 언제 어디서 누구에게 배웠나 살펴보기
4단계   메시지가 어떻게 내면화되었나 살펴보기
5단계   메시지 손익분석
6단계   변화의 결심
7단계   메시지 재구성
8단계   전략 세우기, 지지 자원 찾기

이 과정을 통해 내담자들은 자신의 현재 문제가 어릴 때부터 형성된 성

---

8 부록 1 성역할분석 참조.

역할 메시지와 매우 밀접한 관계를 갖고 있다는 것을 자각하고 이 메시지를 변화하려는 시도를 하게 된다.

권력분석은 사회의 지배집단과 종속집단 사이(예: 여성과 남성, 이성애자와 다른 성적 취향을 가진 사람들 사이)에 존재하는 권력 차이에 대한 내담자의 각성을 증가시키고 내담자가 그들의 삶에 영향을 끼치는 대인관계적·제도적 외부에 대해 영향력을 갖도록 강화하기 위한 목적이 있다(김민예숙, 강김문순 역, 2004: 131). 서울여성의전화는 여성주의상담전문가 교육과정[9]에서 상담자들에게 돈이나 지위 등 사회적으로 인정된 권력을 얻기 위해 시도했던 자신의 경험을 대상으로 시도 전과 후의 내면화된 고정관념의 변화, 지지집단, 자존감, 행동력 개발 등의 항목을 점검해 보도록 했다.[10] 그 결과 권력은 남성 중심적인 사회구조와 매우 밀접하게 관련되어 있다는 인식이 생겼고 참가자들 간에 성공과 실패의 경험을 나누면서 권력을 증진시킬 수 있는 다양한 방법들을 습득할 수 있었다.

5. 여성주의상담의 필요성

현장 상담원들은 여성폭력 상담을 하는 데 여성주의 시각이 매우 필요하다고 입을 모은다. 여성주의 시각은 특히 피해 여성들이 부주의함이나

---

9 서울여성의전화는 2005~2007년 전국의 상담원들을 대상으로 여성주의상담전문가 3년 교육과정을 진행했다. 중급 실습 과정에서는 여성들이 권력의 문제를 보다 실제적으로 느끼고 개인에게 주는 영향을 인식할 수 있도록 새로운 권력분석틀을 만들어서 실험적으로 사용해 보았다.

10 부록 2 권력분석 참조.

의지 부족 등 자신의 잘못으로 피해를 입은 것이 아님을 강조함으로써 외상(trauma)에 장시간 머물지 않고, 치유의 의지를 갖고, 치유 가능성을 스스로 믿게 하는 상담 효과를 갖는다는 점에서 중요한 상담원의 자세라고 설명한다(김성자, 허민숙, 2009: 26).

1990년대 후반 성폭력방지법과 가정폭력방지법이 제정된 이후 폭력에 대한 사회적 인식이 높아지고 국가의 재정 지원이 늘어나면서 상담소들이 급격히 증가하게 되었다. 가정폭력의 경우, 1998년 17개소에 불과하던 상담소는 303개소, 2001년 27개소였던 쉼터는 62곳으로 증가했고, 성폭력상담소는 168개소, 성폭력피해자 쉼터는 18개소에 달한다(여성가족부집계, 2010). 성매매, 장애, 성적소수자, 다문화가정이나 이주여성 문제를 다루는 상담소까지 합하면 여성주의적 시각을 필요로 하는 상담소들이 매우 많다. 개인 상담자들도 다양한 내담자를 상담하면서 여성주의상담에 대해 알고자 하는 요구가 늘어나고 있다.

하지만 여성주의상담을 체계적으로 교육하는 학교나 과정은 거의 없는 상황이다. 현장의 상담자들은 질 높은 상담을 하기 위해 개인적으로 대학원에 진학하거나 각종 상담 관련 강좌에 등록해 공부하고 있다. 그러나 실제 상담 과정에서는 공부한 상담 지식과 현장에서 필요로 하는 여성주의 시각이 통합되지 못해 애를 먹는 경우가 많다. 상담 사례를 지도 받고 싶어도 여성주의에 대한 이해가 깊고 상담에도 숙련된 전문가를 찾기가 쉽지 않다.

이는 학교와 현장이 분리되어 이론과 사례 연구가 충분히 축적되지 못한 한국의 여성주의상담 현실에서 기인하는 바가 크다. 이와 관련 현장 활동가와 상담자, 관련 분야 전문가가 모여 10여 년 전 설립한 일본여성주의상담학회의 경우 우리에게 많은 시사점을 던져 준다. 2009년 열린

일본여성주의상담학회 분과워크숍에서는 남성 성피해자와 여성주의상담, 노동과 여성상담, 우울에서의 회복, 여성주의상담과 전화상담, 자기주장훈련, 가족의 섭식장애와 여성, 데이트폭력 실태와 예방워크숍, 재일한인교포여성의 자매애, 커밍아웃을 받아들이기 위해 필요한 것, 도일 외국 여성의 실태와 지원 등 다양한 여성주의상담 주제들이 깊이 있게 다루어졌다(일본여성주의상담학회, 2009: 분과회자료).

한국여성의전화는 여성주의와 상담을 통합하여 현장 상담원들의 어려움을 해소하려고 부단히 노력을 해 왔다. 특히 현장 상담자들이 가장 필요로 하는 것이 슈퍼비전임을 인식하고 자체적으로 여성주의상담 슈퍼바이저를 양성하여 정기적인 사례발표회를 개최, 여성주의상담 슈퍼비전 교육을 하고 있다. 또한 2005년부터 여성주의상담전문가 양성 교육을 꾸준히 진행하고 있다.

그 외 지속적인 여성주의상담 교육으로는 한국여성상담센터의 여성주의 인지행동치료 교육, 김민예숙여성주의상담연구실의 여성주의상담 모델 교육이 있다(김민예숙, 2012: 3). 최근 여성심리학회 내에 여성주의상담 연구회가 발족되었다.

한국 사회의 변화와 함께 여성주의상담에 대한 요구는 높아지고 있다. 현장과 학교의 전문성이 만나 여성주의상담의 내용을 채워 가야 할 것이다.

제 2 부

여성주의상담
사례 슈퍼비전

상담실의 문을 두드리는 내담자들의 이야기는 다양하다. 가정폭력, 성폭력, 이혼 문제, 남편의 외도, 자녀 문제, 시집과의 갈등, 부부 문제, 성적 갈등, 자신의 외도 문제 등.

제2부에서는 다양한 사례 중에서 가정폭력 피해 여성 사례, 아동기 가정폭력 경험으로 대인관계의 어려움을 겪고 있는 피해 여성 사례, 성폭력 2차 피해 여성 사례, 남편의 외도 사례, 쉼터관리자이면서 내담자를 상담한 사례를 담고 있다.

상담을 하다 보면 상담의 방향성에 대해 의문을 가질 때가 많다. '내담자에게 필요한 정보 전달은 잘했나?' '다른 상담자에게 받았으면 더 많은 도움이 되었을 텐데 내 상담이 부족한 것은 아닌가?' '이 이야기는 꼭 했어야 했는데 왜 그때는 못했을까?' 상담실을 나오면서 수없이 반복되는 자신과의 싸움 속에서 때로는 소진되기도 하고 회의에 빠지고 절망하기도 한다. 따라서 상담자로 성장하기 위해서는 슈퍼비전을 받으면서 상담에 임하는 것이 필수적이다.

슈퍼비전(supervision)이란 슈퍼바이지(슈퍼비전을 실시할 때 상담 사례를 제출하고 슈퍼바이저로부터 훈련과 교육을 받는 사람)가 슈퍼바이저(상담에 대한 지식과 경험이 풍부한 상담자로서 슈퍼바이지의 상담 능력 향상을 목적으로 훈련시키거나 교육을 하는 사람)에게 상담에 대해서 강점과 약점을 피드백 받고, 지지를 받으며 상담자로서의 개인적 성장을 도모하는 것이다. 슈퍼비전을 통해 상담자의 자기 점검 및 자아존중감과 적응력을 높이며, 상담을 지속, 발전할 수 있는 용기를 주고 장점을 강화해 줄 수 있다. 또한 상담을 통해 갖게 되는 죄의식을 줄이고 확신과 자신감을 주며, 정서적 안정감을 갖게 해 준다. 이러한 정서적 지지는 상담자로 하여금 소진되는 것을 막아 주고 자기 성장과 더불어 궁극적으로는 상담을 효과적으로 할 수 있도록 도움을 준다.

여성주의상담 슈퍼비전이란 상담 활동에 있어서 상담자가 여성주의상담 원리에 맞게 상담을 잘할 수 있도록 지도, 감독하는 과정이라고 하겠다(김민예숙, 배인숙 외, 2005). 여성주의상담 원리를 적용하여 여성의 문제를 개인의 문제로 다루기보다는 사회, 문화적인 문제로 보아 죄책감을 덜어 주는 것이다. 따라서 개인의 적응과 순응이 아닌 사회제도의 변화와 더불어 내담자의 역량강화를 꾀하는 것이다. 상담자는 여성주의상담의 네 가지 원리(개인적인 것은 정치적이다, 내담자와 상담자는 평등하다, 역량강화, 여성의 시각으로 재조명하기; 제1부의 2. 여성주의상담 원리 참조)를 적용하고 때로는 이해를 시켜 주면서 상담에 임해야 한다. 여성주의상담은 상담이론이나 기법도 중요하지만 무엇보다도 상담자의 가치관이 중요하다. 상담자는 사회, 문화적 영향의 맥락을 이해해 가면서 성평등한 가치관을 가지고 고정관념이나 차별의식을 갖지 않고 상담에 임해야 한다.

이에 한국여성의전화에서는 1983년 창립 시기부터 상담원들의 학습과 더불어 상담의 질을 높이기 위해서 슈퍼비전을 실시하였으며 점차 일지 슈퍼비전(상담일지를 상담소 실무자가 읽어 보고 문제점을 지적해 주는 슈퍼비전 방식)을 하다가 1995년부터 지금처럼 상담한 내용을 녹음하고 전체 내용을 축어록으로 풀어서 슈퍼바이저에게 슈퍼비전을 받는 형식으로 정착화되었다. 1998년까지는 외부 전문가들을 불러서 슈퍼비전을 실시하였으나, 외부 슈퍼바이저들의 여성주의적 관점에 대한 문제가 자주 제기되고 내부 상담원들의 역량의 축적되어, 한국여성의전화에서 상담원 교육과 훈련을 받고 외부에서 전문적 과정을 이수한 내부 전문 상담가로 슈퍼바이저가 교체되기에 이르렀다(김민예숙, 정춘숙 외, 2005).

현재는 한 달에 한 번씩 상담 회원 월례회와 더불어 내부 슈퍼바이저들을 중심으로 여성주의상담 슈퍼비전을 실시하고 있어 상담원들의 성장에 많은 도움을 주고 있다.

2부 여성주의상담 사례 슈퍼비전은 다음과 같은 원칙으로 정리되었다.

본 도서에 수록된 상담 사례는 쉼터에 입소하고 있는 내담자이거나 성폭력 2차 피해 상담이 있기 때문에 사례 특성상 상담자나 내담자의 실명이나 상담 날짜를 구체적으로 명기하지 않고 있으며 비밀 유지를 위해 가족사항 등도 각색하였음을 밝힌다.

상담 사례 슈퍼비전은 그룹 슈퍼비전에 참가한 상담자들이 여성주의상담 슈퍼비전 형식에 맞춰 자신의 사례를 정리해 제출한 것을 수정하지 않고 그대로 수록했다. 슈퍼비전에서는 이 자료를 바탕으로 슈퍼바이지(상담자)의 인식 수준이나 준비도를 알 수 있다. 슈퍼바이저 의견은 두 부분으로 나누어 실었다. 상담축어록을 읽고 의견을 제시할 부분이 있으면 다르게 해 볼 만한 상담자 반응과 그에 대한 설명을 각주로 제시했고, '상담에 대한 여성주의상담 슈퍼비전 내용'에서 이 상담이 여성주의상담 원리에 맞도록 진행되었는지를 다시 정리해 보았다.

'동료 상담자 토의 내용'은 그룹슈퍼비전에 참가한 동료 상담자들이 슈퍼비전을 마치고 나누었던 의견들을 실었다. 2부 성폭력 피해 여성의 2차 피해 상담 사례는 공개 슈퍼비전에서 다루어졌던 사례라서 동료 상담자 토의 내용 대신 공개 슈퍼비전에서 오간 다양한 의견들을 정리하여 수록했다.

01

이런 남편과 더 이상 살 수 없어요

가정폭력 상담 사례 슈퍼비전

김영자
(한국여성의전화 여성주의상담 슈퍼바이저)

사례 요약

자기만 알고 이기적인 남편은 툭하면 이혼하자는 소리를 입에 달고 다닌다. 내 담자는 이혼하면 큰일이라도 날 것 같은 생각에 남편이 원하는 대로 친정에서 받은 재산도 남편 명의로 해 주었다. 그동안 주변 사람들 말대로 큰 아들 키우는 셈 치고 참고 견디는 것이 최선이라 생각하며 비위를 맞추고 살아왔다. 평상시에도 심한 언어적 폭력은 있어 왔지만 이번엔 신체적 폭력으로 인해 주먹으로 얼굴을 맞아 달팽이관을 다쳐서 청력에 이상까지 생겼고 맞으면서까지 살아서는 안 된다는 생각이 들었다. 뿐만 아니라 게임 중독에 빠진 남편으로 인해 아이들의 혼란도 가중되는 것 같아서 이혼을 적극 고려하게 되었다. 폭력으로 인해 1366상담을 받게 되었고, 그곳에서 여성의 전화를 소개 받아 상담을 하게 되었다.

1. 가정폭력 상담 과정에 따른 구조화

필자가 가정폭력 전문상담원 교육을 받고, 피해 여성들의 전화를 받는 초보 상담원 선생님들로부터 가장 많이 받는 질문이 바로 '가정폭력 상담 어떻게 해야 잘할 수 있느냐?' 하는 것이다. 가정폭력 전문상담원 교육을 받아서 머릿속에서는 이럴 때 이런 말을 해야지 하는 생각을 하면서도 막상 전화를 받게 되면 생각했던 말들이 쉽게 나오지 않고 또 원하는 대로 내담자들이 차분하게 말을 이어 가지 않는 경우도 있어 상담이 어렵다는 것이다.

사람의 마음을 이해하고 문제 해결에 도움을 주는 상담을 하기 위해서는 여러 분야의 학습과 더불어 여러 상담 사례를 통해 많은 노하우가 필요하기도 하지만 더욱 효과적인 상담을 하기 위해서는 상담 과정에 따른 구조화가 필요하다.

구조화란 정해진 시간 내에 가장 효과적인 상담 결과를 도출해 내기 위한 목적으로, 상담자가 내담자에게 정해진 상담 시간, 어떤 이론(예: 여성주의, 정신분석, 인본주의)을 가지고, 상담의 각 과정에서 무엇을 다루며, 어떻게 진행할 것이라는 운영 방식을 알려 주는 일종의 오리엔테이션이다. 상담의 구조화는 상담을 효율성 있게 하고 상담자의 자기 보호와 더불어 상담이 어느 지점까지 와 있는지를 자각하기 위해서도 필요한 작업이라 하겠다.

또한 구조화를 하면 상담이 한두 번으로 끝나거나 10회 이상의 상담이 되어도 그 과정을 단계적으로 구분해 볼 수 있다. 상담 과정의 단계는 문제의 정의에서부터 바람직한 행동의 실천에 이르기까지를 단계적으로 생

각하는 것이며, 이는 상담 과정의 이해와 효과적인 상담 진행에 도움이
된다.

일반적으로 상담자는 상담의 이론을 상담의 과정에 잘 접목해서 진행
해 나가며 구조화시키는데, Peterson과 Nisenholz(1999: 김계현 외, 2007:
291에서 재인용)은 이러한 상담 과정을 의사를 결정하고 행동 전략을 수립
해 나가는 과정으로 보고 그 과정을 5단계 ① 도입 및 준비 단계 ② 탐색
단계 ③ 이해 단계 ④ 행동 단계 ⑤ 종결 단계로 구분하였다.

김민예숙(2011: 6)은 여성주의상담의 과정을 ① 라포 형성과 탐색 ② 목
표 결정 ③ 사례개념화 ④ 상담 계획과 실행 ⑤ 목표 달성과 역량강화
⑥ 종결과 피드백의 6단계로 나누고 있다.

가정폭력 상담소를 찾는 내담자들은 폭력 피해로 인한 위기 상담인 경
우가 많고 주로 전화 상담을 하는 경우가 많다. 폭력 피해자들의 경우 자
신의 문제에 몰입되어 있고 불안해서 무엇을 어떻게, 어떤 것부터 말해야
할지 혼재되어 있어, 초점 없이 장황하게 이야기를 풀어 놓는 경우가 많
다. 또한 전화 상담의 경우 일회성이거나 정해진 시간이 짧기 때문에 상
담의 과정도 단순하게 구조화하는 것이 좋다. 상담의 과정이 상담자마다
다소 다를 경우도 있지만, 필자의 경우는 상담의 흐름을 잘 잡아 효과적
인 상담을 하기 위해서 ① 라포 형성과 구조화 ② 목표 설정 ③ 여성주의
상담 기법 적용해서 역량강화하기 ④ 마무리, 4단계로 나누어 상담을 하
고 있다.

다음에서는 위의 4단계 과정에 맞추어 가정폭력 상담 사례를 분석 정
리해 나감으로써 여성주의 관점으로 가정폭력 상담을 어떻게 해야 하는
지 살펴본다.

2. 가정폭력 상담의 실제

1) 1단계: 라포 형성과 구조화 작업

가정폭력 피해 여성들은 대부분 폭력 문제에 대해서 많은 통념[1]을 가지고 있다. 따라서 폭력의 원인을 자신의 탓으로 돌리고 위축되어 있는 경우가 많으므로 상담 초기에 자신의 잘못이 아님을 알게 해 주는 것이 필요하다. 가정폭력을 은폐하거나 혼자서 힘들어하지 않고 상담실 문을 두드린 용기에 대해서 지지하고 격려해 주어야 한다. 전화 상담인 경우 현재 폭력으로 인해 위기 상황인지 아닌지에 대해서 물어보고 비상시 안전 꾸러미[2]에 대한 안내도 해 주어야 한다. 면접 상담인 경우 폭력으로 인한 외상이 있는지 살펴보고 상담자와 내담자는 평등하다는 자매애 정신에 입각해 편안하고 온화한 분위기 속에서 안심하고 이야기할 수 있어야 한다.

상담 초기에 라포를 형성하고 비밀 보장과 더불어 상담을 통해 도움 받을 수 있는 부분에 대해 폭넓게 알려줌과 아울러 상담자는 여성주의 이론을 적용하여 여성의 문제들이 개인의 문제가 아니라 성역할과 사회화로 인한 구조의 문제라고 보는 여성주의상담임을 소개해야 한다. 또한 상담

---

1 가정폭력에 대한 통념: 맞을 짓을 했으니 맞았을 것이다. 개인적이고 사소한 일이기 때문에 주변의 도움을 받을 수 없을 것이다. 신체적 폭력만이 폭력이다. 참고 견디면 좋은 날이 있을 것이다. 평소 착한 사람인데 술이나 돈 때문에 폭력을 쓰는 것이다. 가정폭력은 칼로 물 베기다.
2 가정폭력 발생 시 안전을 위해 언제라도 피신할 수 있도록 비상금, 주민등록증, 통장, 자동차 열쇠 등 자신에게 꼭 필요한 필수품을 간단히 챙겨 만든 주머니를 말한다.

자는 내담자와 나눌 수 있는 시간을 정확히 알려 주고, 중간에 시간을 확인시켜 줄 필요가 있다.[3] 시간에 대한 개념 없이 상담을 하다 보면 내담자가 그동안 가슴에 쌓인 여러 사건들을 두서없이 늘어놓다가 정작 중요한 이야기를 해야 할 시점에서 상담을 종료하는 경우가 생길 수 있고, 상담자가 이야기를 중간에 끊을 수 없어서 계속 듣고 있다가 상담 시간을 한없이 연장하는 경우도 있기 때문이다.

본 사례의 경우에도 상담 초기에 구조화가 되지 않아 상담자는 내담자에게 시간에 대한 설명을 해 주지 않았다. 때문에 내담자는 자신의 인생사 전반에 대한 이야기를 쏟아 내게 되고 막상 본격적인 자신의 문제에 대해 이야기할 때에 다른 내담자가 기다리고 있어서 상담에 집중하지 못하게 되고 급하게 종료하게 된다. 이렇게 되면 상담에 대한 피드백이나 다음 상담에 대한 계획을 자세히 세우지 못한 채 상담을 미진하게 끝낼 수 있다. 따라서 상담 종료 10분 전에 시간을 미리 확인해서 효과적인 마무리를 하는 것이 필요하다.

2) 2단계: 목표 설정하기

내담자가 초반에 상담자가 개입할 여지도 없이 많은 이야기를 쏟아 내는 경우, 상담자가 적당히 맥을 잡아 이야기를 끊어 주지 않으면 내담자의 말에 이끌려 목표도 없이 상담이 진행될 수 있다. 본 상담에서도 내담자는 인사가 끝나기 무섭게 자기 이야기를 쉼 없이 쏟아 놓는다. 상담자

---

3 시간을 알려 주는 방법으로는 두 개의 시계를 두고 상담자와 내담자가 각각 보면서 시간을 확인할 수도 있고 상담자가 종료 10분 전에 미리 알려 줄 수도 있다.

는 초기 과정에서의 상담 내용을 대강 요약해서 정리해 주고 내담자가 가장 변하고 싶은 점, 해결하고 싶은 것 중심으로 상담 목표를 설정해서 상담을 이어 나가는 것이 중요한데, 그 기회를 잡지 못해서 초기 상담 구조화에 실패하게 된 것이다.

여성주의상담은 사회의 성차별 문제를 자각하고 여성에 대한 차별 철폐와 성 평등한 사회 건설을 위해 노력하는 여성주의적 가치 체계에 근거한 상담이고 여성주의상담자는 이런 여성주의적 가치 체계에 부합하는 상담 접근을 선택한 사람(김민예숙, 2005: 13)이라고 하겠다.

따라서 목표 설정도 내담자와 상담자의 평등성에 입각해서 서로의 합의점을 찾아가는 것이 중요하다. 때로는 상담소에서 자신의 문제를 모두 해결해 줄 것이라고 믿고 오는 사람도 있는데 상담자는 조력가이고 문제를 해결해 나가는 사람은 본인 자신이라는 것을 부각시켜 주면서 내담자와 합의하에 상담 목표를 설정하는 것이 중요하다. 상담 목표를 정했으면 그 목표를 중심으로 이야기의 방향을 잡아 가면서 상담에 임해야 한다.

본 상담에서 상담자는 상담의 목표를 '이혼 결심이 확고한 상황 속에서 내담자의 장점을 부각하여 이혼 상황에서도 힘을 가지고 살 수 있도록 역량강화해 주고, 이혼 소송 시 준비할 사항과 소송 절차에 대한 정보를 제공하는 것'으로 삼았다.

가정폭력 상담의 경우 대부분의 내담자들은 더 이상 참고 살 수 없다며 이혼을 하고 싶다고 말한다. 하지만 그 속내를 들여다보면 지금의 상황이 너무 힘들고 어려워 폭력 상황이 종료되길 원하는 하소연인 경우가 많다. 때문에 이렇게 이혼을 원한다는 내담자의 이야기를 듣고 그것을 바로 상담 목표로 정하기보다는 이혼은 최후의 결정일 수 있기 때문에 현 시점에서 할 수 있는 내용을 목표로 정해서 상담을 풀어 나가는 것이 중요하다.

　　내담자는 남편이 이혼하자는 이야기를 입에 달고 다녀도 이혼에 대해서는 전혀 생각하지 않고 살아왔다. 이번에 처음으로 신체적 폭력이 있었고 그건 참을 수 없어 이혼을 생각했다고 한다. 따라서 본 상담을 통해서 내담자에게 이번 신체적 폭력만이 문제가 아니라 그동안 자신이 정서적, 경제적인 폭력을 많이 받아 왔음을 자각하게 해 주어야 한다. 하지만 바로 이혼 문제를 상담의 목표로 잡고 상담을 이끌어 가기에는 여러 가지 풀어야 할 것이 많다. 폭력이 심각하거나 위급한 상황이 아니면 여성주의상담에서는 이혼도 전략이 필요하다는 말을 자주 한다. 상담자는 내담자에게 이혼에 대한 정보를 주고 이혼할 경우 얻는 것과 잃는 것에 대해 자세히 분석하도록 한 다음, 아이들 문제나 경제적인 문제, 정서적인 자립 등에 대해서도 충분한 기간을 거쳐 마음의 준비를 하도록 해야 한다.

　　따라서 본 상담에서는 상담 목표를 '가정폭력에 대한 인식의 폭을 넓히고 남편의 폭력에 대처하는 방법을 모색해 보기'로 정하는 것이 좋다. 상담의 목표는 현재 실천 가능한 것으로 작게 잡는 것이 좋기 때문이다.

3) 3단계: 여성주의상담 기법 적용해서 역량강화하기

　　이 과정에서는 상담 목표를 항상 염두에 두고 여성주의상담 기법을 적용해서 불편하고 힘든 현재의 생활에 적응이 아닌, 바람직한 방향으로의 변화에 중점을 두고 상담을 해야 한다. 상담을 진행하다 보면 내담자의 의식 변화로 인해 상담의 목표가 바뀌는 경우가 있다. 이렇듯 중간에 상담 목표를 바꾸어야 할 경우에도 내담자와 합의하에 수정, 보완해 나갈 수 있어야 한다.

(1) 가정폭력임을 인식하기

본 상담에서 상담 목표가 가정폭력에 대한 인식의 틀을 바꿔 주고자 하는 것이기 때문에 내담자가 가지고 있는 가정폭력에 대한 개념을 보다 확장시켜 폭력을 바라보게 해야 한다.

> 싸우면 항상 심한 욕설을 하고 까딱하면 이혼하자 별거 아닌 일에도……. 애들 공부 안 해서 혼내고 있어도 "아, 듣기 싫어 이혼해~." 자기가 잘못한 일이 있어 걸리게 되면 다른 사람들은 꼬리 내리는데 이 남자는 "아, 짜증나 이혼해."
>
> ……(중략)……
>
> 예전에 부부싸움 했을 때 단순한 싸움인 줄 알았는데 자기가 돈 번다고 돈줄을 다 끊은 거지요. 자기 신용카드 끊고 은행 그거 캐쉬 통장 끊은 거 있죠. 내가 돈을 못 쓰면 자기한테 이제 그렇게 잘할까 봐…….
>
> ……(중략)……
>
> 친정아버지가 준 집도 혼자 욕심에 자기 이름으로 해 달라고 해서 해 주었고 상가도 공동명의 하자고 그랬을 때 이 사람은 자기 욕심에 자기 혼자 다 했어요.

상담자는 내담자의 언어를 통해서 상담실을 찾기까지 어떤 문제로 억눌림을 받았는지를 여성주의 시각으로 풀어 나가야 한다. 대부분의 내담자들은 심각한 신체적 폭력만을 폭력이라 생각하지만 여성주의상담을 통해서 정서적, 경제적 폭력도 신체적 폭력과 같은 폭력의 연속선상[4]에 있음을 알게 하며 자신이 폭력 피해자임을 자각하도록 해야 한다.

가정폭력은 부부간의 싸움이 아니라 권력관계에서 나오는 폭력이다.

부부의 관계가 서로 간의 인격을 존중해 주며, 순화된 언어를 사용하고 물리적 충돌이 없어야 함에도 불구하고 내담자는 지금까지 가정폭력을 단순한 부부싸움으로 생각해 왔던 것이다. 남편이 버럭 소리를 질러서 집안 분위기를 공포로 몰아가거나 사소한 일에도 이혼을 앞세우고, 싸움 끝에 경제권을 박탈하는 것이나 친정아버지가 준 집조차도 남편의 명의로 하는 것 등은 단순한 부부싸움을 넘어서 남편의 권위에서 나오는 가정폭력임을 알게 해야 한다. 따라서 상담을 통해 자신이 이번에 문제시하였던 신체적 폭력뿐만 아니라 그동안 정서적, 경제적 폭력 피해를 입었고 그 상황 속에서도 나름대로 폭력에 대처하기 위한 갖은 방법을 써 보았음을 인식하는 것은 중요하다. 그동안 자신을 폭력 피해자라 생각하지 않고, 그때그때 폭력을 무마시키려 전전긍긍하며 살아왔지만 남편 스스로가 폭력을 중지하려는 마음이 없다면 내담자 자신이 아무리 참고 노력해도 폭력 상황은 바뀌지 않거나 더 심화된다는 것을 알아야 적응이 아닌 변화를 시도할 수 있다.

(2) 폭력의 주기를 통한 폭력 말하기

가정폭력 상담인 경우에는 상담자는 폭력에 초점을 두고 내담자의 언어로 폭력에 대해서 구체적으로 말하도록 해야 한다. 대부분의 경우 자신이 폭력의 피해자라고 인정하는 것은 쉽지 않기 때문에 폭력을 축소하거나 부인하는 경우가 많다.

---

4 2010년 가정폭력 실태조사(여성가족부)에 따르면 우리나라 65세 미만 부부의 지난 1년간 신체적 폭력 발생률은 16.7%로 조사되었고 신체적 폭력, 정서적 폭력, 경제적 폭력, 성 학대, 방임을 모두 포함한 부부폭력 전체 발생률은 53.8%로 나타났다.

상담자는 폭력의 주기[5]에 대한 교육을 통해서 폭력을 말하도록 하는 것이 효과적일 수 있다.

Seligman(1983: 45-51)의 '학습화된 무력감(learned helplessness)' 이론은 왜 많은 폭력 피해 여성들이 그들의 가해자로부터 도망가지 않는지를 설명한다. 폭력이 반복되면 통제된 방에서의 개의 실험처럼[6] 폭력 피해 여성은 무력감 즉 아무도 자신을 도와주지 않을 것이라는 생각과 나뿐만 아니라 그 누구도 어쩔 수 없다는 절망감을 갖게 된다. 이처럼 무기력과 절망감으로 참고 견디다 보면 가해자들은 점점 더 다양한 방법으로 폭력을 행하고, 강도도 심해지며, 주기가 더 짧아지고, 이것이 반복된다. 따라서 시간이 지날수록 폭력 피해 여성들은 가해자를 더 두려워하게 되고, 더 의존적이 되며, 아이를 낳으면 변하겠지 하는 마음으로 출산하게 되고, 자긍심은 낮아지며, 점점 주변인으로부터 격리되어 가해자를 떠나는 것이 어렵게 된다. 이렇게 폭력의 정도가 심각해지고 주기가 짧아지면서 결국에는 'Honeymoon' 단계(화해의 단계)마저 사라지고 긴장 형성기에서 바로 폭력으로 이어지는 주기가 반복되기도 한다.

이와 같은 폭력 주기 교육을 통해 내담자들은 자신들의 폭력 경험에 대해서 생각하게 되고 결혼 초에 남편이 따귀를 때리거나 밀쳤던 행동, 이어진 화해의 순간 그리고 반복되었던 폭력의 패턴에 대해서 자신의 경험을 구체적으로 떠올리며 말하게 된다.

이를 통해 폭력 발생 시 폭력에 대한 인식이나 초기 대처 능력이 부족

---

5 Walker는 폭력의 주기를 긴장 형성(tension building) 단계, 폭력(acute violence)의 단계, 밀월(honeymoon) 단계(화해의 단계)로 보고 이는 순환, 반복된다고 보았다.

6 Seligman의 학습된 무기력: 통제된 방에서 전기충격을 계속 받고 무기력해진 개에게 이후 피할 수 있는 대책을 마련해 주었는데도 충격에서 벗어날 시도를 하지 않았다.

해서 폭력이 지속, 반복되었으며, 주변 사람들이 참고 견디라고 하거나 오히려 피해 여성을 비난하는 태도 등과 같은 여러 가지 요인 때문에 그 동안 폭력을 묵인하고, 부인하며, 축소화해 왔음을 알게 된다. 하지만 그 정도가 더 심화되어 무기력해지기 이전에 상담소를 찾은 자신을 대견해 하면서 안도의 숨을 쉬기도 한다. 변화는 자신이 폭력 피해자임을 인정하는 것으로부터 시작된다고 할 수 있다.

(3) 성역할분석 및 권력분석해 보기

> 내가 여우 같지 못해서, 내가 현명하고 슬기롭지 못해서 이런 상황을 만드나 하고 죄책감이 들었어요.

상담 중 적절한 때에 성역할분석(sex-role analysis)[7]과 권력분석(power analysis)[8]을 통해서 의식을 향상시켜 주는 것이 중요하다. 대부분의 사람들이 내면화하고 집착하고 있는 성역할을 보면 '아내는 남편에게 순종해야 하고, 친정보다 시집을 우선시해야 하며, 곰같이 말이 없는 아내보다는 여우 같은 아내가 되어 남편의 비위를 맞추며 살아야 한다.' 또한 '남편은 듬직하고 돈을 잘 벌어야 하며 책임감이 강해야 한다.'는 생각을 가지고 있다.

본 상담처럼 자신에게 깊숙이 뿌리박힌 성역할 관념으로, 폭력 속에 있으면서도 내가 여우같이 남편의 비위를 잘 맞추지 못해서 폭력이 발생했

---

7 부록 1 성역할분석 참조.
8 부록 2 권력분석 참조.

다고 보기 때문에 죄책감과 더불어 자신감이 없어진다. 이런 내담자에게 상담자는 자신에 대한 비하, 비난에서 벗어나게 하고 남편이나 시집 중심인 사회적 분위기 속에서 남편과 시집에서 받아 왔던 억압되어 있는 분노를 인정하게 하고 그것을 자연스럽게 표현할 수 있도록 도와야 한다. 분노를 적절하게 표출해 내는 과정을 통해서 자신만의 잘못이 아니라 사회, 구조적인 잘못임을 알게 하는 것도 여성주의상담에서의 중요한 역할 중하나다. 이 과정에서 내담자는 위로를 받으며 나 혼자만이 이러한 상황에 있지 않다는 안도감과 함께 그동안 가지고 있던 자신의 잘못이라는 무거운 마음에서 놓여나게 된다.

또한 자신의 권력을 분석해 보는 것도 중요하다. 내담자는 친정아버지가 물려준 집도 있고, 공부방 교사로서 능력을 인정받고 있으며, 추진력과 적극성이 있고 아이들이 따르고 지지하는 세 아이의 엄마로서 가지고 있는 권력을 분석해 봄으로써 폭력에 대처하는 힘과 앞으로 살아 나갈 자신감을 갖게 할 수 있다.

상담자는 성역할분석이나 권력분석을 통해 자신이 영악하지 못해서 폭력이 발생하는 것이 아니라, 미숙한 태도를 보이며 폭력을 선택한 것은 남편의 잘못이고 자신은 그 폭력을 막기 위해서 나름대로 갖가지 방법을 모색해 보았음을 자각하게 해 주어야 한다. 상담을 통해서 내담자는 자기가 잘못한 것이 아니라 폭력을 택한 남편이 잘못이라는 이야기를 듣고 많은 힘을 얻게 되므로 자신이 가진 그 힘을 바람직한 방향으로 쓸 수 있어야 한다. 그동안은 가족이나 사회에서 원하는 타인 중심의 삶을 살았다면 이제는 오롯이 자신을 중심에 두고 자기 주도적인 삶을 모색할 수 있도록 역량강화해야 한다.

4) 4단계: 마무리

마무리 단계에서는 지금까지의 상담 과정을 통해서 정리된 내용을 이야기해 주고 도움이 되었던 부분과 미진한 부분에 대해서 서로 이야기 나누고, 다음 상담에 대해 결정해야 한다. 상담을 통해 내담자에게 필요한 정보를 자세히 제공해 주며, 다른 기관에 연계해 줄 수도 있어야 한다. 더불어 상담소에서는 전화 상담과 면접 상담, 법률 상담 및 지속 상담이 가능하다는 것과 쉼터에 대한 안내, 법률적으로 필요한 경우 상담사실확인서를 발급해 줄 수 있다는 것도 안내해 주어야 한다.

이처럼 종결 과정에서는 이번 회기에서 다루었던 상담 목표와 실천적 행동에 대한 피드백과 함께 앞으로 나아갈 방향을 모색해야 한다. 아울러 상담 후의 소감을 듣고 재상담에 대한 약속도 해야 하기 때문에 상담 종료 전에 시간을 미리 확인해서 마무리하는 것이 중요하다.

상담 사례 슈퍼비전

1) 내담자 인적 사항, 가족관계

40세 초반 김○○ 씨는 2녀 중 작은딸로 공부방을 운영하고 있으며, 자녀의 학습에 관심이 많다.

40세 중반의 남편은 4남매 중 막내로 회사원이고 집에서는 대부분의 시간을 게임을 하며 지낸다.

두 딸(13세, 11세)과 아들(8세)이 있고, 큰아이는 영재 교육을 받고 있다.

2) 상담 과정

1366(여성긴급상담전화)에서 방문 상담을 한 후 여성의전화를 소개받고 전화 상담을 하게 되었다. 다음은 전화 상담 내용을 정리한 것이다.

> 남편과 다툼 중에 왼쪽 얼굴을 주먹으로 네다섯 대 맞았다. 멍도 들고 달팽이관이 손상되어 치료를 받고 있고 청력에까지 이상이 왔다. 신체적 폭력을 쓴 것은 이번이 처음이지만 싸울 때마다 욕을 했었다. 남편은 게임 중독에다 몇 년 전부터 입버릇처럼 헤어지자고 요구해 왔다. 친정아버지가 그때쯤 돌아가셨는데 친정아버지가 준 집 명의를 남편이 자기 앞으로 하도록 요구했고, 별 고민 없이 해 주었다. 집을 담보로 상가를 샀는데 그게 잘 안 되어 빚이 많다. 모든 걸 내담자 탓이라고 한다. 때려서 그렇게 많이 다쳤는데도 반성은커녕 아이들 앞에서 "엄마가 아빠를 할퀴어서 그랬다."라는 식으로 말한다. 시집 식구들은 고모, 할머니 모두 집에서 아버지가 하늘이고 엄마는 무시해도 된다는 식으로 아이들한테 얘기한다.

남편도 그렇게 컸고, 책임감도 없고 모든 게 자기 위주다. 여태껏 참고 살아왔는데, 맞으면서까지 참을 수는 없다. 이혼하고 싶다.

이혼에 관한 보다 구체적인 도움을 받고 싶어 전화 상담 후 면접 상담으로 연계되었다.

3) 호소 내용 요약

• ○월 ○일 다툼 끝에 남편이 얼굴을 주먹으로 때려 얼굴에 멍도 들고 달팽이관이 손상돼 치료를 받고 있지만 청력에 이상이 왔다.

• 평상시 남편은 장난처럼 이혼을 요구하고, 새벽 1~2시에 들어오는 것이 일상이며, 조금 일찍 들어온 평일에는 아이들이 보고 있음에도 새벽 2~3시 정도까지 게임을 하며 주말에는 하루 종일 아이들이 컴퓨터도 못 쓰게 하고 문을 닫고 게임을 한다.

• 친정아버지가 준 집 명의를 남편 앞으로 해 달라는 요구를 해서 그렇게 해 주었더니 집을 담보로 상가를 샀는데 잘 안 되어서 상가와 집이 있지만 빚이 3억 7천이고 모두 처분을 한다고 해도 살 집을 마련하기 어려운 상황이며, 융자에 대한 이자가 월 150~200만 원씩 나가고 있다.

• 시댁 식구들은 고모, 할머니 모두 집에서 아버지가 하늘이고, 엄마는 무시해도 된다고 아이들에게 이야기하고, 시아버지는 시어머니 외에 다른 여성을 집에 데리고 와서 자기도 하였으며, 남편은 이를 보면서 컸고, 책임감도 없고 모든 게 자기 위주여서 남편과 사는 게 너무 힘들다.

• 다툼이 있을 때마다 욕을 하는 등 문제의식을 가지고 있지만 참고 살

아왔는데 폭력까지 당하면서 살 이유가 없다고 생각한다.

• 남편과의 구체적인 이혼 협의가 되지 않고, 주변 사람들은 남편을 환자라고 생각하고 맞추면서 살라고 하지만 더 이상은 남편의 생활 태도를 참지 못하겠다는 결론을 내린 후 폭력으로 인한 이혼소송의 법적 절차에 대한 지원을 받고 싶다.

• 아이들 교육을 위해 공부방을 운영하면서 큰아이를 영재반에서 공부할 수 있게 하였으며, 2~3개월에 한 번씩 경시대회나 토플시험에 아이들을 참가시키는 등 교육에 전념을 하고 있다.

• 남편은 이혼을 하면 빚과 재산을 모두 가져가라고 하지만 당장 명의 이전을 할 돈도 없고 그것을 감당하고 살지 못하는 상황이다. 남편이 매달 융자금 150만 원씩을 내 주고 양육비 150만 원씩을 주면 지금 살고 있는 집에서 아이들을 키우면서 살고 싶다.

4) 내담자가 본 자신의 문제

• 남편에게 경제력을 확보하기 위해 애교를 떨지 못해 자신을 패배자라고 생각한다.

• 일상에서 남편의 요구에 대해 그렇게 하지 않아도 된다고 생각하지만 맞춰 주면서 수용한다.

5) 상담자가 본 내담자의 강점 및 문제

강점

• 문제를 해결함에 있어서 논리적이고 계획적이다.

• 남편은 외부 사람들로부터 인정받지 못한다는 것을 알고 있다.

• 공부방 운영을 통하여 경제력을 확보하고 있다.

- 어린 시절 자라 온 환경 조건에서 교육적인 혜택과 자아존중감을 키울 수 있었다.
- 남편과의 관계에서 참고 견디는 것만이 아니라 변화를 해야 한다는 확신을 가지고 있다.
- 자신감과 추진력이 있다.

문제

- 자신보다는 아이들의 양육과 철두철미한 교육에 지나치게 에너지를 쏟고 있다.
- 남편에게 생활비를 받지 못할 경우 여성으로서 남편의 마음을 사지 못해서 그러하다는 본인의 문제로 귀인한다.
- 남편과의 소통에서 힘들었던 점을 풀어내지 못하고 있다.

6) 상담 목표 및 전략

목표

- 이혼 결심이 확고한 상황 속에서 내담자의 장점을 부각하여 이혼 상황에서도 힘을 가지고 살 수 있는 내담자의 힘 확인하기: 역량강화
- 이혼 소송 시 준비해야 할 사항과 이혼 소송 절차에 대한 정보 제공

전략

- 공감하기, 경청하기, 지지하기를 통해서 역량강화되도록 돕는다.

7) 여성주의상담 원리 적용

원리I 개인적인 것은 정치적인 것이다

내담자16 내담자가 남편의 마음을 사지 못해 스스로를 패배자라고 생각하는 것에 대해서 내담자의 탓이 아니라 사회에서 여성에게 요구하는 정치적인 시각이라는 것을 제시하지 못함.

상담자24 남편이 힘들게 함에도 불구하고 너그럽게 살라는 것이 여성에게 요구되는 부분이라는 것을 알게 함.

원리II 상담자와 내담자는 평등하다

상담자26 내담자가 추진력이 강한 것에 대한 공감

상담자45 내담자와 상담자가 결혼해서 아내라는 이름으로 참고 견디어 왔던 같은 여성으로서의 경험을 공유한 점

원리III 역량 강화

상담자8 내담자의 변화에 대한 지지

내담자26 내담자의 어머니를 간병하면서 인정받던 부분을 지지하기

상담자30 내담자의 역량을 확인할 수 있었음.

내담자34 큰딸을 영재학습원에 보낸 일, 정기적인 테스트를 통해서 아이들 공부를 잘 시키는 일

내담자35 6개월 안에 추천교사를 3명이나 추천한 일

상담자45 내담자의 힘을 상담 속에서 확인

원리IV 여성의 시각으로 재조명하기

• 어머니의 병 간호 때문에 좋은 취업의 기회를 놓쳤지만 그 당시의 선

택에 대해 후회하지 않고 잘했다는 성취감을 느낄 수 있었던 점

8) 상담축어록 (2011년 7월 ○일 상담시간: 65분)

상담자1　폭우가 쏟아지는데 상담소를 찾는 것이 어렵지 않으셨나요?

내담자1　많이 헤맬 줄 알았는데 길을 찾다 주차할 데를 보니까 은행이 보이더라고요. 평상시에는 그냥 지나쳤었는데 자세히 보니 은행이 있어 가지고 들어가서 이렇게 보니까 상담소가 보이더라고요. (웃음) 그래서 바로 와서 전화 드리고 올라온 거예요.

상담자2　잘하셨어요. 선생님~ 많이 고생하지 않고 잘 찾으셨다니 정말 다행이네요. 사실은 아침에 걱정을 많이 했어요. 너무 비가 많이 와서 상담하러 오실 수 있을까 하고요. 그래도 이 폭우 속에 상담을 받으러 여기까지 오시느라 애쓰셨어요.

내담자2　사실상 그저께 월요일 날 신랑한테 얘기를 했어요. 그전부터, 3년 전부터 남편이 계속 이혼을 요구했어요. 이 남자는 까딱하면 이혼하자고 해요. 별거 아닌 일에도. 내가 애들 공부 안 해 가지고 혼내고 있어도 "아~ 듣기 싫어 이혼해."라고 막 이런 식으로 해요. 인제 자기가 실수해 갖고 잘못한 거를 저한테 걸리게 되면 다른 남자들은 꼬리를 내리고 (그렇죠.) 그러고 있는데 이 남자는 "아~ 짜증나 이혼해." 오히려 이렇게 얘기를 하니까 항상 저는 "이혼은 절대 안 해." 이런 식으로 갔었는데…… 제가 이제는 이혼할 마음이 있다고 남편에게 얘기를 했어요. 우리 집은 상가도 있고 집도 있고… 허울만 좋고 빚이 너무 많아 가지고 이 사람 말로 빚이 3억 7천이래요. 상가하고 집하고 빚을 처분하면은 우리가 살 수 있는 집 한 칸이나 있을까 말까 한 돈이에요. 그러니까 그동안은 이 남자가 속을 썩여도 그렇게 다 계산이 들어가니까 이혼할 수 없는 상황이고 그러니까 이혼을 못 하겠다고 생각을

해가지고 제가 참은 건데, 이거는 아니다 싶어 가지고 이제 나도 이혼할 마음이 있고 "내가 애들을 셋을 키울 거니까 애들에 대한 거를 나름대로 지원해 줘."라고 얘기를 했더니 처음에는 "재산은 너 다 가져, 다 가져." 이렇게 얘기를 하더라고요. 그래서 내가 남편이 진지하게 얘기하고 싶어 하는 거 같지 않으니까 오늘은 여기서 그만하겠다고 나왔어요. 나오고 나서 씻고 준비하는 동안 여기 눈을 맞아가지고 전화로 상담을 많이 해서 거의 다 아시지요? 그니까 맞아 가지고 눈이 이렇게 멍이 들어 있기 때문에 항상 화장을 하고 다녀요. 평상시에 화장을 안 하는 사람인데. 근데 얘기가 끝나고 나서 이렇게 지우고 있는데 갑자기 막 찾아다니는 거예요. 우리 얘기 좀 하자고~ 빚에 대한 은행이자가 한 150에서 200 정도 나가는데 (아~ 부담스럽겠네요.) 부담스럽지요. 그런데 이 남자가 거의 다 내고 있어요. 근데 내가 애들을 맡으면서 양육비 지원을 부탁한다고 하니까 그 빚을 다 가져가고 양육비 지원 150만 원을 해 주겠다는 이야기예요. (그 빚을 다 가져가고?) 그 집에 대한 것도요. 같이 공동명의 하자고 했을 때도 이 사람이 자기 욕심에 자기 혼자 명의로 했고, 상가도 공동명의 하자고 그랬을 때 이 사람이 자기 욕심에 자기 혼자 이름으로 했어요. 자기 꾀에 자기가 넘어간 거예요. 그러고 인제 대출 이자도 뭐 저는 인제 직장이 그렇고 이 사람이 인제 회사 다니니까 발로 뛰어다니면서 이렇게 한 거예요. 뭐 머리는 좋아 가지고 동시에 여기 은행하고 여기 은행하고 동시에 콘택트하면은 서로 잡힌 게 없으니까 해 주니까 동시에 받아 가지고 막 2천 2천 막 받았으니까 은행에서 정말 대단한 능력을 가진 사람이라고 어떻게 이렇게 많은 돈을 캐피탈도 아니고 은행 대출로만 이루어질 수 있냐는 거지요?

상담자3 응~ 그건 나중에 은행에서 이야기하는 거예요?[9]

내담자3 그렇지요. (어) 은행에서 이제 다른 웬만큼 아는 사람들은 그게 어떻게 은행에서 대출로만 이루어질 수 있냐는 것이지요. 아무리 직장이 좋고 아무리 많이 번다고 해도 자기 꾀에 자기가 넘어가 가지고, 그렇게 해 놓고 모든 담보나 모든 대출이 다 자기 이름으로 돼 있으니까 저는 아쉽지 않아요. 솔직히 말해서 회사도 걸려 있고 하니깐 신용에 막 급급해 가지고 이제 그거를 자기가 책임을 져야 하고 이런 거에 대해서 부담이 많이 된 것이지요. 내가 얘기를 했어요. 명의 이전을 해 가지고 다 가져가라고 당신 그렇게 이야기하는 거는 말로만 이혼하자고 하는 거지 이혼에 대한 논리적이고 절차적인 방법이 아니다. 진짜 이혼을 하고 싶으면 (그렇죠.) 이 상황에 맞게 그렇게 방법을 찾아야지, "다 가져가, 다 가져가." 너 혼자 다 해 이런 식으로 얘기하는 거는 그거는 아니다. 당신 그렇게 나오는 거는 이혼하기 싫은 거다. 말만 이혼하고 싶다 그러는 거지. 그러면서 이제 지금 나는 명의 이전할 돈이 없다. 그것도 몇 천 들 텐데… 명의 이전할 돈이 없다. 당신 명의 이전할 돈이 있냐? 갖고 올 수 있냐? 그러면은 명의 이전하겠다. 하지만 돈이 없지 않냐. 그런데 다 가져가 다 가져가 그건 말이 안 되고, 내가 이 집 대해서 내가 이 집에 권한을 갖고 당신 명의가 있어도 무시하고 내가 이 집에 대한 권한을 갖고 이 집에서 공부방을 하면서 애들을 키우면서 이 집에 대한 대출이자는 내가 내겠다. 당신은 애들 교육비만 지원해 달라고 얘기를 했어요.

상담자4   그러면 반은 살고 있는 집만 선생님 이름으로 해 주고 나머지는 남편…….[10]

---

9   상담자3: "지금까지 이야기 중에서 폭력에 대한 부분을 보다 구체적으로 이야기해 볼까요?" 내담자가 이렇게 초반부터 상담자에게 말할 기회를 주지 않고 계속 이야기할 때에 상담자는 적절하게 개입을 해서 내용을 요약해 주고, 하고자 하는 이야기의 초점이 무엇인지를 합의하고 다시 이야기로 넘어가야 한다. 무조건 들어 주다가 상담의 방향을 잡지 못하는 경우가 생길 수 있다.

10   상담자4: "부인은 이혼에 대해서 구체적인 계획을 가지고 계시군요?" 내담자는 이혼에 대해

내담자4   이름으로 해 주는 것도 명의 이전 비용이 드니까 (예.) 그냥 (그냥 살고?) 살겠다. 살고 거기에 대한 대출이자는 그것도 50 정도 드니까 그건 내가 내겠다. (살고 있는 집에 대해서는?) 그것도 굉장히 부담스럽지만 그건 그렇게 하겠다. 하지만 그 저기 상가를 잡았는데 그게 제대로 안 된 거예요. 그거에 대한 거는 당신이 내라고 했어요. 그랬더니 다 가져가고 150을 주겠대요. (다 가져가고?) 예, 그래서 은행 대출이자가 전부 우리 생활비인데 그럼 우리는 뭘 먹고 살라는 얘기냐고 내가 아이들을 맡아 키우면서 사는데 양육비를 지원해 달라 그러는데 그런 거 가지고 머리싸움 감정싸움을 하는 것은 아니라고 본다고 얘기를 했어요. 그러니까 자기는 더 이상은 양보를 못한대요.

상담자5   그러면 그 사람이 양보한다는 게 명확하게 뭐죠? 지금.[11]

내담자5   150만 지원한다는 얘기지요.

상담자6   150만 지원을 해 주겠다. 그냥 그 빚도 150만 지원해 주면서 (내가 다 내라?) 빚도 다 내고 아이들도 그 150 안에서 다 키워라.

내담자6   예~. 그래 가지고 내가 당신 이거는 (하지 말라는 소리나 마찬가지네요.) 협의니 뭐니 아무것도 아니다. 당신 이렇게 하고 나하고 이혼하고 싶다고 그러면 고소밖에 안 들어간다. 그리고 내가 저번에 말했다시피 당신은 폭행 가해자가 되어 있는 거고 지금 정황상, 조금 안 좋은 상황이다. 당신은 폭행 가해자고 나는 공부방 선생이니까 판사가 누구한테 양육권을 줄 건지를 한번 생각해 봐라 이런 식으로 얘기했어요. 그랬더니 나도 맞았는데 내가 그니까 본인은 남자가 주먹으로 여자를 때린 것에 대해서는 아무런 가책

구체적으로 생각하면서 말하지만 남편은 주먹구구식인 것을 상담자가 알아차리는 것이 중요하다.

11 상담자5: 다시 한 번 정리하는 의미에서 적절하게 질문을 잘했다.

이 없고요. 내가 맞았다고 나만 억울하고 나만 피해자라고 생각하더라고요. 제가 그전에는 주변에서 아는 사람들이 "환자라고 생각해." (때리는 사람을?) 아니 조금 "피해의식이 있는 환자라고 생각해." 주변에서 제 남편에 대해서 얘기하기를 "그냥 조금만 다독거려 줘. 다독거려 주고 이해해 줘. 환자라고 생각하고 그냥 아들 하나 키운다고 생각해." 보통 주변에서 그렇게 얘기하잖아요. "구슬리고 그렇게 해. 구슬리면 될 거 같아." 항상 그렇게 얘기를 했어요. 그러면은 내가 마음속으로 '이건 아니다. 이건 아니다.' 하고 생각하면서도 자꾸 그런 말을 들으면 일상적으로 구슬리면 될 거 같은데 내가 너무 뻣뻣하게 나가서 그런 거다. "뭐 아들하나 키우는 셈 치고 다독거려라." 이런 말 주변에서 하잖아요. (그렇죠.) 그러면은 내가 여우 같지 못해서 내가 현명하고 슬기롭지 못해서 이런 상황을 만드나 그리고 죄책감이 들었어요. 그때 이혼에 대해서 애기를 풀어 나가는 데 적어도 이 사람이 제대로 된 가치관이 있으면 여자를 그렇게 때려 가지고 달팽이관이 손상을 입었다고 했을 때 아차 싶은 생각이 들어야 한다고 생각을 해요. (그렇죠.) 근데 (예.) 나만 맞았다고 그거에 대해서 억울해하는 것을 딱 보고······.

상담자7   나만 맞았다고 하는 거는 누가 맞았다고 하는 거예요. (남편이.) 남편이 선생님이 때린 것에 대해서 본인도 맞았다 이거를 얘기하는 거예요? 얼마나 때리셨는데요? 선생님이······.[12]

내담자7   별로 때리지도 못했어요. 그니까 내가 때렸을 때 다 비껴갔어요. 그리고 인제 메니큐 칠하고 있어 가지고 손톱이 길어서 할퀸 건 있더라고요.

---

12 상담자7: "남편의 폭력 앞에 함께 대항했던 것을 남편이 오히려 자기가 더 맞았다고 하니 화나고 속상했겠네요." 얼마나 때렸냐고 물어보기보다는 맞서서 싸울 수밖에 없었던 상황에 대해 공감해 주는 것이 필요하다. 남편의 폭력 앞에 방어적인 차원에서의 아내의 폭력이 수반되는 경우가 많기 때문이다.

할퀸 건 있고 몇 대 스쳐만 갔는데 남편은 주먹으로 날 때린 거예요. 그래 놓고 내가 이제 맞으니까 악에 받쳐 가지고 약간 그런 식으로 했죠. 더 때리라고 더 때리라고 막 덤볐어요. 그때 덤비면서 가슴을 막 때렸어요. 그러면서 내가 너한테 때리는 거는 내가 너 때리려고 때리는 게 아니고 내가 너 때리면 네가 나 때릴 거 아니야 지금처럼 때릴 거 아니냐. 더 때려 그래 가지고 세상에 내가 너 이런 놈이라는 걸 내가 다 알릴 거야. 더 때려, 더 때려……. 막 뚜껑 열려서 돌아가지고 막 덤벼드니까 그런 모습이 처음이었지요. (음…….) 제가 그런 모습이 처음이었으니까 이제 아차 싶은 거예요. 그때 그러니까 못 때리더라고요.

상담자8 이제 인제는 선생님의 다른 모습을 본 거잖아요. 선생님은 어떻게 그런 용기가 나셨어요?

내담자8 돌았지요. 그래 가지고…….

상담자9 도는 것도 필요한 것 같아요.

내담자9 맞으니까 돌더라고요.

상담자10 맞으니까 돌죠. 진짜 돌 수밖에 없겠죠. 그런데 그 상황에서 위축이 되기 쉽잖아요. 그동안 선생님이 계속 다른 사람이 "뭐 네가 남편을 구슬리고 네가 여우같이 해라." 이랬을 때 선생님이 좀 잘못한 거라고 그렇게 생각이 들었던…….[13]

내담자11 제가 정말 현명하지 못해서 이런 상황을 만드는구나? 이런 생각이 들었어요.

---

13 상담자10: "신체적 폭력이 처음인데 강하게 덤비니까 더 이상 때리지 못했다고 했으니 대응을 잘하신 거예요." 대부분 폭력 상황에서 위축되거나 두려워 대응하지 못할 경우 폭력이 지속적이 되기 쉬움을 알려 주는 것도 좋다.

상담자12 지금 그러면 어떤 생각이 드세요? 그 문제에 대해서 남들이 얘기하는 뭐 네가 여우같지 않고 그래서 그렇다. 그것에 대해서 선생님 지금 생각은 어떠세요?

내담자12 그건 지금도 그렇게 생각해요.

상담자13 지금도 그렇게 생각이 드세요?[14]

내담자13 예, 왜냐하면 우리 언니는 저보다 훨씬 세요. 성격도 세고 남들하고 트러블도 많고 그런데도 남편이 벌어 오는 돈이 필요하기 때문에 남편한테는 살랑살랑거리고 문자는 "자기야 사랑해." 그리고 막 문자를 넣어요. 저는 그렇게 못하고 살아요. 근데 그렇게 하면서 자기가 인제 아르바이트로 버는 돈은 자기가 쓰고 남편이 벌어 오는 돈으로 충분히 생활을 하고 그게 이렇게 잘 다루면서 살아요. 언니가 하는 말이, "네 남편 돈이 필요하면은 맞추면서 살아." 그렇게 얘기를 하더라고요.

상담자14 그럼 그렇게 맞추는, 맞추면서, 그러니까 지금 그 남편의 방식이 그러니까 남편의 돈을 쓰기 위해서 그렇게 맞추면서 사는 언니의 마음은 어떨까요? 남편을 생각하는 마음이, 그러니까 남편을 생각하기보다는 돈이 필요해서 그렇게 하는 거잖아요.[15]

내담자14 그럴 수도 있겠지만 뭐 이렇게 마음이 있어야 하겠지요.

상담자15 근데 지금 제가 듣기로는 돈이 필요해서 오히려 지금 언니가 원래 애교가 많거나 문자를 이렇게 다정하게 보내거나 이렇게 들리지는 않는

---

14 상담자12, 13: 지금 생각이 계속 어떠냐고 물어보기보다는 남편이 어떻게 행동하더라도 남자는 여자하기 나름이라면서 여자들이 남편의 비위를 맞추면서 살아야 한다고 강요하는 사회적 분위기에서 나도 모르게 학습된 생각임을 알게 해 주는 것이 중요하다.

15 상담자14: "언니의 그런 말을 들으면 어떤 기분이 드세요?" 언니가 남편의 돈이 필요해서 비위 맞춘다고 생각하는 것은 상담자의 지나친 추측이다. 내담자가 직접 언니의 마음을 물어보고 언니의 말을 통한 느낌을 아는 것이 중요하다.

데 어쨌거나 남편을 요리해서 내가 필요한 걸 그 방법도 좋은 방법이죠. 근데 좋은 방법이긴 한데 그 언니 마음에 실질적으로 언니 마음이 어떨지 선생님 지금 언니 마음이 어떨 거 같으세요? 그렇게 살면.[16]

내담자15 나처럼 이렇게 안 좋은 상황으로 치닫는 거보다는 잘 요리해 가면서 잘 사는 것도 전 능력이라고 봐요.

상담자16 능력이기도 해요.[17]

내담자16 나는 그런 면에서는 조금 패배자는 아닌가 하는 생각이 들어요.

상담자17 그러시구나. 선생님 그러면 선생님 결혼해서 남편과 어떻게 좀 이렇게 대화를 한다거나 남편하고 어떤 방식으로 생활을 하셨는지 그거에 대해서 좀 얘기를…….[18]

내담자17 그거는…….

상담자18 선생님 결혼은 몇 년도에 하셨어요?[19]

내담자18 95년도에…….

상담자19 결혼한 지 지금은 한 16년 되었네요.

내담자19 서로의 가정환경이 틀리기 때문에 이런 문제도 일어나는 거고 그

16 상담자15: 상담자의 '요리'라는 용어가 부적절하다. 내담자의 언어 속에서 나오지 않은 표현을 상담자가 앞서서 사용하는 것은 자제해야 한다. 또한 자칫 남편의 폭력 행위가 아내의 '요리'를 통해서 변화될 수 있다는 사회의 통념을 고정시키는 인상을 줄 수 있다.

17 상담자16: "그것도 하나의 방법일 수 있겠네요." 능력이라는 적극적인 동의보다는 내담자 표현을 존중하는 반응을 보이는 것이 좋다.

18 상담자17: "살면서 남편에게 맞추려고 노력했던 부분은 없었나요?" 패배자라는 지점을 그냥 지나치지 말고 생활 속에서 남편에게 맞추려고 노력했던 지점들을 찾아보면서 역량강화를 해 줄 수 있는 지점이다.

19 상담자18: "지금까지의 이야기를 정리해 보고 상담 목표를 잡아 보도록 할까요?" 상담의 초반부에 구조화를 하지 못해서 이 시점에서 구조화하기 위해 상담자가 말을 시작했으나 성급하게 나머지 내담자의 이야기를 듣지 않고 이어 이야기하고 결국은 구조화에 실패한 부분이다. 여기부터가 구체적으로 어떤 이야기를 나눌지를 합의하고 나아가야 할 시점이다.

렇다고 생각을 해요. 그 삶의 방식이 너무 틀렸기 때문에 저 같은 경우에는 아버지가 좀 무서웠고 엄마가 어렸을 때는 좀 성격이 강했는데 아버지를 더 강한 사람을 만나서 엄마가 이렇게 죽어 사셨대요. 엄마 아빠가 교육열이 많이 세셨어요. 그 당시에도 엄마는 치맛바람을 날리고 마 이렇게 전 유치원도 다니고 그렇게 살았으니까요. 그리고 좀 부유하게 살았고요. 그리고 그 당시에 딸 둘만 낳고 안 낳았어요. 인제 아버지가 막 리틀엔젤스니 이런 데 보내시려고 노력하시고 제가 몸이 안 좋아서 못 다니긴 했는데 많은 교육적인 혜택을 받았어요. 미술학원도 다니고 좀 인정받고 지냈, 또 언니는 좀 고집이 세서 아빠 눈밖에 아빠가 큰애니까 막 그 5공 정권 때 비밀과외까지 막 서울대생한테 시켜 가면서 막 이렇게 가치관이 기대치가 높았는데 거기에 부합되지 않으니까 언니는 좀 많이 혼났어요. 근데 저는 몸이 안 좋았기 때문에 안 가르쳐도 둘째니까 고만고만하고 이러니까 이제 기특하다 그러면서 칭찬만 받고 자랐지요. 아프니까 (작은 아이들이) 아픈데 천식이 심해 가지고 일곱 살에 들어갔는데 학교도 결석이 많아 가지고 여덟 살에 다시 들어가고……. (웃음)

상담자20 어머 샘 그럼 많이 심하셨나 보다.

내담자20 예. 그리고 뭐 체육시간에도 거의 안 나가고 소풍 때도 우리 때는 걸어갔잖아요. (그렇죠.) 그러면 저 혼자 차 타고 가서 기다리고 있다가 놀다가 차 타고 오고 조금 공주 대접을 받은 거지요.

상담자21 몸은 힘든데 공주 대접이라도 받으니까.

내담자21 엄마가 학교를 업어다 주고 업어 오시고 그렇게 많이 하시고 어떤 때는 병원에 입원해 있는데 요번 시험을 못 보면 인제 또 유급된다 그러니까 담임선생님이 그때 신촌 세브란스병원에 제가 입원했을 때 시험지 갖고 와서 침대에서 시험보기도 하고 그래 가지고 학년만 올라가고 그런 적도

있고 그랬어요. 그러니까 인제 제가 원하는 거는 뭐 다 들어주시는 편이었
죠. 집안 분위기가 많이 위해 주니까. 그렇게 자랐었는데 이 사람은 어, 아버
님이 많이 바람을 피셨다고 하더라고요. 그리고 어머님이 자식에 대한 애착
이 많아 가지고 돈을 벌면서 애들을 다 키우셨다고 하더라고요. 그러면 또
돈을 벌어 온 돈으로 남편한테 맞으면서 뺏기기도 하면 또 어머니는 아무 뭐
이렇게 뭐라 그러지 거부감 없이 또 드리기도 하고 또 어떤 때는 남편이 여
자를 데리고 오면 여자랑 같이 그 집에서 자기도 하고……

상담자22　아! 그러면 선생님? 그런 지점에서 남편의 생각이 살아오면서 그
아버지가 하는 행동이 모델이잖아요.[20]

내담자22　너무 싫으면서 배울 수도 있는 거지요. 그러니까 그 집안은 어머
니가 그렇게 막 무척 강하게 돈 벌면서 애들을 키웠잖아요. 그리고 또 애들
끼리만 있었으니까 얼마나 끈끈하게 자랐겠어요. 끈끈하게 자라는 데 비해
서 또 막내예요. 4남매에 막내예요. 위로 또 누나, 누나, 형, 막내예요. 그러
니까 누나들이 결혼을 했는데도 엉덩이를 툭툭 치고 아 아직도 솜털이 있다
는 둥 이러고 다니고 집에서 집들이를 하는데 이 남자가 팬티만 입고 돌아다
니지를 않나 어 좀 상식적으로 납득이 안 가는 행동들을 막 하더라고요.

상담자23　막내의 기질을 그대로 가지고?

내담자23　얼굴을 쭉 늘리면 어휴 이런 놈이 애를 셋이나 낳았다고 나가면
초밥 같은 놈이 이렇게 얘기를 하고 내 새끼라고 이러고. 그 기질이 저한테

20　상담자22: "남편의 어린 시절이 현재 생활에도 영향을 줄 텐데 그 얘기를 듣고 어떤 생각이 드
　　셨어요?" 남편의 가정환경을 알 수 있는 중요한 시점이다. 가정은 인간의 출생과 성장이 이
　　루어지는 가장 중요한 환경으로 인간의 사회화 과정에 있어서 가장 기본적이면서도 중요한
　　인생 형성의 장이라고 할 수 있다. 가족의 분위기와 가족원 간의 상호작용은 그 가족 구성원
　　의 인생에 긍정적 또는 부정적 측면에 큰 영향을 미친다.

도 보여지는 거죠. 근데 제가 그거를 다 감당을 하기에는 저도 인제 성격이 못됐기 때문에 뭐 쫌 너그러운 사람 같았으면 감당하고 정말 아들처럼 키우면서 살 수 있었겠지만……

상담자24 근데 그 너그러운 사람이 얼마나 될까요? 남편이 이렇게 힘들게 지금 하는데, "그 너그럽게 살아야 한다."라고 얘기하는 거 자체가 우리 여성들에게 되게 강요되는 부분이잖아요. 남편이 그럼에도 불구하고 너그럽게 살라는 말이…….[21]

내담자24 저는 또 어렸을 때부터 이렇게 저랑 말씀하시면서 좀 느끼실지 모르겠는데 자아가 강해요.

상담자25 예. 선생님 자란 모습 보니까…….

내담자25 예. 자아가 강하고 자존감도 높아요. 제 나이 또래 엄마들보다는 전 자존감이 높은 편인 거 같아요. (예.) '나는 하면 뭐든지 할 수 있어.' 라는 생각이 지금도 있어요. 뭔가를 하면 정말 공격적 마케팅이라고 해야 하나? 뭐든 마음먹으면 추진력이 좋아 가지고 쭉 나가요.

상담자26 그 예를 하나 얘기해 줄 수 있어요? 들으면 되게 막 신날 것은……. (웃음)[22]

…… (중략) ……

(내담자28~상담자37: 대학을 졸업하고 좋은 직장을 얻어서 직장에 나가려고 하는데 엄마가 갑자기 중풍으로 쓰러지셔서 아깝지만 직장을 선택하지

---

21 상담자24: 같은 여성의 입장에서 이야기를 잘해 준 부분이다. 자신의 성격이 못되었기 때문에 남편을 포용하지 못하는 것이 아니라 그 상황에서는 누구라도 힘들었음을 잘 표현해 주었다(여성주의상담 원리 II 적용).

22 상담자26: "자아가 강하다고 하셨고 추진력이 있다고 하셨는데 그런 구체적인 사례를 이야기해 주시겠어요?" 내담자의 언어로 구체적인 사례를 듣는 것이 중요하다.

못한 채 5년간 엄마의 병간호를 하면서 지냈음.)

내담자38 마이너스만 있다고 생각하지 않아요.

상담자39 마이너스만 있다고 생각하지 않은 건 마이너스도 있다는 생각을, 어떤 점을 마이너스라고…….[23]

내담자39 5년을 뭐 아깝다고 생각할 수도 있는데 제 주변에 친구들은 이제 그런 아~ 이제 한 예로 호주로 이민 간 친구하고 저랑 이렇게 콘셉트가 잘 맞아 가지고 대화를 많이 하는데 남편이랑 별로 안 좋다 그런 얘기를 하니까 8개월 만에 전화를 해 가지고 내가 공부방을 차렸다 그러니까 인제 네가 뭘 가르친다고 공부방을 차리냐 쥐뿔도 모르면서……. (웃음) 모르는데 그냥 무섭게 막 가르치니까 애들이 성적이 오르니까 엄마들이 오더라. 막 그러면서 농담 그렇게 얘기를 했어요. 남편하고 어떠냐? 안 좋다. 왜 안 좋냐 그랬을 때 단순한 부부싸움인 줄 알았는데 심각한 거냐 물어봐 가지고 뭐 사사로운 일에 이혼에 뭐 카드도 끊고 카드를 끊은 적이 두 번이나 있어요. 돈줄을 자기가 돈 번다고 돈줄을, 다 끊는 거지요. 자기 신용카드 끊고 은행 그거 캐쉬통장 끊는 거 있죠. (캐쉬카드.) 예 그거 다 끊고 이러면 내가 돈을 못 쓰니까 자기한테 이제 잘할까 봐 그런 경험도 있고…….

상담자40 카드 끊겼을 때 선생님 느낌은 어땠어요?[24]

내담자41 저요? 왜 저는 좀 다른 사람과 다른 것 같아요. 이 사람이 미쳤나? (웃음)

---

23 상담자39: "주체적이고 신나는 사례라고 이야기는 했지만 결국은 자신에게 마이너스인 부분이 있었다는 생각을 하시는군요?" 돌봄 역할을 하느라 자신의 삶을 누리지 못했음에 공감해 주어야 한다.

24 상담자40: 좋은 질문이다. 카드가 끊겼을 때의 느낌을 묻고 넘어가는 것이 좋다.

상담자42 다른 사람도 '미쳤나.' 이런 생각 들 거 같거든요. 애를 키우고 있는데 어떻게 그 사소하게 좀 싸운 거 이런 거 가지고 카드를 갖고 정말 카드를 끊는 거는 뭘까요? 도대체…….25

내담자42 카드를 처음 끊었을 때는 처음에 겪었을 때는 뭐야? 뭐야? 그러고 막 찾아다니면서 이것도 안 되네 이것도 안 되네 겁을 먹었어요. 그런데 두 번째 했을 때는 전화를 했어요. 네가 돈 번다고 나한테 아킬레스건인 카드를 끊은 거 같은데 나도 너의 아킬레스건을 끊는다. 그게 뭔지는 네가 한번 알아봐라. 내일까지 원점으로 돌려놓지 않을 거면 너도 당할 거다. 내가 가만히 당하고만 있을 사람으로 보이냐. (어, 진짜 멋있으시다. 어떻게?) 해 놨더라고요. 그리고 나서 이제 그다음에 대화 좀 하자 그랬죠. 한 번만 이런 일이 있을 때에는 당신 회사로 찾아가 가지고 당신 회사 사수한테 나한테 한 것들을 그대로 얘기할 거다. 나한테 마이너스가 돼도 좋고 당신이 회사를 잘려도 좋고 다녀도 좋다. 그리고 이미지는 안 좋을 거 아니냐. 당신 망신스러울 거 아니냐. 나는 망신 주는 게 당신은 사회인이니까 거기에 초점을 맞추는 거다.

상담자43 아~ 선생님 남편을 잘 파악하고 계시네요. 남편이 사회에서 인정받는 부분을 중요하게 생각하는 거를 선생님이 아시니까 그 부분에 대해서 문제 제기를 한 거지요?

내담자43 네, 그랬더니 그다음부터는 카드를 절대 못 자르더라고요.

상담자44 만약에 선생님이 그런 이제 그 남편한테 카드를 당장에 돌려놔라

---

25 상담자42: "경제권을 가지고 통제를 했으니 정말 속상하고 화가 나서 남편이 미쳤다는 생각이 드셨군요?" 신체적 폭력만이 폭력이 아니라 경제권을 가지고 통제하는 것도 경제적 폭력임을 말해 주었어야 한다. 2010년도 여성가족부 통계에 의하면 가정폭력 유형별 피해율은 신체적 폭력 16.7%, 정서적 폭력, 경제적 폭력, 성 학대, 방임을 모두 포함한 부부폭력 전체 발생률은 53.8%로 나타났다.

이런 요구를 안 하고 계속 받아들였으면 어땠을까요?

내담자44 안 할 사람은 아니죠. 제가.

상담자45 선생님 이제 안 할 사람은 아니라서 선생님 너무 힘이 있으신 거예요. 선생님 정말 어~ 남편한테 의지를 많이 하게 되잖아요. 결혼하고 나면 경제적으로나 심정적으로나 많이 의지를 하는데. 그럼에도 불구하고 이제 아이를 키우는 구조 속에서도 선생님 나름대로 힘이 막 보여요. 그렇게 말을 했다고 하시니까 사실은 저는 되게 남편한테 순종적이고 막 헌신하고 이렇게 살았던 삶인데 어느 날 무기력해지면서 나를 보면서 내가 그렇게 사는 삶이 맞는가 하고 되돌아봤을 때 그게 아니라는 생각이 들었거든요. 근데 보통 남편한테 많이 의지를 하고 살잖아요. 제 기준인가요?[26]

내담자45 저도 그렇게 살아요.

상담자46 선생님 그런 얘기를 들으니까 너무 제가 마음이 통쾌한 거예요. 그렇게 얘기를 하고 요구를 하고 했다고 하니까… 그러면 선생님은 이혼하려고 법적 절차를 물어보려고 오셨다고 하시는데 사실은 이혼…….

내담자46 이혼은 결정이 된 건데요.

상담자47 아, 예. 결정이 되셨어요?[27]

내담자47 예. 마음으로 결정이 됐고요. 변호사를 선임을 받아야 될 거 같아요. 왜냐하면 내가 할 수 없는 게, 뭐 쫓아다니면서 서류 떼고 할 수가 있는데 이 남자가 자기가 가진 돈으로 돈 계산하고 이런 걸 제가 못요. 근데 자

---

26 상담자45: 공감하고 지지해 주면서 역량강화를 해 주어야 할 시점이다. 상담자의 자기 개방은 좋으나 자칫 모든 여성들의 삶이 남편에게 다 의지하고 살아야 한다는 의미로 비춰지기 쉽기 때문에 경제적 폭력에 적극 대처한 부분에 대해서 다시 잘했음을 부각시켜 주어야 한다.

27 상담자47: "이혼에 대해서는 결정이 되었다는 건가요?" 이 부분에서 이혼에 대해 생각할 시간을 주며 이혼을 하게 될 때 좋은 점과 어려운 점에 대해 손익 계산을 하게 하는 등 구체적으로 다시 생각할 시간적 여유를 주어야 한다.

기 혼자 살고 싶은 거지요. (남편이?) 예.

상담자48 그러면 혼자 살고 싶으면 지금 합의 이혼 얘기는 하되, 남편이 진심으로 이혼을 해 줄 거 같지 않은 상태인 거예요?

내담자48 예. 이혼해~ 이혼해~ 항상 얘기는 하지만 그때 얘기 들었을 때는 협의 이혼은 안 될 거 같고요. 또 절차상으로 내가 이 남자한테 어떻게 해야 하는지 이거는 저 혼자는 너무 힘들 거 같아요. 그리고 월요일 날 얘기를 하고 나서 화요일 날 8시에 일찍 집에 들어왔더라고요. 결혼 생활 중에 하루같이 항상 늦게 들어왔어요. (음.) 12시, 1시, 2시 항상 그렇게 들어왔어요. 얼마나 이기적이냐면요 아버지가 살아계셨을 때는 아버지랑 같이 살 때는 현관문을 안 잠가 놨어요.

상담자49 누구 아버지, 선생님 아버지?

내담자49 친정아버지랑 살 때는 이 사람이 올 때까지 현관문을 열어 놨었어요. 사람이 안 왔으니까. 근데 아버지가 돌아가시고 나서 현관문을 열어 놓을 수가 없잖아요. 여자 하나하고 애들만……. 그러니까 잠그면요 막 싫어해요. (잠그면요.) 예. 그러면 번호키도 안 된다고 그러고 잠그는 것도 싫어하고 어떻게 안 잠그냐고. 문을 안 잠가 놓으면 이 사람 올 때 문을 따 줘야 되니까 자지를 못하잖아요. 새벽 2시고 3시고 못 자요. 기다리고 있는 거지요.

상담자50 번호키를 달면 참 그냥 열고 들어오면 될 텐데…….

내담자50 돈 쓰는 거 무지하게 싫어해요. (웃음) 그래 가지고 안 했어요. 근데 그냥 따라 줬어요. 근데…….

상담자51 맞춘다고 많이 맞추며 사셨군요.[28]

내담자51 예. 많이 맞췄어요. 그리고 하다못해 자기가 게임하고 있다가 제

---

[28] 상담자51: 내담자가 남편에게 맞추려 고생했음을 잘 공감해 주었다.

가 텔레비전 보고 있는데 게임 끝나고 오면 제가 보던 리모컨 돌리고, 솔직히 말해서 그래도 여자 중에서는 나름 자존심도 강한 여잔데 뭐야 이런 생각이 드는데…….

상담자52　그런 생각도 들고 많이 힘들었겠네요. 선생님.

내담자52　일주일에 하루에 몇 시간이나 본다고 내가 참자 이런 생각도 많이 하고 그냥 그랬어요. 그랬는데 나중에는 이 사람이 싸우면 막 나가요. 이제 그 아파트에서 팔고 그 집이 친정아버지가 저희한테 준 집이었는데 자기 이름으로 해 달라고 해서 준 집이었어요. 근데 인제 그 은행이자 대출 때문에 너무 힘들다 그래 가지고 이제 그 집을 팔면 좀 나을 것 같다. 그래가지고 그 집을 판 거예요. 그 집을 팔고 이사 오면서 아버지 그늘에서 벗어났단 생각이 들었는지 이제 만날 이혼하자고 그러는 거죠. 이사 오자마자 첫날부터 이혼하자고 그러더라고요. 이사한 첫날부터. 내가 이제 정말 어린아이같이 절대 안 해. 절대 안 해 막, (웃음) 내가 안 한다고 하니까 이제 더 하자고 그랬는지도 모르지요. 그랬는데…….

상담자53　이혼하자는 이유는 뭐였어요? 이혼하자고 한 이유는? 그 집을 아버지의 그늘에서 벗어나서 다른 집으로 옮겨 왔다는 그 이유 때문인가요?[29]

내담자53　뭔가 이제 나는 필요가 없다고 생각했나 보죠. 부담스럽기만 했다고 생각……. 내가 벌어서 먹여 살리는 게 하나래도.

상담자54　선생님 느낌이었어요? 혹시 그때 이혼을 왜 하려고 하는 거냐고 혹시 물어보지는 않았나요?[30]

---

29 상담자53: 질문을 하고 나서는 내담자가 답을 하도록 기다려 주어야 하는데 성급하게 상담자가 답을 하고 있다. 내담자가 자기 언어로 말할 수 있도록 머물러서 기다려 줄 필요가 있다.

30 상담자54: 적당한 질문이다. 하지만 질문을 할 때는 한 가지씩만 하고 답을 기다리는 것이 좋고 폐쇄형 질문보다는 개방형 질문을 하는 것이 좋다.

내담자54 살기 싫대요.

상담자55 살기 싫대요?

내담자55 인생에 우리가 90까지 산다. 그러면은 지금 40밖에 안 살았는데 너랑 50년을 살 수가 없대요. (웃음) 그렇게 얘기하고요. 가장 최근에 들은 말은요 게임 때문이래요. 만약에 이혼한다. 그러면 게임 중독자로도 몰 거예요. 근데…….

상담자56 누구? 선생님을…

내담자56 아니 내가 이 사람을 게임 중독자로도 몰 거예요. 게임 중독이에요. 그것 때문에 애들 공부도 못 해요.

상담자57 그렇죠. 되게 안 좋은 영향을 끼치죠. 애들 보는데서.

내담자57 그러니까 이 폭력을 나한테 행사한 것도요, 게임에서 받은 영향에서 현실하고 게임 그 세계하고 구분을 못 하는 거 같아요.

상담자58 얼마나 게임을 하시는데요? 시간적으로 보면?[31]

내담자58 얼마나 하냐면 평일 날에도 11시에 오면 2시, 3시까지도 하고 자요.

상담자59 그러면 거의 뭐 게임 그 속에서 산다고 볼 수 있겠네요.

내담자59 그리고 토요일 날, 일요일 날은 항상 게임을 해요. 항상 게임을 하고 토요일, 일요일은 애들이 컴퓨터를 아예 못 해요. (어, 아 예.) 이 사람이 혼자 컴퓨터방에서 나오지도 않고 딱 문 닫고 들어가서 문 열려 있는 것도 싫어하고 애들이 옛날에, 둘째가 어렸을 때는 "아빠……" 하고 얘기하면 자기 게임하는 데 방해된다고 막 성질냈어요. 근데 인제 셋째는 셋째가 나오

---

31 상담자58: "구체적으로 예전에도 게임과 폭력이 연관된 적이 있었나요?" 게임으로 인해서 현실과 가상의 세계를 구분하지 못해서 폭력을 당했다고 말하고 있으므로 폭력에 머물러서 보다 자세하게 상황 이야기를 들어 주어야 한다.

면서 이혼을 자꾸 얘기하게 될 때 제가 그랬어요. 니가 애들한테 투자한 시간이 얼마나 된다고 애들한테 니 새끼라고 얘기를 하냐. 말이 안 된다. 그러니까 이혼을 생각할 때는 애들을 접을 생각을 하라고 얘기를 하니까 그다음부터는 막내가 와 가지고 막 해도 어~ 어~ 맞춰 주기도 하더라고요.

상담자60   선생님이 반응을 보이면 그쪽에서 또 다른 반응이 나타나기는 하네요. 조금씩 조금씩.

내담자60   무서워해요. 저를 무서워해요.

상담자61   무서워해야 이 동등한 관계가 좀 유지되지요. 무섭지 않으면 계속 일 나는 거지요.

내담자61   무서워해요. 그리고 제가 그랬어요. 당신이 이 상황까지 내가 여기서 살 만한, 저번에 나가고 싶다 그랬을 때 살 만한 일이 없을 거 같다고 그러더라고요. 왜? 그랬더니 내 눈치 보면서 게임하고 싶지가 않대요. 내가 당신한테 게임한 거 게임에 대해서 포기했잖아. 게임에 대해서 포기했고, 당신은 당신이 게임하는 거에 대해서 누가 뭐라 그래. 아빠 게임하니까 들어가지 말라고 내가 그러는데. 내가 그랬더니 하는 소리가 그래도 니 눈초리가 싫다는 거지, 해방하고 게임을 하고 싶은 그게 집 나가는 이유래요. 그래서 내가.

상담자62   게임, 게임 눈치 안 보고 하고 싶고 그냥 (그런 분위기가 싫대요.) 맨 처음에 얘기한 거는 뭐죠? 해방?

내담자62   해방.

상담자63   해방되고 음…….

내담자63   제가 그 얘기를 했어요. 나이 마흔 넘어 가지고 애 셋 딸린 가장이 게임하고 싶어서 집 나간다는 거는 무슨 초등학생 1학년 상당 마인드도 아니고 어쩜 그렇게 철이 없냐고. 나가고 싶으면 나가라 교육비만 주고 나가라 당신 애들한테 나쁜 영향 미치는 거 차라리 눈에 안 보이는 게 낫다. 나는 당신한테서 연연하지 않는다라고 얘기를 했어요. 그리고 당신이 왜 이 상황이 됐는지에 대해서 생각을 해 봐라. 내가 10년 전부터 서서히 얘기를 했다. 당신이 계속 당신 생활만 하고 애들이나 집안에 대해서 신경을 안 쓰면 당신의 설 자리가 하나씩 없어질 것이고 당신의 권한이나 권위도 없어질 것이라고, 하나씩 제거할 것이라고 내가 생각을 했고 당신한테 공포를 했고 나는 하나씩 제거해 왔다.

상담자64 선생님 계속 그 선생님 남편의 길을 미리 좀 보고 알려 준 것도 있네요. 남편한테.[32]

내담자64 그만큼 얘기를 했어요. 그랬기 때문에 당신이 이제 애들한테 공부에 대해서 시도하려고 해도 당신이 애들에 대해서 알지도 못하고 요즘 배우는 애들 책도 한 번도 못 봤기 때문에 공부도 못 가르치고 애들 대화에 끼어들고 싶어도 당신이 애들하고 교감도 커뮤니케이션도 없고 당신이 할 수 있는 거는 부루마블 게임하고, 뭐 당신이 김치찌개 만들어서 김치찌개 주는 거, 등산가는 거, 햄버거 사 주는 거, 이런 거에 국한되어 있다. 그래도 당신이 당신 세계를 넓히고 싶으면 찾아서 해라. 아니면 나는 인제 당신 세계에 대해서 애들하고 내가 노력을 안 할 거다. 그 얘기를 했어요.

상담자65 그 게임을 하면서도 김치찌개 하는 거나 햄버거 주는 거나 이런 거는 중간중간에 하셨어요?

내담자65 네 토요일 날 햄버거 주는 거 아니고 관심 쓰고 싶으면 햄버거 먹으러 가자 그래 가지고. (웃음)

---

[32] 상담자64: "나름대로 결혼 생활을 지속하기 위해서 애를 쓰셨는데 이젠 한계에 다다른거네요?" 라고 내담자의 마음을 읽어 주는 것이 중요하다.

상담자66 그게 인제 아이들이 대게 뭘 원하고 그러는 것보다는…….

내담자66 아빠가 일방적으로…….

상담자67 본인이 그냥 본인이…….

내담자67 뭐, 하려고 계획했는데 아빠가 햄버거 먹자 그러면은 오히려 무슨 웬 떡이야 가서 먹고 오지요. 애들의 스케줄에 맞춰 가지고 이렇게 해야 되는 건데 그걸 몰라요.

상담자68 아이들이 무엇을 원할 때 그때 해 주면…….

내담자68 원할 때는 안 해 주지요.

상담자69 그게 문제지요.

내담자69 원할 때는 게임한다고 자기 일정이 있으니까.

상담자70 우리 집도 그래요. 아빠가 해 주고 싶을 때는 다 해 주는 거예요. 아이들이 실질적으로 원할 때는 안 해 주고. 그런 것에 대해서 계속 얘기를 하는데도 본인의 행복이 중요하다고 생각이 드는지 그게 잘 안 되더라고요.[33]

내담자70 제가 그 얘기를 했어요. 당신이 옛날에 게임하고 와 가지고 게임 끝나고 나서 텔레비전 리모컨을 뺏고 텔레비전을 보잖아요. 그러면은 이 사람은 애들 아빠니까 애들에 대해서 알아야 할 것 같아서 뭐라고 뭐라고 계속 얘기를 했어요. 그러면은 너는 내가 그렇게 좋으냐? 그러는 거예요.

상담자71 애들한테?[34]

---

33 상담자70: 상담자와 내담자의 평등성의 원리에 의해서 상담자의 자기개방이라고 볼 수 있으나 모든 남자들이 다 그렇다고 이해되기 쉬우므로 남자들의 그런 성향이 문제를 일으키는 원인이라고 마무리를 해 주어야 한다.

34 상담자71: "좋은 관계를 만드느라 애쓰는데 남편이 그렇게 말하면 힘이 빠지겠네요." 아내는 남편에게 아이들의 상황을 이야기하며 원만한 가정생활을 유지하려고 애쓰는 모습을 보이고

내담자71 아니~ 저한테. 내가 애들에 대해서 막 얘기를 하니까. 아빠니까 애들에 대해서 알고 있으라고 얘기를 하는 거다. 들어라. 한 귀로 듣고 한 귀로 흘리지요. 근데 이제는 내가 당신한테 그런 수고를 할 필요가 없을 거 같으니까 안 할 거야 그리고 안 했어요. 나는 절차에 따라서 다 얘기를 하고 진행을 하고 있는데 이 사람은 아무것도 모르는 거지요. 왜 안하지 이것도 아니고. 잊어버리고 있다가 어느 날 보니까 애들에 대해서 모르는 거예요. (그렇죠.) 왜 모르게 됐는지도 모르는 거지요. 그니까 나는 당신한테 계속 누누이 경고를 했고 지난 절차를 얘기했고, 옛날에는 애들이 스케줄이 있어도 아빠가 뭘 하자고 그러면은 따라갔어요. (네.) 양보를 해 줬어요. 제가 근데 지금은 "애들 스케줄이 이렇게 있으니까 오늘은 안 돼." 하고는 제재를 해요. 그렇게 하니까 이제 이 사람은 옛날에는 자기 뜻을 좀 많이 해 줬는데 지금은 내가 반대를 하니까 궁극적으로 자기 설 자리가 아니라고 생각하고 투정도 부리는 거고 나를 잡고 싶은 마음에 이혼하자는 말도 하고 그러는 건데 화요일 날은 제가 월요일 날 그 얘기를 하고 나니까 화요일 날 일찍 왔어요. 일찍 와 가지고 애들한테 엄마랑 살래 아빠랑 살래 막 분위기 맞춰 주면서 목욕할래 막 이러는데 애들이 목욕 안 한다고 그러더라고요.

상담자72 아빠가 그렇게 아빠가 그런 얘기를 듣고 나니까 (월요일 날.) 맞았다고 하는 날이 언제인 거예요?[35]

내담자72 7월 8일인가 7월 7일인가 그래요. (그때인 거예요?) 예, 그래요. 저는 3개 3주 동안 많은 준비를 한 거지요. 어떻게 얘기할 것인지, 이혼을 하

있고 상담자가 그것을 알아차리고 그 수고를 인정해 주어야 하는데 경청을 하지 않아 상담이 겉도는 느낌이다.

35 상담자72: "구체적으로 이혼 얘기를 하니까 남편이 반응을 보였군요?" 남편이 아이들을 통해서 분위기를 바꾸려고 했던 부분을 상담자가 파악해야 한다.

면은 어떻게 될 것인지 이제 그런 마음의 준비를 하고 여러 가지 단체에 전화해서 물어보고 상담을 하고 이러면서 저는 인제 준비를 하고 이 사람한테 얘기를 한 거고 이 사람은 자기만의 세계에 있다가 (그죠.) 들은 거고. 근데 이제 월요일 날 들었을 때는 그런가 보다 했는데 화요일 날 들었을 때 일찍 와 가지고 막내랑 막 목욕하자 그럴 때 목욕 안 하고 책 가지고 와서 저한테 책 읽어 달라고 하더라고요. 그리고 둘째한테 아빠랑 살래 엄마랑 살래 물어봤대요. 근데 둘째가 엄마랑 산다고 했대요. 그러니까 왜 엄마랑 살거냐 그러니까 엄마랑 있는 시간이 많다. 아빠는 아침에 갔다 저녁에 오지 않냐 그럼 할머니랑 고모랑 살면 어떠냐 그러니까 그 집은요 2남 2녀 중에서 나만 제대로 살고 셋은 다 이혼했어요. 이혼하고 재가하거나 혼자 살거나 그래요. 혼자 사는 고모랑 살겠다는 거죠 할머니랑. 그러니까 고모하고 할머니하고 살면 계속 엄마 욕을 하지 않냐. 둘째가 (알구나.) 그러니까 나는 그 환경이 싫다 그렇게 얘기한 거예요. 그러니까 알았다.

상담자73 그런 것도 아마 만약에 이혼 과정이 진행되면 참작이 될 수도 있을 거예요.

내담자73 첫째한테는 데리고 가가지고 차 속에서 조용히 얘기를 했대요. 그런데 첫째가 나는 엄마랑 살 거다. 왜 엄마랑 사냐 그러니까 그냥 나한테는 엄마가 필요한 거 같다. 그리고 올 휴가 때는 할머니 집에 안 갈 거다. 본가에 안 갈 거다. 큰애가 얘기를 했대요. 그랬더니 큰애한테 막 마음에 상처되는 말을 한 거예요. 이 사람은 자기 마음을 알아 달라고 막 내 친구를 만나 가지고 내 욕을 하고, 아이들 앞에다가 무릎 꿇고 앉혀 놓고 이혼에 대해서 장황하게 설명하고 자기 감정이 해소될 때까지 애들을 상처를 주는 거지요. 근데 어린애는 그걸 감당하기가 힘들잖아요. 애가 오늘 공부할 양이 있고 해야 할 양이 있는데 오늘 들어가서 부루마블 게임을 하자. 아빠는 8월 중에 나갈 거다. 부루마블 게임을 하는데 이게 오늘이 마지막이 될 거다. 이렇게 얘기를 했대요. 아니 8월 중에 나갈 거면 8월 중에 할 수도 있지 왜 그날 마지막이 돼요. 애한테 막 심한 말을 한 거예요. 어디에 있든 엄마랑 살든 아빠랑 살든 씩씩하게 살아라. 이러면서 분위기 조성을 막 해가지고……

상담자74 이혼에 대한 생각을 좀 있는 거 아니에요? 그래도 생각을 하고 있긴 하네요. 예전에처럼 장난이나 이런 게 아니라.

내담자74 글쎄요. 제가 생각하기에는 안 할 거 같아요.

상담자75 안 할 거 같아요?[36]

내담자75 예.

상담자76 정식으로 합의이혼을 하더라도 진짜 신중하게 한번 얘기를 해 보기는 하셨어요?

내담자76 그날 월요일 날 했죠. 근데 얘기가 없는 거 보고 그러고 나서 큰애랑 얘기하고 나서 나한테 이야기 좀 하재요. 그러면서 휴가를 "나 이틀 보내고 나랑 애들이랑 이틀 보내고 자기랑 애들이랑 이틀 보내고……. 다 같이 다 같이 하루 보낼 거다." 라고 얘기를 하더라고요. 그래서 내가 그밖에 다른 얘기를 할 거 없어? 내가 그랬더니 "무슨 얘기, 할 거 없어." 이러는 거예요. 자기도 인제 두들겨 보고 여러 가지를 했을 때 결론이 안 나잖아요. 결론이 안 나니까……

상담자77 본인이 편했던 거죠. 그동안 새로운 환경이 또 만들었을 때 본인이 어떻게 살 것인가 생각하면……[37]

내담자77 우리 집안에서 컴퓨터가 제일 좋아요. 자기가 할 수 있는 우선 프

---

36 상담자75: "어떤 면에서 그런 생각이 드셨어요?" 내담자의 언어로 물어보아서 남편이 하는 행동이 거짓 액션임을 구체적으로 파악하는 것이 필요하다.

37 상담자77: 기다려 주어야 한다. 상담자의 추측보다는 내담자가 말하도록 기다리고 들어 주어야 한다.

로게이머 컴퓨터는 아니에요 컴퓨터가. 그런데 뭐 컴퓨터 그 게임하는 사람들끼리 막 서로 연락도 하고 몇 시에 만나자고 만나고 집안 식구보다 돈독해요. 그런데 그 컴퓨터를 버리고 나가질 못하지요. 그런다고 컴퓨터를 가지고 갈 수도 없잖아요. 우습잖아요. 그러니까 그 사람은 말뿐이지 아무것도 못해요. 근데 내가 더 이상은 참을 수가 없다는 거지요.

상담자78 예. 오늘 얘기한 거를 조금 정리를 하자면 인제, 선생님 선생님이 정말 잘 사실 수 있으실 거 같아요. 근데 오늘 얘기 중에 조금 제가 아쉬운 게 있다면 이혼을 하고 나서 어떻게 살지에 대한 그런 생각을, 그걸 다 얘기하기에는 시간이 좀 한계가 있고요. 우선은 그런 선생님 이혼 절차나 그런 거에 대해서 좀 가정폭력으로 무료법률구조나 그렇게 진행하고 싶다고 하셨잖아요. 그러면 인제 그동안 선생님 그때 맞았던 진단서 있지요? 그 진단서하고 평소에 인제 그 사람이 생활했던 그런 인제 선생님이 그날그날 메모를 혹시 그동안 남겨 두신 게 있으세요?[38]

······ (생략) ······

(내담자78~내담자98 요약: 남편과 이혼하기 위해서 남편이 이자를 모두 내주고 생활비도 주면 남편 명의로 된 집에서 아이들을 가르치면서 살고 싶다는 내용을 다시 반복한 후 차후 상담에 대한 약속을 잡음.)

---

38 상담자78: "남편은 이혼을 하지 않는다 하더라도 이젠 내가 참을 수 없다는 이야기군요?" 지금까지의 이야기를 정리해 주고 내담자가 할 수 있는 일을 중점으로 역량강화해야 한다. 다음 상담을 잡으면서 상담 목표를 다시 설정해 보아야 한다. 갑작스레 너무 많은 이야기를 한꺼번에 하면서 마무리하려다가 상담이 초점 없이 길어지기 쉽다.

9) 슈퍼비전 받고 싶은 내용

• 상담의 구조화가 되지 못해서 반복적으로 이야기되면서 시간이 길어 진다. 왠지 시간을 이야기하면 나 자신이 상담이 조급해질 것 같고, 내담자도 서두를 것 같은 기분에 명시를 하지 못해서 상담이 길어지 는 경우가 많다. 이번 상담뿐만 아니라 다른 상담에서도 자주 그래서 나의 어떤 점 때문에 그러는지 알고 싶다. 넘어서고 싶다.

• 〈내담자13〉에서 남들의 시선에 흔들리는 내담자를 보면 안타깝고, 내가 중심이 되어야 한다는 것을 공감하고 싶은데 풀어 가는 과정이 라든가, 어떤 질문을 해서 자기중심의 사고로 돌릴 수 있을까? 하는 점. 이런 점에서 내담자의 역량강화가 중요하다고 생각이 들지만 역 량강화가 이루어지는 과정은 지난하고 시간이 많이 필요하다는 생각 이 든다. 상담 과정에서 나마 "아, 그렇구나."라는 문제를 인식할 수 있는 방법

• 나의 상황이 버거워 다른 사람의 입장이 전혀 고려되지 못하는 상황 을 어떻게 풀어가야 할지 모르겠다. 직면을 하게 하는 것에 대한 부 담감이 있다.

10) 상담에 대한 여성주의상담 슈퍼비전 내용

➡ 주어진 시간에 효과적인 상담을 하기 위해서는 상담의 구조화가 필 요하다. 구조화의 작업은 일반적으로 상담 초기에 하는 것이 가장 적절하나 내담자와의 상담 흐름에 맞춰 적절한 시점이라 생각되면 언제든지 가능하다. 상담자가 상담을 구조화하는 것은 상담의 내용 을 담는 그릇의 크기, 모양, 색깔 등을 내담자에게 미리 알려 주는 것이고, 내담자는 자기가 그 그릇 안에 담을 것을 순간적으로라도

생각할 수 있는 기회를 갖는 것이다. 구조화가 잘되면 주어진 틀 안에서 상담을 하기 때문에 보다 편안하고, 짜임새 있으며, 효과적인 상담이 될 수 있다.

➡ 내담자는 자기 스스로 주도적이고 자아가 강하다고 말한다. 하지만 생활 속의 자신의 모습에서는 성역할 고정관념을 많이 가지고 있어서 자신감 없는 모습을 많이 보이고 있다. 남편을 잘 요리하지 못하고 뻣뻣하게 대해서 폭력이 발생했는가 하는 죄책감과 패배의식을 가지고 있고 '친정아버지가 준 재산도 모두 남편 명의로 하고 있고, 싸움이 발생하면 자신의 카드도 없이 남편 명의의 카드라 정지당해서 당황해하기도 한다. 따라서 상담자는 성역할분석을 통해서 내면 깊숙이 자리하고 있는 이런 고정관념이 언제부터 뿌리 내리게 되었는지 탐색해 보게 해야 한다. 그 과정에서 자신이 가지고 있는 생각과 현실과는 다름에 대해 직면하도록 하고 자신이 원하는 주도적이고 자아가 강한 여성의 모습을 생활 속에서 실천할 수 있도록 역량강화해야 한다. 성역할 고정관념에서 벗어나고 자신의 권력을 분석해서 자신이 가지고 있는 역량을 충분히 발견할 수 있다면 적응이 아닌 변화를 위한 보다 밝은 삶을 주체적으로 꾸려 나갈 힘이 생기는 것이다.

➡ 여성주의상담에서는 상담자와 내담자와의 평등성의 원리에 의해 상담자의 자기개방을 들 수 있다. 상담자는 상담전문가이며 내담자는 삶의 전문가로서 서로 평등하다고 보면서 공유할 수 있는 부분에 대해서 상담자가 자기개방을 해야 하는데 상당한 전문성을 요구한다. 자기개방을 하는 이유는 주로 아내로서의 힘든 점이나 여자로서의 차별, 폭력, 정서적인 유대감 등을 나누며 이로 인해 자매애를 느끼

며, 위로 받고, 힘을 얻게 하기 위해서이기 때문에 상담자는 상담 장면에서나 자신의 삶 속에서의 차별이나 폭력에 대한 의식을 바로 알고 이것을 상담 장면에 접목시키는 것이다. 본 상담에서는 상담자가 내담자가 말하는 내용에 동조하여 나도 그렇게 주도권 없이 살아왔고, 우리 남편도 아이들의 생각에 관계없이 자기가 원하는 대로 행동한다고 호응하는 것을 자기개방이라 하기엔 적절하지 않다. 이처럼 말하는 것은 자칫 모든 여자들이 주도권 없이 살고 있고, 남편들은 모두 자기 위주로 산다는 것을 일반화할 수 있기 때문이다. 자기개방의 목적은 내담자에게 힘을 얻게 하는 것이 목적이기 때문에 내담자가 받아들일 수 있는 힘이 생겼거나 문제가 어느 정도 정리된 사항에 대해서, 쉽게 이해할 수 있고 대안을 제시할 수 있는 내용에 대해서 자기개방을 해야 한다.

➡ 여성주의상담을 자칫 여성들의 편들기 상담이라고 생각하는 사람들이 있다. 여성주의상담은 여성의 시각으로 사회를 바라보고 그 속에서의 불합리한 점을 발견하고 변화를 위한 새로운 삶의 모색을 시도하는 작업이라 하겠다. 이 상담의 경우 해결해야 할 문제가 많이 남아 있다. 내담자가 이혼을 하고 싶다고 하면서도 이혼의 조건으로 남편 명의로 되어 있는 집에서 공부방을 하며, 아이들과 자신이 거주하겠다고 한다. 또한 대출 이자 150~200만 원도 남편이 내고 아이들 양육비로 150만 원씩 매달 지급해 준다면 이혼을 하겠다는 조건을 걸고 있다. 결국 남편은 집을 나가서 매달 300~350만 원씩을 지급해야 한다는 것이다. 이러한 조건은 현실적으로 가능하지 않기 때문에 이럴 경우 내가 감당해야 할 몫과 남편이 감당해야 할 몫을 다시 생각해 보아야 한다. 아내도 삶을 꾸려 나가는 주도자로서 경

제적인 부분을 남편에게만 의지하는 것은 바람직하지 않음을 직면시켜 주어야 한다. 문제의 상황을 바로 보아야 해결해 나갈 힘도 생기기 때문이다. 따라서 내담자가 진정 이혼을 원하는 것인지 아닌지는 한 회기의 상담만으로는 부족하기 때문에 상담 목표의 수정과 함께 다음 회기의 상담 계획을 다시 잡아야 한다.

11) 동료 상담자 토의시간에 나온 내용

- 상담 구조화에 대해 왜 언급하게 되었는지 알게 된 것 같다. 한국여성의전화를 소개하고 구조화해서, 첫 상담은 하지만 다음 상담에는 어려움이 있다. 상담의 구조화를 놓치고 가는데 마지막에는 그것이 늘 아쉬웠다는 생각이 든다. 구조화에 대해서 알 수 있는 상담이어서 좋았다.

- 핵심이 무엇인지 파악이 어려웠다. 내담자의 성향은 자기 이야기를 많이 하는 사람이다. 남편이랑 관계가 어떠냐는 물음에 자기 어린 시절 이야기를 하는 상황을 보면서, 그 흐름에 따라갈 것이 아니라 상담자가 폭력에 대해 집중하고 상담을 했더라면 좋지 않았을까 하는 생각이 든다.

- 이혼 준비가 안 되어 있는 사람인 것 같다. 대처 방법보다는 그 남자가 이러저러한 사람이라는 하소연을 하는 상담으로 보인다. 이번 상담의 내용은 가장 흔한 상담의 유형이었고, 상황을 통해서 문제를 만나게 하라는 말에서 많은 깨달음을 얻게 되었다.

- 평소에도 배려하는 상담자의 마음이 상담에서도 느껴졌다. 상담을 통해서 많은 것을 주려고 욕심을 낸 것 같다. 어느 지점에서 만났을 때 한 시간에 할 게 많지 않다는 것을 인정한다면 내담자가 상담자를

인정하는 부분도 생기고 내담자도 실질적인 도움을 받을 것 같고, 그 래야 상담을 진행할 수 있을 것 같다.

• 상담자의 성격이 상담에 드러났다. 배려가 많으며 속이 강한 분이라 는 생각이 든다. 내담자에 대한 배려가 많기에 상담 시간마다 1시간 을 넘는다는 것을 보면 상담에서 그 성격이 그대로 드러나는 것 같다.

• 미국드라마 중 〈몽크〉 탐정수사물이 있는데 주인공이 강박증환자 다. 상담을 받으러 다니고 상담자 안으로 들어가려고 한다. 상담자는 딱 자른다. 인간미가 없는 게 아니라 그게 상담자라고 생각한다. 시간 이 되면 〈몽크〉를 꼭 보길 권한다. 영화 속에서의 상담자의 모습을 발견하는 것도 좋겠다, 영화 〈굿 윌 헌팅〉처럼 좋은 모델의 상담자 를 영화 속에서라도 봤으면 한다.

• 처음에 멋모르고 질러대는 상담을 했다가 슈퍼비전을 받아 보니 명 료화되는 느낌이다. 아, 상담을 하고 싶다는 생각이 들 정도다. 상담 자에게 배려란, 자신감이란 무엇인가에 대한 주제에 대해서도 생각 해 보게 되었다.

• 상담이란 제대로 듣고 알맞게 반응하는 것임을 다시 한 번 확인했다. 슈퍼비전 과정 자체가 또 다른 상담 과정이라고 생각한다. 계속 질문 을 받고 대답하는 방식으로 진행되어 상담의 좋은 연습이 되었다.

• 상담자의 인내력은 대단한 것 같다. 나라면 어땠을까? 슈퍼비전을 받는 것은 좋은 것 같다. 처음엔 맥락을 잡기 어려웠고 상담의 핵심 이 무엇인지 캐치하는 게 어려웠다. 구조화라는 부분에 대해서 나는 어떻게 하면 좋을까 생각하는 시간이 되었다.

12) 슈퍼비전 이후 진행 상황 및 슈퍼바이지 총평

슈퍼비전 이후 진행 상황

(면접 상담 이후 상담사실확인서를 가지러 와서 나눈 이야기)

• 냉장고가 15년 되어서 기능을 제대로 하지도 못하고, 불편하기도 해서 냉장고를 바꾸었더니 냉장고 결제를 한 카드를 정지시켰다. 카드를 정지시킨 것이 이번이 세 번째다.

• 명절이 다가오면 명절 전에 내려가고 명절이 끝나면 올라왔었다. 작년 추석에는 연휴가 길었고 그때도 싸움을 하고 있는 상태여서 시댁에 하루만 갔다가 왔으면 좋겠다는 말을 딸이 듣고 아빠에게 말했는데 이 말을 전해 들은 남편이 화가 나서 차에 타려는 나를 억지로 끌어내리려고 하는 과정에서 경찰에 신고한 사실이 있어서 이 신고를 한 내역도 첨부하기로 하였다.

• ○월 ○일 폭력 상황에서 남편이 신고한 내역에 부인이 때려서 신고한 것으로 나와 있을 경우 내담자가 더 많이 맞아 달팽이관이 손상되고 청력에 이상이 왔음에도 불구하고 소송 시 증거자료로 합당한지에 대한 고민을 함께 하였고, 이것이 논란이 될 경우 진단서를 가지고 일을 풀어 가기로 하고, 신고한 증명원을 떼어 보고 내용을 검토하여 제출하기로 하였다. 신고 증명원에는 내용은 나오지 않고 신고된 사실만 나온다는 것을 무료법률구조공단에서 확인하고 상담사실확인서와 함께 제출하기로 하였다.

• 내담자가 남편과 살아가면서 시집으로부터도 너무나 많은 스트레스를 받아서 정신과에 찾아가 진료를 받으면서 상담을 하는 과정에서 의사로부터 다른 내용에 대해서는 내담자가 어떻게 결정해야 하는지에 대한 답을 주지 않았는데 시집을 대하는 태도만큼은 내담자가 양

보하여 남편이 하자고 하는 대로 해야 되지 않겠냐는 충고를 들었다. 상담을 통해서 치료를 받으려 하였으나 오히려 상처를 받은 적이 있고, 처음엔 남편도 병원에 한 번 와서 치료를 함께 받고 약 처방을 받았으나 그 뒤로 남편은 병원에 다시 오지 않았다. 따라서 이렇게 진료를 받은 내용을 받아 남편과 살아 보려고 노력했다는 증명으로 제출하려고 진료확인서를 받기로 하였다.

• 또 1366에서 내담자의 집에 내방한 사실을 서류로 만들어 제출할 수 있도록 준비하였다.

• 위의 자료를 모아서 무료법률구조공단 ○○출장소에서 상담을 하도록 하였다.

슈퍼바이지 총평

슈퍼비전을 준비하면서

단순하게 녹취를 푼다고 하는 자체는 시간적으로 가장 힘든 일이기도 하지만 생각을 하지 않으면서 푸는 일는 가장 쉬운 일이었던 것 같다. 그러나 생각을 하면서 한 줄 한 줄 잘 들리지 않는 소리에 귀를 기울이기 시작하면서부터는 "내가 이 지점에서 왜 이런 말을 했을까."부터 "그래 그때 이 말은 잘했어." 등 만감이 교차하는 시간이었다. 축어록을 통하여 자기분석을 하였지만 내가 보지 못한 어떤 것에 대해 슈퍼바이저로부터 듣고 배울 생각을 하니 기대가 되기도 하고, 슈퍼바이저를 비롯하여 그룹 슈퍼비전에 참석하시는 선생님들에게 보이는 것이 두렵기도 하다.

슈퍼비전을 마치고

• 슈퍼비전을 받고 싶은 부분을 구조화라고 썼다. 구조화가 안 되는 이

유는 첫째, 내담자의 말은 모두 들어 주어야 한다는 생각과 둘째, 시간에 대한 공지를 하면 상담자인 나 자신도, 내담자도 마음이 급해 상담이 제대로 이루어지지 않을 것이라는 두려움 때문이었다. 이 부분에 대해서 슈퍼비전이 이루어지면서 이번 한 번의 상담 안에 모든 이야기를 한꺼번에 다하지 못한다는 점을 인정해야 한다는 생각을 했다. 몇 회기로 나누어 상담한다는 것에 대한 부담감이 있어서 일회기 상담에 다하려고 했던 것 같기도 하고……. 구조화 속에서 내담자에게 공지를 못하는 지점과 종결을 과감하게 하지 못하는 지점에 대해서 '상담자의 배려라는 것은 무엇인가?'라는 쉽지 않은 질문을 받았다. 결국 내담자를 배려한다는 것은 상담자는 내담자가 중심을 잡아 갈 수 있도록 가지치기를 해 주는 것이고, 상담이라는 것은 상담자가 무엇을 주는 것이 아니라 내담자가 내담자의 힘을 상담 과정에서 발견하는 것이라는 결론을 내리면서 상담에 대한 부담감을 훨씬 줄일 수 있었다. 상담자의 역할은 내담자의 말을 집중해서 듣고, 흐름을 따라 가고, 알맞게 반응하는 것이다. 활동을 다시 시작하면서 상담이라는 것이 많이 부담스러웠다. 내가 무엇을 내담자에게 해 준다는 생각에서 벗어난다면 극복할 수 있을 것 같다.

• 이번 슈퍼비전 상담 내용을 보면 내담자는 자신이 자아존중감이 높다고 말하고 있지만 실생활에서는 친정아버지가 준 집도 남편 이름으로 해 주고, 카드도 남편 이름으로 된 카드를 사용하고 있다. 앞뒤가 맞지 않는 상황이 이어지고 있지만 이 지점을 상담자가 미처 발견하지 못한 것이다. 슈퍼비전 내용 중에 상황을 만나게 하라는 내용이 있었다. 자아존중감이 높다고 하는 내담자에게 지금 상황이 그렇지 않다는 것을 알려 주는 것 자체를 상담자가 두려워한다는 생각을 했

다. 이것은 상담자의 문제 해결 방식과도 연결된다는 것을 알았고, 직면하는 것에 좀 더 신경을 써야겠다는 생각을 했다.

- 전화 상담과 면접 상담 신청서를 통해서 내담자는 이혼 소송에 대한 법적인 절차를 물어 왔다. 따라서 면접 상담은 이혼을 위한 법적소송과 이혼 후 살아가는 데 힘이 될 수 있는 상담으로 진행이 되었는데 (상담자가 내담자와의 합의 없이 목표를 정함) 슈퍼비전 과정 속에서 내담자는 이혼에 대한 준비와 결심이 서지 않았다는 의견을 주셨을 때 당황스러웠고, 전체 내용을 살펴보니 공감이 되었다. 자기분석 과정에서 이혼 준비가 되지 않았다는 것은 전혀 생각지도 못했다. 차후이 부분에 대한 상담을 위해 내담자에게 지속 상담을 제안할 수 있는 기회가 되었다.

- 슈퍼비전을 하고 나서 나를 넘어서지 못하는 부분과 상담 과정 속에서 고쳐야 할 부분이 너무도 많았던 것 같다. 상담을 통해 내담자로 하여금 어려운 상황에 조금이나마 같은 여성으로서 함께할 수 있었으면 하는 생각으로 열심히 한다고 하고 있지만, 아직도 미흡한 점이 많아 하루하루 조금이나마 개선해 나가면 지금보다는 나아지리라는 생각을 한다.

02

엄마 미안해요

아동기 가정폭력 피해 경험 여성의 상담 사례 슈퍼비전

이문자
(한국여성의전화 여성주의상담 슈퍼바이저)

사례 요약

어렸을 때부터 가정폭력에 노출된 여성이 자라는 동안 어머니와 동일시되어, 어머니와 똑같이 마음 아파하고 어머니만큼 큰 상처를 안고 성장했다. 힘든 어머니를 위해 동생들을 돌보고 부모 역할도 했지만, 성인이 되고 보니, 지난 어린 시절에 나를 정으로 감싸 주지 않았던 어머니가 미워지고 싫어지고 원망스러워진다. 그러면 안 되는 줄 알면서도 같이 살 수밖에 없는 어머니와 잘 지내고 싶다.

매일 폭력에 시달리는 아이는 아버지의 폭력에 심한 충격을 받지만 어느새 익숙해집니다. 심지어 폭력이 없는 날에는 불안감을 느낍니다. 그때 아버지가 술취해 들어와선 어느 날과 마찬가지로 다시 아이를 때리기 시작합니다. 너무나도 아프고 무섭습니다. 그러나 그 지옥 같은 순간이 지나면 또다시 평안하고 친숙한 일상 세계가 찾아옵니다. 마치 평온한 삶이란 무서운 폭력 이후에 오는 법이라는 생각을 무의식적으로 받아들인 듯 보입니다.

이때 아이에게 필요한 것은 자신의 삶에 대한 철학적 성찰입니다. 물론 이 아이에게는 아직 그런 성찰의 힘이 없을 수도 있습니다. 그러나 자신의 삶을 당연한 것이 아닌 낯선 것으로 바라볼 수 없는 한 폭력의 시간은 지속될 수밖에 없습니다.

-강신주(2009). 상처받지 않을 권리, p. 14.-

1. 가정폭력가정 안의 자녀들

부모폭력을 목격한 아동의 반응은 연령, 성별, 발달단계에 따라 다르게 나타난다. 또한 아이들의 심리, 사회적 적응은 부모폭력의 정도와 빈도, 부모의 별거 횟수, 경제적 상태, 부모-자녀 관계 등 여러 요인에 의해서 영향을 받게 된다. 특성에 따라 개별적인 차이는 있으나 부모폭력을 목격한 아이들에게 인지, 정서, 행동상의 문제들이 빈번하게 발견되고 있다.

유아는 일관되고 규칙적인 양육을 필요로 하며, 부모-자식 간 애착(attachment)에 대한 기본적인 욕구를 갖고 있다. 그러나 학대받는 어머니는 폭력, 스트레스, 우울 등으로 유아의 정서적 욕구에 적절하게 반응하지 못한다(Wilson, 1977). 주 양육자인 어머니의 물리적, 정서적, 부재를 경험하면서 유아들은 어머니와의 정서적 유대를 제대로 형성하지 못하고 모자간 애착의 욕구를 충족하지 못하게 된다. 유아기에 형성되는 부모-자식 관계는 자녀의 미래의 대인관계에 지대한 영향을 미친다. 폭력가정의 유아들은 성장하여 긍정적인 대인관계 형성에 어려움을 겪는다고 한다(Jaffe, 1990: 장희숙, 2002에서 재인용).

폭력가정의 아이들은 폭력 이외의 대안적이고 건설적인 갈등 해결 방법을 학습하지 못하면서 대인관계기술을 향상시키지 못한다. 이들은 비폭력적 방법으로 갈등을 해결하는 것이 효과적이라는 것을 충분히 경험하기 어렵다. 그래서 폭력을 갈등 해결의 효과적인 수단으로 간주하기 쉽다.

이와 관련, 부모폭력을 목격한 남성이 비효율적인 갈등 해결 기술을 매개로 자신의 아내를 학대한다는 연구 결과가 있다(eg., Lloyd, 1987: Margolin et al., 1989: 장희숙, 2002에서 재인용).

가정폭력이 개인적인 문제가 아니고 사회적인 문제라는 것을 인식하지도 못하는 어린 시절, 심한 가정폭력을 목격한 자녀는 두 가지 상황에 대해 분노를 쌓아두게 된다. 아버지가 어머니에게 폭력을 행사할 때 자신이 제지할 수 없다는 것에, 다른 하나는 그 상황을 견디기만 하고 아무런 행동을 하지 않는 어머니를 보면서 분노가 일어난다. 가정폭력에 노출된 자녀들이 직접 피해를 당하는 어머니보다 훨씬 상처가 크다. 그러므로 성장한 다음 피해후유증도 여러 가지 형태로 나타난다.

사례 1 이은지(가명, 28세) 씨는 상담하면서 자신은 중학교 때부터 아버지로부터 이유도 모르게 폭력을 당해 왔으며, 그 이전에는 어머니에 대한 아버지의 폭력을 목격해서 두려움이 많았다. 이런 가정에서 견딘다는 것을 참을 수 없었고, 어머니가 아무 대책 없이 맞고만 있는 것도 이해할 수가 없었다. 가출도 몇 번 했었다. 왜 저렇게 견디고만 살고 있는지? 왜 이혼을 안 하는지 짜증이 났다. 지금은 아버지와 분리해서 살고 있지만 가끔 어머니께 물어보면 어머니는 "너희들 때문이었다." 그리고 "내 팔자인 걸 어떻게 피할 수 있겠느냐."라고 말한다. 생각해 보면 엄마가 어떤 행동을 했어도 원망하지 않았을 것 같고 자신은 엄마와 함께했을 것이라고 한다. 청소부를 하면서 너무나 열심히 살아오신 어머니가 불쌍하지만 전부 내 팔자로 돌리는 어머니가 답답하기는 하다. 지금은 아버지와 따로 있고, 폭력 상황을 목격하지 않기 때문인지 어머니의 모습이 이해가 가고 때로는 다행이다 싶기도 하다.

그러나 정작 중요한 것은 본인 문제였다. 이제 나에게 닥친 문제가 심각함을 알게 되었다. 직장생활을 하면서 자신이 피해의식이 굉장히 많고, 분노 조절을 못하고 있는 것을 발견한다. 피해의식이란 남자 어른에 대한 두려움이다. 상사가 질책을 할 때 얼굴이 거의 사색이 되면서 남이 알아볼 정도로 위축이 되고 얼굴은 일그러진다. 감정 조절이란 정서적으로 자극되는 상황에서 감정을 제어하고 조정하고 변화시켜서 편안한 감정을 표현할 수 있도록 하는 것이다. 초기 부모-아동의 관계가 이러한 능력을 발달시키는 데 필수적이다. 폭력을 당한 아동들은 정서 조절에 많은 어려움을 겪는데 이들은 부정적인 정서를 지나치게 많이 표현하거나 둔한 정서 표현을 보이거나 충동 조절에 어려움을 보인다. 그녀는 가정폭력가정에서 아버지에게 위축되고 두려워하는 심리 상태를 가지고 있는 것을 알게 된다. 즉 아버지라는 '어른 남자'에게 느낀 감정이 상사인 '어른 남자'에게 투사된 것이다. 다시 말하면 상사에게 지나칠 정도로 위축되고 불안을 발생시킨 이유가 가정폭력가정 안에서 자란 환경에서 기인한 것이다. 이것은 단지 이 씨만의 얘기가 아니다.

사례 2 심진철(가명 32세) 씨는 직장생활을 하지 못하고 떠돌이 같은 생활을 하고 있다. 체격도 건장하고 겉으로 보기에는 아무 문제가 없는 듯이 보인다. 그러나 취직만 되면 직장생활을 제대로 하지 못하고 중도에 그만두고 만다. 신입사원 때 엠티를 갈 때마다 도망가고 싶고 두려워서 견딜 수가 없다고 한다. 폐쇄된 공간에 있으면 정서적으로 매우 불안하고 가만히 있을 수가 없고, 자신한테 집중되는 것을 참을 수가 없어 그곳을 뛰쳐나오게 된다. 번번히 직장을 다니기가 힘들다고 고백한다. 이런 행동들은 수치심 때문이다. 어린 시절 학대를 받은 아동들은 자기 자신에 대해서 이야기하는 것을 꺼리고 자신의 내적인 감정 상태를 이야기하는 것을 싫어한다. 가정폭력으로 인해 파괴되고 망가진 자신의 가정을 관찰하면서 청소년들은 심한 수치심을 느낀다. 이들의 수치심은 자신을 수용하고 자기의 가치를 중요시하는 데 부정적인 영향을 미친다. 신체적 모습에 민감한 청소년들은 그들의 가정이 다른 가정과 다르다는 사실에 당혹해한다. 또래집단의 지지와 인정이 필요한 시기에 청소년들은 가정의 비밀을 유지하기 위해 친구들을 멀리하고 점차 사회적으로 고립되어 간다(장희숙, 2002). 그는 직장생활도 제대로 못할 뿐만 아니라, 어머니가 남편한테서만 아니라 모든 시집식구들한테 구박을 당하고, 비참한 죽음을 맞이한 것을 생각하면, 항상 아버지를 죽이고 싶은 심정이다. 그러나 지금도 아버지 앞에 서면 오금이 저릴 정도로 두렵다. 동네의 씨름꾼인 아버지는 힘이 장사이기 때문이다.

동생을 데리고 서울로 왔지만 정서적으로 불안하고 환경이 제대로 받쳐 주지 못하니까, 매사가 안정이 안 되고 불안하기만 하다. 어느 날, 동생을 때리고 있는 자신을 발견하고 너무 두려워 상담을 의뢰했다. 그러나 동생이 떠날까 봐 전전긍긍하는 자신을 보면서 이러면 안 되겠구나 하는 생각을 했다.

이런 반응을 보이는 것을 단순한 외상후 스트레스장애와 구분하여 복합 외상후 스트레스장애라고 할 수 있다. 복합 외상후 스트레스장애는 "장기간에 걸쳐 지배를 받은 종속의 역사(Herman, 1992: 김민예숙, 2009: 35에서 재인용)"라고 말하기도 한다. Herman(1992)이 제안한 이 개념화는 친밀한 관계에서 입은 장기간의 외상을 감정 조절, 의식, 자아인식, 의미체계, 타인과의 관계에서의 교체를 포함하는 복잡한 일련의 증상과 연결된다.

이런 증상을 보이는 사람의 경우 적절한 상담자를 만나 지속적인 상담을 필요로 한다.

두 사례를 통해서 보더라도 가정폭력가정 안에서 자란 자녀들은 죄책감, 불안, 분노, 혼란, 슬픔 등의 다양한 감정을 가질 수 있으며 이를 다루어 주는 것이 필요하다. 자녀 자신이 가정폭력에 대한 책임이 있다고 느끼지 않는지 알아보고, 그렇다면 이를 다루어야 한다. 부모가 그들의 행동에 책임이 있다는 것을 알게 하고, 자녀들이 대신 지나친 죄책감을 느끼지 않도록 해야 한다.

가정폭력가정의 자녀들은 자신의 분노를 다룰 수 있는 방법을 배우지 못한다. 분노, 갈등은 살아가면서 얼마든지 생길 수 있지만 폭력은 갈등을 해결하는 정상적인 방법이 아니라는 사실을 알도록 해야 한다.

2. 대인관계-엄마

가정폭력가정 안에서 폭력을 목격한 자녀와 가정폭력 피해 여성인 어머니와의 관계에서 나타나는 현상 두 가지가 있다. 하나는 피해자인 어머니와 자신을 동일시하면서 더 상처받고 더 두려워하면서, 우울과 수치심을 내면화한다. 다른 하나는 가해자와 동일시하여 어머니를 무시하고, 아버지의 폭력에 대해서 어머니에게 책임을 전가하고, 비난한다. 가해자와 공모하는 듯 보이는 자녀들의 이런 행동은 공포심 때문이라고 한다. 자기 방어를 위한 가해자와의 동행은 아이들에게 혼란과 죄책감을 갖게 한다. 피해 여성인 어머니는 학습된 무기력으로 아이가 성장하는 데 정서적으로 교감을 나눌 수 있는 여력이 없기 때문에 본 사례의 어머니처럼 "나인들 그렇게 안 키우고 싶었겠냐."라고 고백한다. 그만큼 긴박한 상황이 벌어지는 상황에서 돌볼 틈이 없었다는 안타까운 심정을 피력하고 있다. 많은 학자들은 폭력이 학습되고, 전이되면서 대물림된다고 한다. 그러나 어떤 학설에 의하면 양육자의 관심과 지지를 많이 받고 자란 이들은 폭력의 순환을 깨뜨리는 경향이 높다고 하고, 비록 폭력에 노출되었어도 부모의 긍정적인 양육이 자녀의 공격적인 행동을 막아 주는 방패의 역할을 한다고 한다. 즉 부모의 양육 방식을 중요한 요인으로 지적하고 있다(Holden, & Ritchie, 1991: 장희숙, 2002: 14에서 재인용). 부모의 정서적 지지가 아동의 심각한 부적응을 줄이는 주요한 요인으로 작용한다고 밝히고 있다(Kinard, 1995: 장희숙, 2002: 14에서 재인용).

피해자 상담을 오랜기간 한 사람으로서 이런 논문을 볼 때마다 불편했다. 그것은 주 양육자인 어머니에게 이중부담을 주기 때문이다. 어렸을 때는 어머니의 고통을 자신의 일처럼 아파하고 괴로워했지만 아버지에 대한 분노, 어머니의 무기력과 아무런 행동도 하지 않는 어머니를 보면서 또한 분노를 느낀다. 자랄 때는 폭력적인 부모뿐만 아니라 폭력을 제지할 수 없는 자신들의 무력함에도 화가 난다고 한다. 내담자도 한때는 "이혼하지 않는 어머니가 굉장히 이상했었어요."라고 토로한다. 아버지가 돌아가시고 억압되었던 상황이 풀리면서 자기 또래가 좋아지고 내가 하고 싶은 것을 하면서 서서히 어린 시절 잠재워졌던 분노가 어머니를 향해 터지고 있다. 그때부터 내담자는 자기주장을 하고 어머니에게 도전을 하고 자신과 다른 사람에 대한 인식이 넓어지기 시작한다. 결혼하고부터 내담자는 친정엄마를 가부장성이 체화되어 더 조신하고, 얌전하고, 모성애가 깊은 시어머니와 비교하니 엄마는 너무 싫고 밉게 느껴진다. 어린 시절을 생각하니 어머니가 많이 섭섭하고 원망스럽다. 자신이 처한 환경을 인식하면 할수록 분노가 일어나고 있다는 것을 볼 수 있다. 아이를 낳으면서 어머니에 대한 원망이 절정에 달한다. 이렇게 귀엽고 사랑스런 생명체를 관심과 사랑으로 키우지 않은 것 같은 미움, 자라면서 어머니와 오손도손 얘기한 경험도 없고 불시에 벌어지는 폭력 상황에 떨어야 하고, 어머니가 부재 시에 동생을 돌봐야 하는 부모 역할까지 대신하면서 모녀는 치열한 삶을 이어갔을 뿐이다.

현재 모녀는 서로가 감정표현이 서툴고, 충분히 서로가 무엇을 좋아하고 무엇을 싫어하는지 잘 모른다. 상처받았던 때를 회상하고 어루만져 줄 시간이 없었다. Herman은 대인관계 외상을 치료하는 데 다음과 같이 주요 단계를 밝혔다. ① 심리적인 안전감, 안정감, 통제력을 느끼도록, ② 일상생활과 자기보호를 위한 기술을 개발하도록, ③ 침범해 오거나 직접적인 외상 증상에 효과적으로 대처하도록 돕고자 노력한다. ④ 회상과 애도의 단계에서는, 내담자는 학대 및 폭력과 관련된 손실을 슬퍼함으로써 장기간의 증상과 타협하는, 그리고 의미감을 재창조하는 과제에 직면한다. ⑤ 재결합의 단계에서는 성적·관계적·가족적·사회적 관심사와 같은 미해결된 문제를 다룬다. Herman(1995: 김민예숙, 2009: 197에서 재인용)의 모델은 개인치료와 사회 변화가 조화를 이루는 것이 중요하다고 일깨운다.

여성주의상담이 기존의 상담이론과 크게 다른 것은 인간이 처해 있는 외적 조건이 인성의 발달에 핵심적인 영향을 미친다고 본다는 점이다(김민예숙, 2004: 117). 모녀가 겪은 외적 조건은 가정폭력이다. 그리고 두려움과 공포였다. 그래서 키워진 것은 자기보호와 방어, 보복이다. 가장 원하는 것은 평안이었다. 엄마와의 관계 회복을 위해서는 가정폭력이라는 상황에서 무서움, 두려움을 내재화시켜 모녀가 서로 돌볼 여유가 없었음을 인식해야 한다. 지금부터 중요한 것은 피해자들끼리의 연대이고 자매애다. 이것이 여성주의에서 이야기하는 임파워먼트다. 같은 여성으로서 같은 가정폭력 피해자로서 서로의 고통을 인지하고 감싸고 지지하고 격려한다. 그러면서 서로가 역량강화되고 성숙해지는 것이다. 상담자는 이 관계에서 어린 시절을 어루만지고 어머니에게 하고 싶은 말을 글로 써 보면서 정서적으로 안정감을 갖도록 했다. 회상과 애도는 매우 중요하다. 상담자의 말처럼 "어린아이에 대한 애도의 시간을 충분히 해야지 엄마에게 다가갈 수 있을 것 같아요."라는 말은 옳다. 과거의 감정을 충분히 애도하고 정서적으로 감정을 다스리는 것은 한 번은 거쳐야 할 과제다. 이 사례는 과거의 애도를 넘어 상호(엄마-딸)의 애도 시간이 필요하다. 그래야 이해와 화해를 도모할 수 있는 것이다. 여성주의치료에서 임파워먼트는 여성들이 개인적, 관계적, 제도적 영역에서 어떻게 힘을 성취할 것인가의 발견이다.

상담 사례 슈퍼비전

1) 내담자 인적 사항, 가족관계

어렸을 때부터 가정폭력 집안에서 자란 34세인 직장인 이○○ 씨는 남편(42세)과 딸(3세) 그리고 어머니와 함께 살고 있다.

어머니(62세)는 극심한 가정폭력 피해자로서 항상 억울한 마음을 갖고 있다.

2) 상담 과정

작년에 단체 선배 언니와 갈등이 있어서, 몸도 안 좋고 무기력해졌다. 내 안의 억압된 무의식을 용기 있게 직면하고 '내 안의 힘과 자아존중감을 높이고 싶다.'는 마음으로 친구를 통해서 상담자와 연결되었다. 2010년 5월부터 11월까지 10회기 상담이 이루어졌다.

3) 호소 내용 요약

- 엄마가 힘들게 살아왔고 안타깝기도 한데, 나도 참지 못하고 마음 아픈 소리를 하곤 한다.
- 그런 내가 또 싫어지고, 엄마를 생각하면 인생이 안타깝기도 하고 짜증이 나고 화가 나기도 한다.
- 지금 엄마랑 함께 살고 있는데, 그렇다고 엄마랑 따로 살 수는 없고, 엄마와 잘 지내고 싶다.

4) 내담자가 본 자신의 문제

- 엄마와 동일시하는 것. 연민이 생기는데 엄마에게 못되게 굴고 억울하고 매사에 짜증나고, 화가 나고 그 감정이 해결이 안 된다.
- 피해의식은 아버지가 엄마에게 폭력을 휘두르곤 했는데 그것과 관련이 있을 것 같다.

5) 상담자가 본 내담자의 강점 및 문제

강점

- 엄마에 대한 사랑이 크며, 학생운동, 여성운동에 참여한 경험을 통해 자주적이고 주체적으로 자신의 삶을 성장시켜 나가고, 같은 여성으로서 엄마와 자신에 대한 연민과 사랑이 크다.
- 내담자는 엄마가 아버지한테서 물세례를 당하는 것을 말리기 위해 칼로 자신을 찌르고, 착한 딸이 되어 엄마에게서 버림받지 않으려고 살림을 살고 생계를 함께 꾸려 나가면서 삶에 대한 건강하고도 강렬한 에너지가 있는 사람으로 성장하였다.
- 자신의 문제를 해결하려는 의지가 강하며, 상담에 대한 저항감이 없고 주어진 과제에 빠른 시간 안에 깊이 몰두하며 깊은 내면으로 들어간다. 상담에 솔직하고 진지하게 임한다.

문제

- 아직 과거의 감정과 기억에 매여 엄마와의 관계에 영향을 미친다.
- 상담하는 과정을 기록하고 상담자가 하는 말을 수첩에 메모하곤 해서 전 과정에 대한 몰입에는 방해가 된다.

6) 상담 목표 및 전략

목표

엄마와의 관계를 내담자가 어떻게 인식하고 있는지 이미지 그리기를 통해 살펴보고 그 안에서 긍정적인 느낌과 정서를 강화한다. 엄마에게 하고 싶은 말을 연습해 보도록 한다.

전략

어린 시절을 충분히 애도하고 어머니에게 하고 싶은 말을 이미지와 그림을 통해 표현한다.

7) 여성주의상담 원리 적용

원리I 개인적인 것은 정치적인 것이다

내담자가 내면화하고 있는 어머니의 무기력은 가정폭력이라는 조건 안에서 형성된 것이며, 어머니와 자신에 대한 이해와 수용, 긍정성 찾아가기, 가정폭력 생존자의 어려움 공유, 다른 어려움을 겪는 사람들을 돕는다는 것은 사회 변혁에 참여하는 것이고 가부장의 폭력에 저항하는 것과 연결되어 있다.

원리II 상담자와 내담자는 평등하다

내담자가 자신을 탐색하는 과정을 통해 자신의 문제를 해결해 나갈 수 있는 힘이 있다는 것을 충분히 믿고 따라가 준다. 힘든 여정을 한 것에 대한 위로와 축하를 위해 서로 깊은 포옹을 한다.

원리Ⅲ 역량강화

엄마에게 듣고 싶었던 말을 편지로 쓰고 말해 봄으로써 아이와 엄마에 대한 사랑을 체험하게 한다(내적인 힘 찾기와 명명하기). 어린 시절의 고난과 힘겨움, 상처가 현재 살아가는 힘이 됨을 알아차리게 한다(주변성의 자원화).

원리Ⅳ 여성의 시각으로 재조명하기

힘이 없고 무력했던 어린 시절 자신을 칼로 찌르는 행위는 엄마를 구하기 위한, 아버지의 폭력에 대한 용기 있는 저항이었으며, 무력한 이들의 연대라는 것을 안다. 누가 시키지 않아도 착한 딸로 살았던 것은 엄마를 잃어버리지 않고, 사랑받고 인정받기 위한 생존전략이었다는 것을 알아차린다.

8) 상담 진행 과정

2010년 5월부터 시작한 상담은 4회기를 거쳐서 5회기를 축어록에 내놓게 되었다.

처음부터 일정과 목표만을 정하고 회기마다 나누고 싶은 이야기를 물어보고 시작한 상담이다. 구조화가 아닌 비구조화 상담이라고 할 수 있다.

9) 상담축어록(5회기, 2010년 7월 ○일 상담시간 60분)

엄마가 힘들게 살아왔고 안타깝기도 한데, 나도 참지 못하고 마음 아픈 소리를 하곤 한다. 그런 내가 또 싫어지고……. 엄마를 생각하면 인생이 안타깝기도 하고 짜증이 나고 화가 나기도 한다. 지금 엄마랑 함께 살고 있는데, 그렇다고 엄마랑 따로 살 수는 없고, 엄마와 좀 잘 지내고 싶다.

상담자1 오늘은 어떤 얘기를 좀 다뤄 보고 싶으세요?

내담자1 오늘요?

상담자2 네.

내담자2 아. 아까 나온 엄마 얘기. 얘기하다 보니까.

아, 참, 엄마로선 진짜~. 그러니까 아빠 이야기 같은 거 나올 수밖에 없는데. 그러니까 제가 맏이고 이러니까. 막 엄마가 느끼는 감정 이런 거에 대해서 되게 영향을 당연히 많이 받죠. 그러니까 이제 엄마의 시선으로 아빠를 보게 되고, 머 이런 거? 그래서 저희 엄마 같은 경우에는 시골에서 태어나서 시골에서 학교 다니고 하긴 했는데, 인제 처녀 때 서울로 그때 이제 마트 직원으로 일하고 이러니까 나름 왜 좀 그런 게 있잖아요. 뭐 패션 감각이나, 그런 거에 대해서 나름 한 자부심 하는데, 외할머니가 좀 거의 강제적으로 일찍 결혼하라 이렇게 해 가지고, 엄마는 하기 싫어했는데 이렇게 하셨다고 하더라고요. 그러니까 그냥 같은 시골, 근처 시골에 시집을 갔는데. 이제 하여튼 엄마는 되게 인제 뭐 좋아서 결혼한 게 아니니까. 되게 싫었나 봐요. 그러니까 한 번씩 이야기했는 걸로 쭉 묶어 보면, 그래서 진짜 도망도 오고 초반에. 그담에 첫째, 제 위에가 유산이 됐었나 봐요. 자연유산. 이제 막 그러면서 계속 마음 못 붙이다가. 이제 애기, 저 낳고 하면서 그냥 그렇게 그렇게 사는, 살고 그랬고, 저희 아빠 같은 경우에는 이제 거기도 첫째 아들. 위에 누나가 있었는데 어렸을 때 돌아가셨고, 아빠가 맏아들이니까. 이제 또 나름 기대받고. 이런 거 있었고, 그래서 그 당시에 ○○에 ○○○○ 다니시다가 그때 당시 ○○○ 기계학관가? 다니다가 중간에 장티푸스 걸려서 이제 학교 그만 못 다니시고, 그래서 인제 그런 거에 대한 자존감이 되게 컸던 거 같아요. 나름 그래도.

상담자3 똑똑하고?[1]

내담자3   네, 나름 그전에 그래도 똑똑하고, 그래서 공부하고 그럴라고 하는데, 건강 때문에 그렇게 되는 거에 대한 좌절감이나 좀 그런 게 컸던 거. 그래서 처음에는 ○○○○ 공장에서 일하셨다고 하시던데, 일하시다가 다시 또 시골로 내려가서 시골에서 농사짓기도 하고, 젖소를 키웠었는데 그거하기도 하다가, 또다시 엄마가. 엄마는 또 거기서 농사일도 도와주시면서 또 화장품판매원. 방문 판매하는 거 그런 것도 하시고.

그러니까 경제적으로 안정되지도 못하고 또 엄마는 엄마대로 도시에서 살아온 경험이 있어 놓으니까 촌에서는 못 살겠다 이렇게 되고. 제가 어렸을 때도 ○○하고 왔다 갔다 하다가. 초등학교 3학년 때 ○○로 이사 왔거든요. 근데 이제 시골에 있을 때부터 되게 많이 싸웠어요.

상담자4   엄마랑?

내담자4   네, 아빠랑. 폭력적으로 한번 싸우기 시작하면 온 동네 알 만큼. 진짜 막 우당탕탕 싸우고……

상담자5   그러면 엄마랑 아버지랑 지금 다 같이 살고?[2]

내담자5   아버지는 제가 대학교 2학년 때 돌아가셨어요.

상담자6   돌아가시고.

내담자6   네. 그때 췌장암으로 돌아가셨고.

상담자7   몸이 안 좋으셨다 그죠?[3]

내담자7   그러니까 알코올중독도 있으셨고요. 중간에 뭐. ○○ 정신병원에

---

1 상담자3: "엄마 얘기를 하고 싶어 하는군요." 상담을 시작하는 데 초점을 두기 위해서 정확히 하는 것이 좋다.

2 상담자5: "그때부터 가정폭력이 있었군요." 가정폭력 초기부터 있었음을 확인시켜 줄 필요가 있다.

3 상담자7: "아버지 돌아가시고 느낌은 어땠어요?" 가정폭력 가해자인 아버지에 대한 생각을 알아볼 필요가 있다.

알코올중독 치료로 잠깐 들어가신 적도 있었고. 근데 하여튼 그러니까 그런 게 되게 싫었죠. 당연히.

상담자8　　그랬겠다. 어린 시절에.

내담자8　　네. 항상 술 드시고, 싸우면 심하게 그렇게 싸우니까…….

그래서 하여튼 진짜. 딱 생각나면 하여튼.

요 앞에 이런 작업했었다 했잖아요. 그때 저는 되게 많이 울었었거든요.

그래서 그때 되게 많이 풀었다 생각했는데, 또다시 눈물이…….

상담자9　　엄마랑 아버지랑 힘들었던 시간들이…….

내담자9　　○○ 와서도 그랬고…….

개중에 생각나는 거는 말 그대로 진짜 대놓고 얘기하면 정말 무식하게 싸우는 거예요. 진짜 완전 물고문 하듯이 엄마한테 계속 물 퍼붓는 거예요. 그래서 그때 이제 저도 어리니까 어떻게 내 힘으로. 여섯 살인가 다섯 살이었는데 어떻게 할 수 없으니까. 칼이 있었어요. 좀 무딘 칼이었는데, 그냥 나물 캐는 칼 같은 거였는데, 그걸로 제가 제배를 찔렀거든요. 칼도 무디고 옷도 입었고 하니까 다치고 이런 건 아니었는데, 근데 그 어린 마음에 도저히 못 견디겠는 거예요.

상담자10　　아휴. 어린아이가 칼로 자기를 찌를 정도면, 참 그 상황도 너무 공포스럽고, 참 방법도 없고 너무 막막하고 힘들었을 거 같아요.[4]

내담자10　　그러니까 이제 그런 상황들이 계속되고… 처음에는 ○○ 이사 온다고 했을 때. 아빠 없이 올 줄 알았어요. 그래서 정말 좋아했었어요. 그때 아빠도 같이 나오고 막 이러면서 또다시 싫고 그랬었는데, ○○ 처음에 올라

---

4 상담자10: 적절한 공감이다. "부모의 태도는 어땠나요?" 충격적인 사건에 대한 부모의 심경을 알아보는 것이 좋다.

와서는 ○○○를 했었는데. 거기서도 진짜 계속 싸우고, 진짜 철사로 엄마 목 조르고 사람들 있는 데서도 그러고. 그러니까 제가 생각해도 아빠 제정신으로 그런 게 아닌 거 같아요. 술을 드셨거나. 완전 아빠도 제정신이 아닌 걸로. 그리고 엄마도 그럴 때마다 집 이삼 일씩 나가고……. 저는 맏이니까 제가 밥을. 그때가 초등학교 3학년 땐가 그랬었는데 학교도 가기 싫고 그런 거예요.

그러니까 진짜 저희들. 애들 있는 앞에서 엄마 욕도 많이 하고, 진짜 지금 생각하면 요즘에 육아 관점으로 생각하면 정말 어이가 없는. 그런 부모였다 생각이 드는 거예요. 그때 저희도 좀 엄하게 키웠죠. 매도 많이 맞고 좀 항상 일방적이죠. 일방적인 폭력과 권위와 그런 걸로. 그래서 엄마는 엄마대로 항상 불만이고 아빠에 대해서, 아빠는 아빠대로 항상 엄마에 대해서 못마땅해하고.

상담자11   어린 나이에 너무 서러웠겠다. 동생들도 돌봐야 되고.[5]

내담자11   동생들도. 만날 싸울 때마다 많이 울고 이러니까. 근데 그때는 이제 중학교. 그러니까 지금 생각해 보면 사춘기가 없었던 거 같아요. 그러니까 문방구 하다가. 잘 좀 여의치 않으니까 이제 우유배달까지. 엄마도 대게

---

5 상담자11: 적절한 공감이다. 가정폭력가정 안에 아동심리를 읽어 줄 필요가 있다.
  가정폭력가정 안에 아동심리는
  －분노: 폭력이 반복되는 과정을 지켜보면서 청소년들은 심한 분노를 느낀다. 이들은 폭력적인 부모뿐 아니라 폭력을 제지할 수 없는 자신들의 무력감에도 화가 난다. 청소년의 분노는 참고 인내하며 결혼 생활을 유지하는 어머니에게 폭발하기도 하며, 아버지가 사라지기를 바라는 환상을 갖게도 한다. 더욱 심한 경우에는 폭력사건 발생 후 아버지를 살해하려는 마음을 갖는다.
  －부모 역할 대행: 일부 청소년들은 가정의 안전과 평화를 유지해야 한다는 책임감으로 무장한다. 이들은 아버지의 폭력으로부터 어머니를 보호하고 동생을 보살피려고 애쓴다. 그러나 부모 역할 대행은 부모로부터 독립해야 하는 청소년기의 과업을 방해하면서 건강한 자아형성에 좋지 않은 영향을 주게 된다.

이것저것 많이 하셨거든요. 장사도 하고, 아빠도 인제 현장일도 하면서 여기
저기 많이 다니셨는데.

그러니까 이제 엄마도 항상 늦게 오고 이러면 제가 고학년 됐을 땐데 밥해야
되고 이런 게 되게 싫었죠. 특히 겨울에 일찍 해가 지면 그 서글픈 느낌이 너
무너무 싫었고…….

그리고 저희 외삼촌이 태어나기 전에 "할아버지가 돌아가셔 가지고, 이제 엄
마가 맡고 할머니가 제가 초등학교 때 외할머니 돌아가셔 가지고, 인제 ○
○ 나왔을 때는 외삼촌도 가까이 있었어요. 바로 옆집 단칸방에 살든가. 아
니면 어떤 때는 같이 방이 두 개짜리나 세 개 있으면 거기에 살든가. 아빠 그
거 굉장히 싫어했었거든요. 진짜 딸린 식구 이런 식으로 표현하고. 노골적으
로 굉장히 싫은 티 내고. 그런 거 때문에도 엄마랑 자주 싸우기도 하고.

상담자12 엄마도 참 힘드셨겠다. 그죠?[6]

…… (중략) ……

(엄마가 힘들게 살아온 이야기를 함, 녹음 상태가 좋지 않아 잘 안 들림.)

상담자14 아휴~, 그 긴 시간을 지내오신 걸 생각하면 엄마한테 어떤 느낌
이?

내담자14 엄마였다면요?

상담자15 엄마한테 지금 드는 느낌.

내담자15 고생했죠. 고생하고. 한때는 이혼 안 하는 엄마가 되게 이상했었

---

6 상담자12: "엄마도 본인도 힘들게 산 것이 보이네요." "어려서부터 엄마 역할까지 하느라고 정말
힘들었을 것 같아요."

어요. 근데 그때 제가 6학년 때가 5학년 땐가? 진짜 되게 구체적으로 이혼에 대해서 이야기하시는 거예요. 제가 기억에 이렇게 나는데. 이혼하면 내가 아빠하고 살고, 밥을 하고 집안일을 하는 사람이 있어야 하니까, 동생들은 엄마하고 살든지. 그런 이야기를 구체적으로 하는 거예요. 그때는 너무 싫은 거예요. 그러니까 만약에 진짜 내가 아빠하고 살게 되면 집 나갈 거다 이런 생각할 정도로. 지나고, 지나서 생각하니까. 엄마 입장에서는 정말 이혼하고 싶었었겠지만, 어쨌든 우리를 생각해서 안 한 거에 대해서 다행이다 싶기도 하고, 고맙기도 하고요.

상담자16 음. 그랬구나. 그런 이야기를 엄마랑 한번 나눠 보신 적이 있으세요?

내담자16 그러니까 인제 그래서 제가 하는 거는 착한 딸이 돼야 한다는 거 하고······.

상담자17 음. 착한 딸이 된다는 건 어떤 거. 구체적으로 어떤 착한 딸일까요?[7]

내담자17 엄마를 많이 도와줘야 되고, 학교 가서도 공부 열심히 해야 하고, 좀 그런 거였던 거 같아요. 불평하면 안 되고.

상담자18 엄마가 너무 힘드니까.

내담자18 그런 거였던 거 같아요.

상담자19 엄마가 시킨 것도 아닌데 그냥 그렇게 생각이 된 거죠?

내담자19 네. 같이 이렇게 된 거 같아요. 그래서 중학교 때도 제가 이제 중학교 때부터 우유배달을 했었는데, 인제 엄마 아프거나 이러면 제가 아침에 일어나서 같이 우유배달을 하기도 하고, 엄마 일 있을 때는 저랑 제 동생이랑 하기도 하고.

---

7 상담자17: 좋은 질문이다. "어떻게 착한 딸이 되기로 결심하게 되었어요?"

그래서 그거 할 때는 몰랐는데 고등학교 되서 되게 피해의식이 있었어요. 왜 새벽부터 일어나서 내가 이걸 해야 되는지. 그런. 그러니까, 사춘기라면 사춘기이고, 그전에는 뭐 친구하고 놀 여유가 없었으니까. 그게 되게 친한 친구가 막. 친구랑 놀러 막 많이 가고 이런 기회가 잘 없거든요. 고등학교 때 인제 친구 사귀어 가지고 좀 놀러도 좀 다니고 그랬던 거 같아요. 그때 인제 풍물을 시작하고, 그때 풍물동아리 처음 만든다고 해서. 운동하는, 일찍부터 운동하는 친구가 있어서 그때 좀 막 확 빠졌던 거 같아요.

그리고 이제 대학교 들어가면서는 인제 완전 그때 내 하는 대로 집에 말 안 듣고. 집에 말이라는 게 데모하지 마 이런 거니까. 완전 인제 그렇게 했었고…….

상담자20 지금 엄마와는 어떠세요?[8]

내담자20 지금은 많이 부드러워졌어요.

그러니까 이제 고등학교 때까지 느꼈던 그런 막 엄마에 대한 뭐 연민이나 막 그런 동질성 같은 그런 게 대개 깨지면서, 결혼 생활하면서 깨지면서, 인제 대학교하고 이럴 때는 밖으로 나돈다고 전혀 엄마한테 신경 못 썼고, 심지어 아빠 돌아가실 때도 그때 병원에 계셨는데 엄마 혼자 거의 간호하시고 저는 거의 안 갔어요. 밖으로만 다니고 도시락 좀 싸오고 거들라고 했는데, 일

---

8 상담자20: 어렸을 때는 또래 친구들과 어울릴 수 없었던 것은 여유도 없었지만 수치심 때문이라는 가정폭력 아동심리를 읽어 주고, 고등학교에 가서 또래 친구들과 어떻게 어울릴 수 있었는지, "풍물은 어떻게 하게 되었는지?" 그 과정을 들어 볼 필요가 있다.
가정폭력가정의 아동심리
수치심: 부모폭력으로 인해 파괴되고 망가진 자신의 가정을 관찰하면서 청소년들은 심한 수치심을 느낀다. 이들의 수치심은 자신을 수용하고 자기의 가치를 중요시하는 데 부정적인 영향을 미친다. 신체적, 사회적 모습에 민감한 청소년들은 그들 가정이 다른 가정과 다르다는 사실에 당혹해한다. 또래집단의 지지와 인정이 필요한 시기에 청소년들은 가정의 비밀을 유지하기 위해 친구들을 멀리하고 점차 사회적으로 고립되어 간다.

부러 안 갔다기보다는 신경을 진짜 안 썼어요. 그때 엄마 혼자 다 하고 그랬
었는데…… 음…….

표현작업 1 – 그림그리기

상담자21 그러면, 엄마에 대한, 나와 엄마와의 관계를 그림으로 한번 표현
해 볼게요.[9]

내담자21 나와 엄마하고의 관계요?

내담자가 표현한 엄마와 나의 관계

상담자22 네. 엄마를 생각하면 어떤 느낌이 드는지?

엄마와 나를 나무나 꽃으로 표현하셔도 좋고, 이미지로 표현하셔도 좋고.

---

9 상담자21: 그림 그리기 전에 "고등학교 때부터 그리고 결혼 생활 하면서 엄마와 동질성이 떨어
졌다고 했는데, 왜 그렇게 되었다고 생각하나요?" 엄마와의 역사가 드러나는 시점인 것 같다.

내담자22　처음에 그냥 막막했었는데.

그러니까 엄마가 예전에. 초등학교 5학년 땐가? 인제 그때 담임선생님 이 집에 가정방문을 옛날에 온 적이 있었어요. 그때 제가 학교 바로 앞에서 문방구를 하니까 선생님이 일요일이 당직 때 이럴 때 있으시면 저희 집에 와서 국수 같은 거 드시고 하셨거든요.

그때 아마 엄마가 선생님한테 한 이야기를 들었는데. 엄마가 잔정이 없어서 ○○이한테 칭찬도 잘 못하고 잔정 표현을 잘 못한다는 이야기를 하는 걸 얼핏 들었던 거 같아요.

엄마가 저한테 직접적으로 잘했다 착하다 이런 이야기를 한 적이 없고요. 항상 다른 사람한테, 친척이라든가 다른 사람한테 하는 이야기를 우연히 들으면 그게 엄마의 마음인 걸 알고.

그러니까 그런 따뜻한 말 한마디가 되게 고팠던 거 같아요.

상담자23　그랬겠다. 엄마가 직접 "우리 ○○이 잘했다." 이렇게 해 주는 거랑 다른 사람한테 하는 이야기를 듣는 건 또 다를 거 같아요.

내담자23　저도 어릴 때는 엄마한테 칭찬 들으려고 막 그런……

상담자24　네. 그렇죠.

내담자24　그런 행동들도 하고 그랬던 거 같아요.

근데 엄마는 칭찬을 표현을 안 하고, 구박하고 야단치는 것만 표현을 그렇게 하니까. 항상 무서운 엄마는 아니었는데, 항상 야속한 그런 느낌이 있거든요. 그래서 모든 엄마들이 다 그런 줄 알았거든요. 근데 이제 결혼하고 나니까 저희 시어머니가 되게 자애로운, 보통 인제 이야기하면 자애로운 어머니 스타일이시거든요. 종교생활 오래한 것도 있고, 스타일이 그러서 가지고, 너무 다른 거예요. 그래서 제가 결혼하고 엄마하고 진짜 싸웠던 게, 그전에는 그렇게 엄마 힘든 거를 다 제가 직접 보고 아니까 그런 거에 대해서 뭐, 그 상황에서의 엄마의 마음이 더 중요했고 내 마음은 별로 중요하지……. 항상 밑이었으니까 몰랐었는데, 결혼하고 나니까 인제 내 마음이 더 보여요. 그래서 그때 엄마한테 못된 정말 악의에 찬 소리를 많이 했었거든요. 엄마도 울면서. 진짜 엄마가 저를 때린 적도 있었어요, 결혼 후. 저 뺨을 때렸었는데, 진짜 엄마는 엄마대로 내가 괘씸한 거예요. 지가 뻔히 알면서 지가 어떻게 나를 무시하고, 무시하고 그럴 수 있나 이렇게 하시는데, 저는 그때 표현한 거예요 엄마한테. 인제 저도 표현법도 제대로 표현한 것도 아니고, 막 화가 찬 그런 것만을 표현한 거예요. 그러니까 제 진심이 제대로 전달되지도 않고. 그러다 보니까 엄마는 엄마대로 괘씸하고, 완전 배은망덕하게 느껴지죠.

상담자25　이 그림은 어떻게. 자세히 설명해 주시면? [10]

내담자25　내가 아직 엄마한테 있어서는 정말 아직 돌봐줘야 할 핏덩어리 같은 아기이기를 바라는 것 같아요.

상담자26　지금 ○○ 씨가 엄마한테?

내담자26　바라는 게 그런 거 같아요.

상담자27　그래요. 내가 충분히 못 받았다고 생각했기 때문에 아직도 배고프고, 그래서 영양분을 엄마가 주기를 기대하는 웅크리고 있는 아이…….

내담자27　그러니까 제 위에 유산됐다고 했었잖아요.

상담자28　네.

내담자28　정확한 건 잘 모르겠는데. 그리고 뭐 단지 그냥 자라 오면서 제 추측인데, 나도 정말 원하지 않은 아이였는지. 그런 것 같기도 한 거예요. 엄마가 아빠하고 그렇게 마음 붙이지도 않았고. 그런 상황에서 제가 생겨서 나

10　상담자25: 그림을 설명하기 전에 "분노의 말, 즉 어떤 말을 했기에 맞았어요?"라고 묻는다. (악의에 찬 소리를 자신의 말로 해 본다.) 그리고 사과한 적은 있는지를 알아본다. 엄마와 동질성을 느끼다가 분노로 바뀐 과정을 자세히 묻고 분노의 흐름을 자세히 알아본다.

고 하니까. 나도…….

상담자29　원하지 않은 아이…….

내담자29　네. 나도 유산됐어야 되지 않았는가. 이런 생각도 드는 거예요. 그 앞에 같은 경우는 일부러 지운 것도 아니고 자연유산임에도 불구하고 그게 저한테 느껴지는 감이 그렇게 느껴지니까.

상담자30　엄마가 원하지 않았을 수도 있겠다 이런 생각이 드시는 거네요?[11]

내담자30　네.

상담자31　그게 어릴 때예요. 지금 그러시는 거예요?

내담자31　아주 어릴 때는 아니고. 초등학교?

상담자32　참 외롭고 슬펐을 것 같아요.
이 아기가 엄마에게 어떤 이야기를 하고 싶은지. 편지를 써 보면 어떨까 싶은데. 한번 해 보실래요?

내담자32　…….

표현작업 2 - 편지쓰기

상담자33　엄마한테 하고 싶은 이야기가 너무 많은 거 같네요. 종이가 너무 작은 거 같네.

내담자33　그러니까 그때 그 손찌검하고 나서 그러니까 엄마한테 이야기하고 싶은 게 되게 많았었는데,
그러니까 그게 아직은 잘 안 되잖아요. 그러니까 아직까지 이게 대화가. 서로

---

11 상담자30: 가정폭력가정의 자녀의 심리 중에는 자기 때문에 부모의 폭력이 일어난다고 생각하는 죄책감을 가지고 있다. 왜 그런 생각을 했는지 궁금하다.

엄마~

보고 싶었어요. 엄마가 나를 바라보면서 (⋯⋯)

(⋯⋯) 말 한마디 듣고싶었어요. "착하다, 잘했다, 예쁘다"

엄마가 나만 바라보고 안아주고 열려주고 달려주으면 했어요.

힘든 세월, 억척같이 자식들 키워내고 남편의 폭력에 시달리고

엄마나 가슴 아프셨어요?

그래도 전 엄마의 작은 아기이길 원했어요.

아플때 보살핌 받고 맛있는 밥먹고 싶고 엄마가 사준 예쁜 옷

입고 싶고 그랬어요. (엄마가 정성들여 해주시는)

오히려 커서 엄마 속상하게 했죠? 그동안 제가 느꼈던 설움들

일방적으로 못 되게 쏟아부어서 엄마 가슴 아프셨죠?

전 엄마와 소근소근 지난이야기들 하면서 섭섭했던 것, 무서웠던 것

나누고 싶었는데 저도 모르게 또 다른 폭력을 엄마에게 휘둘렀네요.

너무 죄송해요. 아빠의 대한 분노까지 엄마에게 뒤집어 씌웠던거잖아요.

그래도 요즘민 엄마가 너무 좋아요. 엄마하고 싶은것 하고 다니시고

예쁜 옷 입고 다니시고 친구들이랑 놀러다니시는 모습 예뻐보여요.

저도 나이들면 엄마처럼 살거예요. 엄마~ 건강하게 오래

사셔서 우리들이랑 놀러도 가요. ○○, ○○ 함께 키워주셔서

너무 감사하고 저희 삼남매 이렇게 길러주셔서 고맙습니다.

사랑해요. 엄마~

내담자가 엄마에게 쓴 편지

주고받는 이 대화가 좀. 저희 엄마 말투가 되게 툭툭 내뱉는 말투고. 좀 이렇게 탓하는 말투. 그러니까 뭘 하나 반응을 해도 되게 부정적으로 반응하는.

상담자34 마음을 열다가도 말투를 들으면 닫아 버리는⋯⋯. 그전의 감정들이나 이게 막 올라오는 거죠.[12]

내담자34 그전에는 그런 거에 대한 인식이 없었는데, 저도 머리 굵어지고 이러면서 이제 그런 게 눈에 들어오니까, 그래서 이런 말도 했었어요. 막 그

---

12 상담자34: "엄마한테 하고 싶은 얘기가 어떤 것일까요?" 롤플레이나, 빈의자 기법을 사용해도 좋다(여성주의상담 원리Ⅲ 역량강화).

때 못되게 할 때는 "엄마가 그러니까 아빠가 그랬지." 이게 진짜 할 소리가
아니었는데. 그런 얘기까지 막 나오는 거예요.

그때 결혼하고 저희가 일방적으로 엄마 집에 들어갔을 때. 엄마 스타일이 이
렇게 막 섬세하고 차분한 스타일이 아니고, 덜렁덜렁대고 그런 스타일이라
서 저도 엄마를 닮았거든요. 그게 막 싫은 거예요. 그래서 그때는 인제 막 싫
은 것들이 올라오니까 진짜 그걸 엄마 탓으로 돌린 거죠. 그게 내 문제는 내
문제고, 엄마 문제는 엄마 문제인건데, 그거를 엄마 탓으로 돌리고. 엄마가
그렇게 키워서 그렇지. 이런 이야기를 하고 그래서 엄마는 엄마대로 "공부
잘하면 뭐 하노 인간이 돼야지." 이런 이야기를 하면, 그때 저는 저대로 "그
래 그게 가정교육이지. 내가 가정교육을 못 받아서 그렇잖아." 이런 식으로
이야기하고, 엄마는 엄마대로 속상해하시고…….

상담자35 말하고도 속상하고 엄마도 속상하고 그러셨겠다. 그죠?[13]

네. 이번에는 먼저 엄마를 위로하기 전에, 이 엄마의 사랑을 기다리면서 배
고프고 쓸쓸하고 외롭고 힘든. 세상이 두려운 이 아이가 좀 위로받는 것들이
필요한 거 같아요.

내담자35 …… 휴~ 제가 표현을 해요? 얘를?

……….

상담자36 어린아이에 대한 애도의 시간을 충분히 해야지 엄마에게 다가갈
수 있을 거 같아요.[14]

……….

---

13 상담자35: "그렇게 말하고 느낌은 어땠는지요?"라고 질문해서 내담자의 내면심리를 드러낼
수 있게 한다.
14 상담자36: 적절하다. 이 상담의 목표는 엄마와 잘 지내고 싶다는 것이기 때문에 엄마와 애도
의 시간이 필요하다.

너무 힘들고 무섭고.

내담자36   ……그림 그려요?

상담자37   편하신 대로. 그림을 그리셔도 되고.

이 아이가 좀 더 두렵지 않고 힘을 가지기 위해서 어떤 게 필요할까요?

내담자37   따뜻한 말이 필요한 거 같아요.

상담자38   따뜻한 말. 듣고 싶었던 말을 한번 적어 보세요.

……….

엄마가 되어서 이 아이에게 해 주고 싶은 위로의 말을 적어 보세요.

내담자38   …….

표현작업 3 - 위로의 말

상담자39   길고 힘든 터널을 지나오신 거 같아요.

내담자39   하아~.

상담자40   네. 편지를 쓰셨는데, 속으로 한 번 읽어 보세요.[15]

내담자40   …….

오늘 남편이 어저께 늦게 와 가지고 오늘 점심을 같이 먹고 출근을 했거든
요. 그때 이렇게 이야기를 하다가. 인제 난 너무 주관적으로 세상을 바라보
고, 다른 사람들도 너의 잣대로만 재려고 한다고. 그러면서 아직 애 같다고.
그러는 거예요.

그러니까 이제 이거를 하면서 드는 생각이 진짜 앤 거예요. 그런 애. 다른 사
람들이 나를 아직 아기같이 다뤄 줬으면 좋겠고, 아주 약한 사람으로 그래서

---

[15] 상담자40: "남편 말 듣고 느낌이 어땠어요?" "다른 사람이 애같이 다루어 주는 것이 왜 좋을까
요?" 감정을 알아본다.

내담자가 엄마로부터 듣고 싶었던 말을 적은 것

배려해 주고, 그러기를 바라는 거예요. 아직까지 많이.

상담자41 너무 힘든 시간들을 지나와서. 그것이 필요했던 거죠.

내담자41 음~.

상담자42 작게 소리 내서 읽어 보실래요?

······(생략)······

내담자44 그러니까 왜 보통 이런 이야기하잖아요.

결혼해서 자기 애를 낳아 보면 엄마를 더 이해하고. 더 인제 그거 한다고.

상담자45 심정을 안다고?

내담자45 네네. 근데 전 처음에 반대였거든요.

상담자46 네.

내담자46 이렇게 소중한 아기인데…….

상담자47 어떻게 엄마가 나한테 그럴 수 있었나. 네….

내담자47 하아~ 예전에 하여튼 제가 못되게 엄마한테 원망의 소리를 했을 때, 엄마가 이런 얘기를 한 적이 있었어요. "나인들 그렇게 안 키우고 싶었겠냐고, 자기가 그래 힘들고 먹고살기 바쁜데 나인들 그렇게 안 키우고 싶었겠냐."라고 이런 이야기를 하는 거예요.

근데, 그거에 대해서 이해는 되면서도. 어쨌든 엄마 그 스타일이 그렇다 보니까.

그게 아이의 눈높이에 맞는 스타일이 아니다 보니까. 그래도 어떻게 그럴 수 있나 섭섭하고 원망하는 마음이 더 큰 거예요.

상담자48 그렇죠, 아기니까. 당연히

내담자48 그래서 제 애 배서, 이제 태교일기하고 막 쓰면서, 그 얘기가 제가 했던 이야기하고 비슷한 거예요. 내 애한테 이야기해 준 게 아니고, 정말 저한테 하고 싶은 얘기를 하지 않았나. 근데 진짜 이건 진짜 물어봐야겠어요. 뭐 당장은 아니어도. 그러니까 이런 감정이 제가 초등학교, 중고등학교 이때 느끼는 거하고 다른 거 같애요. 진짜.

상담자49 지금 감정이.

내담자49 네. 그때도 섭섭함이나 원망함이 있었겠지만, 지금 이런 식으로는 아닌 거 같거든요.

…….

근데요, 이게 왜 진짜, 계속 막 생각하면. 그러니까 뭐 일상적으로는 그냥 뭐 예를 들어서 어떤 관련 영화에서 봤다든가 이러면 막 그냥 이렇게 되가지고 이런 식으로 했을 때, 그걸 또 인제 그대로 또다시 또. 이렇게 항상 그래요?

상담자50 항상 그렇진 않아요.

내담자50 그렇진 않아요. 아, 근데 아직 많이 안 풀려서 그런 거예요?

상담자51　네, 충분히 애도의 시간이 필요한 거죠.

그랬을 때 이제 거기서 감정에서 벗어날 수 있기 위해서는

내담자51　음. 어…….

상담자52　좀 더 세세히 감정의 덩어리들을 좀 세세히 잘게 나누어서. 그 순간순간들을 애도하는 게 필요해요. 아까 이야기를 들으니 너무 힘든 시간들이었고, 너무나 두렵고, 그 무서움 속에 있었는데, 그것이 한 번 했다고 사라지진 않죠. 얼마나 많은 순간들이 있었겠어요. 그런 반복되는 순간들이.

내담자52　그리고 그때 그게 3년 전에서 4년 전쯤이었는데 그땐 엄마에 대해서 얘기하는 것조차도 못했어요. 그때는 일단 아버지가 돌아가셨으니까 아빠에 대해서 먼저 이야기를 했었는데 그때도 많이 울었거든요. 근데 엄마에 대해서는 어떻게. 어떻게 손을 대야 될지 모르겠는 거예요. 그때 이제 선생님이 좀 감을 잡으시고 그걸 이제 제 인생의 숙제라고 이야기하시는 거예요. 그때는 그게 몰랐는데, 진짜 엄마에 대해서 다시 또 이야기해 주셨을 때, 다시 또 그때 아빠한테서 느꼈던 그런 것들이 다시 확 올라오니까. …….

상담자53　아… 네. 오늘 마칠 텐데. 느낌을 한마디나 한 문장으로 표현해 보시면.[16]

내담자53　아. 근데 행복한 거 같아요. 아기를 어쨌든 나라도 어루만져 주니까.

상담자54　제가 느낀 것은 ○○ 씨가 굉장히 맑은 사람이구나. 그리고 이렇게 솔직하게 그 힘든 것들을 다 말해 낼 수 있는 그 힘이 참 크구나. 그 사랑

16　상담자53: 갑자기 마무리한 느낌이 든다. 그동안 상담한 것에 대해 명료화해 주고, 오늘 목표는 이루지 못했기 때문에 다음 회기에 할 수 있도록 한다.

이 참 크구나. 이런 생각이 들었고.

내내 좀 많이 애처롭고 계속 안아 주고 싶다는 생각을 계속 했어요.

네~ 제가 한 번 안아 드릴게요.

내담자54　네~ 아 힘들어~ (엉엉 소리내어 움.)

상담자55　너무 훌륭하게 이렇게, 그렇게 힘들었는데도 이렇게 훌륭하게 살고 있으니까.

......

이것으로 마치도록 하겠습니다.

내담자55　네.

10) 슈퍼비전 받고 싶은 내용

• 여성주의상담의 기본 원리에 맞게 상담이 진행되었는지 알고 싶다.

• 감정을 다루는 상담에서 매체의 사용이 적절하고 효과적이었는지 알고 싶다.

• 가정폭력 생존자의 치유에 맞는 상담이 되었는지 알고 싶다.

11) 상담에 대한 여성주의상담 슈퍼비전 내용

➡ 지속상담은 비구조화보다는 구조화하고 회기마다 목표를 정확히 정하는 것이 좋다.

➡ 이번 회기의 목표는 엄마와 관계를 잘하고 싶은 것이다. 엄마의 결혼 생활부터 시작되는데 엄마의 결혼은 자기 의지로 한 것이 아니라 부모의 강권에 의해 이루어졌으며 초기부터 엄마의 행복과는 멀었던 것을 볼 수 있다.

➡ 엄마가 심각한 가정폭력 피해자이고 동시에 내담자는 가정폭력가정

안에서 어린 시절부터 청소년기까지 겪은 또 다른 피해자인 것을 볼
수 있다.

➡ 내담자는 자신이 내 안의 무기력은 가정폭력이라는 조건화에서 비
롯된 것을 알 수 있고, 그리고 같이 일하는 윗사람과의 갈등은 대인
관계의 어려움을 말해 주고 있다.

➡ 가정폭력가정 안에서 나타날 수 있는 분노와 갈등 해결의 부족함이
많이 보인다.

➡ 가정폭력가정의 아동 심리를 살펴보는 것이 중요하다. 가정폭력의
전문성을 필요로 한다.

원리I 개인적인 것은 정치적인 것이다

• 아버지는 건강 때문에 학교도 중퇴했고, 하는 일이 제대로 안 되면서
개인의 스트레스가 가정 안에서 폭력으로 이어졌다고 생각된다.

• 자신에게 쌓인 스트레스를 풀기 위해 집안에서 가장 약한 여자에게
폭력을 행사한 전형적인 가정폭력의 가해자를 볼 수 있다.

원리II 상담자와 내담자는 평등하다

• 어머니의 고통을 누구보다도 잘 알고 있지만 지난 어린 시절을 생각
하니 자신이 사랑받지 못했고, 어쩌면 태어나지 말았어야 하는 것은
아닌가 하는 생각까지 가지고 있을 정도다.

• 성장할 때는 어머니의 고통을 동일시하면서 괴로워하고 두려워했지
만 성인이 되어서는 어머니의 모든 것이 싫고 짜증이 난다.

• 상담자는 어린 시절 애도의 시간을 가지고 자신의 문제를 해결해 나
갈 수 있다는 것을 충분히 믿고 힘든 여정을 지내 온 것에 대한 정서

적 유대감과 함께 자매애를 느끼고 위로와 축하를 깊은 포용하는 것은 여성주의상담에서 평등성을 보여 주는 것이다.

원리Ⅲ 역량 강화

- 엄마에게 듣고 싶었던 말을 편지로 쓰고 그림으로 그려 봄으로써 아이와 엄마에 대한 사랑을 체험하게 한다.
- 어린 시절의 고난과 힘겨움, 상처가 현재를 살아가는 힘이 됨을 알아차리게 함으로써 약량강화에 힘을 보탰지만 엄마와의 관계를 잘하고 싶다고 한 목표에는 미흡했다.
- 어린 시절 엄마와 동일시하면서 아파했던 관계가 결혼을 하고부터 깨지면서 엄마가 밉고 싫어졌다. 엄마와의 관계를 다시 회복할 수 있는 상호 이해와 지지가 필요하다.

원리Ⅳ 여성의 시각으로 재조명하기

여성주의상담은 성역할 고정관념이나 통념 수용 정도, 가치관 부분을 적극적으로 다룰 필요가 있다. 내담자가 곳곳에 성역할 고정관념과 가부장성이 체화된 모습을 보이는데, 예를 들면 시어머니와 어머니를 비교하면서 엄마의 모습을 미워하고 자신이 닮을 것을 싫어한다. 성역할분석 등을 활용하여 내담자의 고정관념을 드러내고 이것이 내면화된 것을 알아차리도록 한다.

12) 동료 상담자 토의시간에 나온 내용

- 여성은 어떤 선택을 하든지 좋은 얘기를 못 듣는다. 아이들을 생각해서 이혼을 안 하면 이혼 안 하고 바보같이 산다고 하기도 하고, 어떤

경우에는 자녀들이 엄마가 우리를 놓고 나갈 수가 있느냐고 하기도 하고, 이혼하고 경제적으로 어려운 상태인데 이럴려고 이혼했냐고 하는 경우가 있기 때문에 어떤 상황이든 선택하지 못하고 방황한다.

- 이혼 결심도 어렵고, 아이들에 대한 핑계는 잘 먹히는 것 같다. 이혼 가정 자녀가 문제가 많다고 하는데 이혼 과정에서 겪는 자녀들의 불안이 상실로 인해서 겪게 되는 불편보다 크다고 하면, 여성들은 이 상황을 벗어나는 정당성에 대해서 인정받고 싶어 한다. 이 상담을 통해 나는 우리 안에 공고하게 있는 가부장성에 대해 보게 된다. 나에게도 삶 따로 가치 따로인 모습이 있다는 걸 보게 된다. 이 상담이 나에게는 어렵게 느껴진다.

- 아이에 머무르지 말고 성인이기 때문에 어머니의 삶을 인정하고 연대하는 임파워먼트가 필요하다. 감정을 돋워 주기 때문에 우는데 폭력가정의 자녀들이 부모가 싸우기만 해도 죄의식을 갖는다. 유산과 연결해서 나를 원하지 않을 것으로 생각한다.

- 엄마에 대한 인식의 변화, 임파워먼트가 안 되니까 분노의 대상이 엄마가 되고 있다. 어릴 때 그렇게 표현하고 나니까 어땠는지, 너의 느낌, 생각이 어땠는지 물어보는 게 필요하다. 분노를 다스리는 회기를 따로 가질 필요가 있다. 폭력가정 아이들이 그대로 자라게 되면 화를 잘 내고, 감정조절이 어려워진다.

- 엄마에 대한 상을 적극적인 여성, 현대적인 여성으로 보고 있으면서 긍정적으로 보고 있는데, 거기서 힘을 주고, 결합 점을 찾았으면 전환이 되었을 텐데 하는 아쉬움이 있다.

- 여성주의적인 관점과 철학을 가지고 어떻게 잘할 것인가인데 상담자가 여성주의상담에서 어떻게 잘 풀 것인지가 중요한 것 같다. 상담자

에게 부응하는 경우가 많다. 사실 집을 나와야 하는 내담자의 경우도 집을 쉽게 나오지 못하고 감정과 의식을 통합하는 과정이 중요한 것 같다. 연속상담일 경우 감정을 드러내는 회기와 의식을 향상시킬 수 있는 회기로 구분하는 것이 좋을 것 같다. 내담자의 감정을 드러낼 수 있었던 것은 상담자가 그 만큼 지탱해 줄 수 있는 힘 있는 상담자이기 때문이었을 것이다.

• 여성주의상담을 본격적으로 한 게 아니기 때문에 기존에 받았던 상담과 지금 여성주의상담을 하고 있는 시점이 중첩으로 고민이다. 장기적인 상담의 경우 한 가지의 방법으로 접근하는 것은 위험하다. 상담을 하면서 무의식을 충분히 드러낸 다음 의식화 상담이 이루어져야 한다. 부부관계가 아이들에게 영향을 미친다고 할 때 쉽게 결정을 한다.

• 사실 답답했다. 내담자는 어린 시절 매 맞는 어머니를 보면서 자해를 할 정도로 힘들어했다. 하지만 성장해서는 가부장적 사고로 어머니와 갈등을 빚기도 한다. 상담을 하고 있는 우리는 얼마나 자유로울 수 있나 싶다. 내가 상담을 한다면 그림이나 편지는 치우고 계속 얘기를 들었을 것 같다. 탐색을 위한 작업을 했을 것 같다. 여러 가지 작업으로 끊어지는 느낌이 들었다.

• 포커스를 가정폭력으로 두고, 그때 심정과, 바라보는 아이의 심정으로 갔으면 하는 생각이 든다. 나의 경우, 가정폭력 자녀로서 부모의 이혼을 적극적으로 권유하고 있는 상황에서 친정어머니 친구분이 자유롭게 사는 것을 보고 부러워하고, 비난하고를 반복하고 있다. 그러면서 주변의 시선을 생각하지 말고, 본인을 생각하지 말고, 그다음은 자녀를 생각하라고 한다. 부모는 자신들의 문제라고 간섭하지 말라

고 하고, 그러면서 엄마는 무기력해지고, 상황이 반복되고 생각도 바뀌면서 결정적인 사건이 생겨서 이혼을 결정했지만, 아직도 이혼을 보류하고 있는 상황이다.

13) 슈퍼비전 이후 진행 상황 및 슈퍼바이지 총평

슈퍼비전 이후 진행 상황

6회기: 2010년 7월 ○○일

남편과 아이와 신혼여행을 다녀왔다. 초등학교와 중학교 때 우유배달을 하고 집안일을 하느라 친구들과 놀지도 못했고 해 보고 싶었던 것들이 많았다고 함. 그래서 그때 해 보고 싶었던 것 중 지금 해 보고 싶은 것의 목록을 적고 실행해 보기로 함.

7회기: 2010년 7월 ○○일

돌아가신 아버지를 만남. 빈의자 기법으로 진행되었고, 아버지에게 하고 싶은 말을 함. 많이 울었고 완전히 용서하고 싶지 않다고 말하면서 죄책감을 가짐. 지금 마음으로 용서되지 않는데 용서한다고 말하는 것은 아무 의미가 없으며, 그만큼 힘든 시간들이었기 때문에 시간이 더 많이 필요한 것이라고 지지해 주자 좀 더 마음이 가벼워졌다고 말함.

슈퍼비전을 받고 난 후 일정대로 5회기 더 상담을 하고 10회기로 마무리를 지었다.

다녀오지 못한 신혼여행도 다녀왔고, 빈의자 기법을 통하여 아버지에게 하고 싶은 말을 많이 했고, 많이 울었다. 여성주의 기법인 권력분석을 통하여 자신의 자원을 탐색해 볼 기회를 가졌고 권력감에 대해 알 수 있었다.

미래 투사를 통해 장·단기 성취 목표와 실행 전략을 세웠다. 상담을 하는 동안 많이 울었고, 그래도 마음이 편해지고 많은 성장을 한 것 같다고 내담자가 감사의 표현을 했고, 좀 더 상담을 진행하고 싶다고 했다.

슈퍼바이지 총평

슈퍼비전을 받는 과정은 먼저 나를 성찰하는 과정이었다. 상담회기를 정리하고 축어록을 풀면서 분석지를 완성해 가는 과정을 통해, 여성주의 상담의 원리를 더 깊이 익히고 체화할 수 있었고, 질문하고 답을 찾아가면서 이론적인 정리도 더 분명히 할 수 있었던 것 같다. 또 전체 상담에 대한 구조화를 어떻게 좀 더 체계적으로 할지 나름대로의 그림을 그려 볼 수 있었다.

슈퍼비전을 통해서 여성주의적 상담의 원리와 철학을 문학치료의 영역에 어떻게 접목할 수 있을지, 좀 더 섬세하게 살피기도 하고 여전히 과제로 남는 부분도 있다. 또 감정을 깊이 다룬 부분에 대해, 그리고 다양한 매체의 사용에 대해 긍정적 피드백이 있었고, 한편으로 가정폭력 피해자의 특성에 대해 더 깊이 이해하고, 매체 사용의 적절한 정도가 어느 정도인지 좀 더 세밀한 구조화와 과학적 분석이 필요하다고 생각된다.

무엇보다 여성주의상담 슈퍼바이저 선생님들께서 보여 주신 배려와 따뜻함과 함께 성찰해 가는 태도는 내게 깊은 감명을 주었으며, 그 태도를 통해 관계의 평등성을 또한 배울 수 있었다. 성숙한 집단 안에서 자매애를 나누고 연대하며 함께 성장해 갈 수 있는 기회를 누릴 수 있어서 너무나 기쁘고 감사하다. 함께해 주신 슈퍼비전 그룹 선생님들과 슈퍼바이저 선생님, 특히 슈퍼비전을 해 주신 선생님께 감사드린다.

03

당신이 원했던 거 아니야?

성폭력 피해 여성의 2차 피해 상담 사례 슈퍼비전

황경숙

(한국여성의전화 여성주의상담 슈퍼바이저)

사례 요약

본 사례는 40대 성폭력 피해 여성이 직장 내 성폭력으로 고소 후 법적 대응 중, 진술 과정이 견디기 힘들어서 고소 취하를 하였다. 그 후 무고죄로 기소를 당하여 그 억울함과 두려움으로 상담을 요청한 사례다. 피해자의 고소 취하가 형사사법 절차 과정 중 발생한 2차 피해[1]로 인한 것인지의 여부에 초점을 둔 상담자가 여성주의 가치관을 가지고 상담한 내용을 한국여성의전화에서 공개 슈퍼비전한 것이다. 본 사례 녹취록은 내용상—1차 성폭력의 발생 과정과 고소 취하하기 전후 내담자의 법적인 대응 과정, 그리고 무고죄로 기소당하여 단

---

1 2차 피해란 범죄행위 자체를 1차 피해로 보고, 그 1차 피해에 대하여 적절히 반응하지 못함으로 인하여 피해자가 다시 피해를 입게 되는 상황을 말한다. 2차 피해의 유발 대상은 가족, 친지 주변인이나, 해결해 가는 과정에서 접하게 되는 사법기관, 언론기관 종사자, 병원 관련자, 상담자 등 누구라도 될 수 있다.

체에 도움을 청하러 온 현재—세 개의 범주로 나눈다. 본 글에서는 후자의 두 개 범주에서 2차 피해 발생 여부를 탐색하는 상담 과정에 초점을 두고 슈퍼비전한다.

1. 성폭력과 여성주의상담

"성폭행을 당한 후, 나는 내 주변의 모든 장소가 무서웠고, 집 안에서도 어두운 곳은 가지 못했다. 어느 곳에서든지 가해자가 튀어나올 것 같았다. 두려워서 떨고 몸을 사리고 내 몸 자체가 부담스러웠다. 그냥 이렇게 점점 작아져서 사라져 버렸으면 좋겠다. 걸핏하면 화들짝 놀란다. 그런 내 행동을 동생과 언니는 안쓰러운 듯이 쳐다본다. 그들의 걱정하는 바는 알겠지만 그런 눈빛도 싫다. 밖에는 더 나가기도 싫었다. 자신 있게 사회활동을 했었는데, 그랬던 내가 왜, 지금 이런가? 그놈을 찾아서 죽여 버릴 거야. 그놈이 어떤 놈이야? 그놈을 어디서 찾아? 찾아서 뭘 할건데? 뭘 어떻게 할 수 있는데? 나는 이미 만신창인데, 이건 악몽이지? 나쁜 꿈일 거야. 아, 난 어떡하지? 내가 할 수 있는 게 뭐야? 나는 이제 예전의 내가 아니구나. 출구를 찾아 헤매지만 끊임없이 반복되는 생각…… 생각에 미쳐 버릴 것만 같았다. 나는 누구인가, 나는 이제 어떻게 살아야지? 살 만한 가치도 없다 더럽다, 내가 불쌍하다. 미친 개한테 물린 것으로 해 버리기에는 너무나도 분하고 억울하고 원통하다. 어떻게 그런 일이 내게 벌어질 수가……. 남자 구두만 보여도, 발소리만 들려도 두려움에 온몸이 오그라든다. 소름 돋는다. 이렇게 무기력한 내가 미칠 듯이 화가 난다."

30대 중반의 직장 여성인 내담자가 울면서 절규했다. 이 상태에서 벗어나려면 어떤 절차를 밟아야 하는지를 들었다고 했다. 또한 예전에 성폭력 피해자에 대한 기사를 접했을 때 '성폭력은 나빠, 그렇지만 그 여자도 뭔가 잘못했었겠지.'라고 했던 자신을 생각하면 미칠 것만 같다고 했다. 자기가 바로 그 피해자라는 것을 용납할 수 없다고 했다. 그 끔찍한 상황이 생각도 잘 나지 않고 입에 담기조차 싫은데 그것을 어떻게 말로 표현할 수 있을지 가슴이 떨리고 눈앞이 하얗다고……. 도무지 집 밖을 나가려 하지도 않고 사람 만나는 것을 피하고 직장도 그만두고 싶어 하여 언니가 데리고 와서 상담을 요청한 사례다.

성폭력은 처벌 받아야 할 범죄행위일 뿐이다. 위 사례에서 볼 수 있듯이 한 개인 여성이 살아오면서 그동안 쌓아올린 성과들이 성폭력 피해의 충격 앞에서 잠시 방향을 잃는다. 마치 성폭력 피해로 인한 좌절만이 한 여성의 삶 전체를 관장하는 것처럼 혼란스러워진다. 용기를 내어 가해자를 고소할 경우에는 폭력의 피해자가 자신의 피해를 입증해 내야 하는 힘든 과정을 겪는다. 이것이 일반 범죄 피해자와는 다른 성폭력 피해의 특수성 중 하나다. '여성은 남성보다 품행이 단정해야 하고 정조를 지켜야 한다.'는 사회적 메시지에 우리 모두는 젖어 있다. 그리고 그 메시지는 남녀 모두에게 내면화되고 통념이 되어 있다. 그 결과로 유독 성폭력사건에서만 폭력 피해를 야기했을 만한 여성 피해자의 잘못된 행동의 단서를 찾기 위해 피해와 거의 상관이 없는 과거의 성경험, 직업, 가정배경을 신문하는 것을 볼 수 있다. 범죄와 직접적인 상관이 없는, 피해 여성의 행실에 의문을 둔 신문은 피해자를 제대로 보호하지 못하는 것일 뿐만 아니라 가해자의 범죄행위를 축소시킨다. 또한 그 통념은 외부의 처단에 앞서 이미 피해자의 내부에서 스스로 자신을 검열하고 처단하는 기제로 작용하여 위축된다. 따라서 더럽혀진(순결을 잃은) 존재로 추락해 버렸다는 비참한 자각과 그에 따른 분노와 좌절과 슬픔은 그녀의 에너지를 고갈시킨다. 혹은 그러한 상황에 있을 것이라는 타인들의 시선을 내면화하여 자신을 괴롭힌다.

성폭력 후의 어려운 상황을 겪고 있는 여성에게 여성주의상담은 어떻게 접근하는 것일까. 여성주의상담은 상담자의 여성주의적 사고의 실천을 전제로 한다. 실천에 대한 끊임없는 성찰로 의식을 고양시키는 과정 속에서 내담자와 만난다. 그만큼 상담 구성 요건에서 상담자 요소가 중요하다. 그러면 성폭력에 대한 여성주의적 접근에서 상담자는 기본적으로 어떤 점을 갖추어야 할까.

첫째, 상담자가 여성주의 가치관을 갖고 있어야 한다.

여성주의 가치관이란 모든 인간을 한 개인으로 존중하며, 인간에게 행해지는 성차별 억압 및 폭력에 민감성을 지니고 이를 극복하여 차별과 억압과 폭력이 없는 평화로운 세상을 지향하는 철학이다. 위와 같은 여성주의 가치, 철학, 인식의 정도를 여성주의상담에서는 상담자 · 내담자 공히 정체성 발달 단계로 점검이 가능하다.

즉 여성주의 가치관을 가진 상담자가 여성주의상담의 '원리I. 개인적인 것은 정치적인 것이다, 원리II. 상담자와 내담자는 평등하다, 원리III. 내담자를 역량강화(empowerment)한다, 원리IV. 여성의 시각으로 재조명한다'를 상담의 과정 속에서 실천하는 것이다. 내담자의 이야기를 '개인적인 것은 정치적인 것'이라는 틀을 통하여 조명하며, 내담자의 성장을 위해서 상담자 자신을 개방할 수도 있는 평등성은 상담자 자신도 변화되는 과정 속에 있기에 가능한 것이다. 여성주의상담의 네 가지 원리는 상담 과정 속에서 상담자의 가치관으로 내담자를 이끌거나 교육할 수도 있고, 상담자와 내담자가 경험을 공유, 분노를 공감하며 실천할 수 있도록 상호 유기적으로 연관되어 있다. 내담자가 역량강화되었다는 의미는 내담자가 자신의 문제를 개인적 차원으로만 함몰시켰던 틀에서 벗어나 사회적 차원으로 시각을 확장시켜 객관화할 수 있게 됨을 말한다. 가부장제라는 조건화된 틀 속에서 사회가 기대하는 여성과 개인인 피해 여성과의 상호작용을 인식하게 되는 것이다. '개인적인 것은 정치적인 것이다.'라는 여성주의상담의 제I원리는 이와 같이 사회 속에 위치 지어진 개인을 알아차리고 사회의 변화에 동참하게 되면서 개인이 치유를 경험한다. 이렇게 변화된 관점을 지니게 됨을 의식향상이라 한다. 의식향상은 분노와 함께 온다. 의식향상된 내담자는 사회가 자신에게 기대하는 역할에서 자유로워져 현재 처한 문제에 위축되지 않고, 그렇게 될 수밖에 없는 외적 조건에 근거한 자신의 정당성을 바탕으로 스스로를 치유한다. 이 사회에서 여성의 몸속에 길들여진 의식하지 못했던 많은 현상들을 재조명하거나 여성의 언어로 재구성하여 표현한다. 여성주의상담의 궁극적 목적인 '평화로운 세상 만들기'는 이렇게 네 가지 원리가 실천되는 상담 과정을 통하여 알아차린 분노의 힘으로, 우리 삶의 실제 조건들을 변화시키는 구체적인 작업을 통하여 이루어진다.

둘째, 상담자는 성에 대한 자기 인식을 늘 성찰해야 한다.

상담자의 잘못된 성 인식은 내담자에게 2차 피해를 줄 수 있다는 데에서 예외가 아니다. 성폭력의 경우 성에 대한 인식이 남녀에게 어떻게 차별적으로 적용되는가를 볼 수 있는 예민한 지표다. 따라서 성폭력 상담을 진행하는 상담자는 반드시 자신이 성에 대한 통념에서 어느 정도의 인식 상태인지를 늘 점검할 수 있어야 한다. 통념에서 얼마만큼 자유로울 수 있는지를 성찰하여 자신의 상태를 객관화하여 볼 수 있어야 한다. 상담자의 성찰된 성에 대한 인식은 내담자에게 성폭력과 성관계를 구분 짓게 해 준다. 또한 성폭력은 범죄행위이고 내담자 자신은 피해자였다는 인식을 준다. 동의되지 않은 강제적 성행위는 성폭력이라는 것을 알게 해 준다.

성폭력 후의 내담자의 심리 상태, 신체적, 정서적, 경제적 상황에 대한 충분한 지식과 이해를 겸비해야 한다. 성폭력을 바라보는 사회의 시선이 피해자에게 어떤 메시지를 주는가를 상담 과정 내에서 파악하여 내담자와 피드백하고 그 메시지가 어떻게 우리 모두에게 내면화되어 피해를 말하지 못하게 되었는지에 대한 구조를 파악하고 있어야 한다. 성폭력에서의 사회적 메시지는 여성의 지켜져야 할 정조가 핵심 관념이다. 대부분의 경우 사회적 메시지에 개인이 대항하기에는 역부족이다. 따라서 법적인 대응, 그 외의 다른 방법 등으로 연대할 수 있는 행동력을 갖출 때 그 결과의 성공 여부를 떠나서 내담자의 당당한 치유를 볼 수 있다.

셋째, 상담자는 내담자가 성폭력 피해의 상황을 위축됨 없이 상세히 드러낼 수 있도록 상담기법을 적절히 활용할 수 있어야 한다.

성폭력은 관계에서의 신뢰감 손상이다. 사려 깊은 경청과 무조건적인 수용과 공감 등의 지지적 접근으로 피해자와 상호작용을 할 수 있어야 한다. 즉 신뢰롭고 안전한 관계의 재경험이 필요하다. 그 과정에서 피해 여성은 생생한 목소리로 자신의 경험과 느낌을 드러낼 수 있다. 성폭력 피해의 정당성[2]을 위축됨이 없이 자기 언어로 말할 수 있을 때 치유가 시작된다.

성에 대한 편견, 여성에 대한 왜곡된 시선, 내면의 목소리로 인한 자기 좌절을 극복하고 피해자로서의 권리를 행사하고, 피해의 정당성을 밝힐

---

2 성폭력이 행실이나 도덕성의 부재 등, 자신의 잘못으로 빚어졌다는 죄책감에서 벗어나, 범죄행위였고 자신은 그 피해자였다는 사실의 인정이다.

수 있는 힘을 얻는 것이 여성주의상담의 목표다. 그것은 피해 여성 개인의 힘으로만 될 수 있는 것이 아니다. 우선 여성주의로 의식화된 상담자가 함께하고, 그 상담자는 내담자가 고통을 겪고 있는 문제가 여성들의 삶에서 어떻게 작용하고 있는가를 파악하고 여성 전체의 문제임을 인식할 수 있어야 한다. 피해 여성들이 '자신의 언어로 말하는 것'은 개인의 치유와 더불어 법, 제도, 보호지원체계에 이르기까지 2차 피해의 구체적이고 실질적인 자료가 될 수 있다. 성폭력에서 피해자의 구체적인 경험을 담은 2차 피해 상담 사례들이 축적되면 사각지대가 있는 피해자 보호를 위한 제도 개선, 관련된 사람들의 통념과 인식의 변화를 위한 교육 실시 등, 실질적인 개선 방안을 다양한 방식으로 제시할 수 있는 근거가 될 것이다.

2. 성폭력의 2차 피해

얼마 전 성폭력 피해 여성이 가해자의 형사재판에서 법정 증언을 한 후 자살한 사건이 있었다.

성폭력 사건 특성상 피해를 당한 피해자의 입장에서는 법정에서 아무리 비공개라고 해도 관련 종사자들 앞에서 때로는 가해자와의 대질 심문에서, 조사관들 앞에서 자신의 피해 사실을 입증해야 하고, 여기까지 오는 것만으로도 엄청난 용기가 필요하다. 아무리 용기 있는 여성일지라도, 대부분 이 과정에서 수치심과 모욕감으로 좌절한다. 법 이행 과정에서 성폭력 피해자에 대한 인식 부족, 인권 감수성이 부족한 조사자들이 던지는 한마디 한마디가 피해와는 무관하게 피해 여성의 도덕성, 자존감에 상처를 입힌다.

실제로 성폭력 피해자가 수사기관(공무원)에 의해 2차적인 피해를 입었음을 이유로 국가를 상대로 손해배상을 청구한 사건이 있었다. 피해자 측은 ① 경찰이 기자들에게 피해자의 피해 사실 및 인적사항을 누설한 점, ② 사적인 자리에서 제3자에게 피해자의 인적사항을 누설한 점, ③ 여성경찰에 의한 조사 요청을 묵살한 점, ④ 범인식별실 미사용의 점, ⑤ 진술녹화실 미사용의 점, ⑥ 피해자의 보호조치를 위반한 점, ⑦ 피해자에 대한 밤샘 조사, 식사와 휴식시간을 미제공한 점, ⑧ 피해자에게 비하 발언을 한 점 등의 이유로 손해배상을 청구하였는데 1심, 항소심, 대법원에서 위 사항 중 ①, ②, ⑤, ⑧ 네 가지 행위에 대해 배상책임을 인정했다. 이 판결은 성폭력 사건의 2차 가해 중 국가에 의한 가해에 대해 기준을 제시하고 배상을 명한 최초의 사건이었다.[3]

최근 피해자 자살 사건이나 위의 사건은 범죄 피해자의 보호를 위한 국가의 의무와 책임을 잘했느냐에 그 방점이 있다.

그런데 수사기관이나 법원이 피해자에 대한 배려 없이 피의자, 피고인을 중심으로 한 종래의 형사 절차의 기본적 틀을 고집한다면, 성폭력의 피해자는 형사사법 절차의 과정에서 받을 2차 피해를 두려워하여 사건을 고소하지 않게 될 뿐만 아니라 사회생활이 위축되고 또 국가나 법에 대한 불신을 갖게 된다. 결국 이로 인하여 일종의 자폐 상태에 빠져서 불안정한 생활을 하게 될 우려가 있고 이러한 자기 처벌적 생활방식에 의해 자신의 재능이나 사회인으로서의 존재를 파괴해 버리는 과정으로서 3차 피

---

3 2008년 6월 12일 선고 2007다64365 판결(2011. 7. 29. 여성신문A6 여연심)

해자화[4]가 될 가능성이 있다.

성폭력 범죄의 특수성, 즉 성폭력에 대한 잘못된 통념과 편견 때문에 사회적으로 불이익을 당하거나, 형사 절차 단계에서 피해자가 유일한 증인이 되는 경우가 많고 고소인과 피고소인 간의 진술 여부에 따른 사건판단 때문에 피해자가 범죄 피해 이외의 육체적, 정신적 고통을 겪는다는 점 때문에 2차 피해가 심각한 것이다(강소영, 2007: 2-3).

본 글에서는 진술 과정에서 조사관들의 어떠한 언어, 태도가 내담자를 어떻게 좌절시키는지를 살펴보기로 한다.

첫째, 내담자가 범죄를 유발할 만한 과실을 범했다고 생각하게 한다. '술을 마신 것'과 '왜 그 시간에 그곳에 있었는가'에 대한 자책감으로 이미 괴로운데, 조사관에게서도 그와 같은 말을 들어 피해 유발에 대한 자책감이 강화되어 피해자로서의 권리는 생각조차 못하게 된다. 그러나 실제로 피해 여성의 음주는 늦은 시간까지 일을 할 수밖에 없는 상황 속에서 벌어진 일이었다.

> 내가 그때 술 먹지 않고 바로 갔었으면 이런 일을 당하지도 않았을 테고……
>
> ……(중략)……
>
> 조사관 말마따나 그냥 가지 내가 왜 남았을까 그런 자책 많이 했고, 내가 '너 왜 술 먹었니 아, 내 잘못이구나.'

---

4 피해자화가 되면 세상에 대한 신뢰에 의문을 갖게 되고 이런 방식으로 피해자의 자기개념은 손상되기 쉽다. 피해를 당한 사람은 자신을 피해자로 정의 내리고 피해 받은 상태에서 자아형상과 자기이해를 발전시킴으로써 이후의 생활에서도 큰 영향을 받는다(최대헌, 2010: 6).

둘째, 통념을 지니고 대하는 질문과 전문적 지식이 없는 조사관들의 신문 내용은 피해자를 모욕하고 수치심을 불러일으킨다. 그 결과 고소에 대한 후회와 더불어 피해자로 하여금 조사 받고 있는 지금의 곤란하고 어려운 상황에서만 벗어나는 데 초점을 맞추게 한다.

> 내가 술 먹어서 당한 것은 당한 것이지만……. 기억에 없는 거를……. 아나 분명히 거부했다. 그리고 이 사람이 이렇게 얘기했다. 근데 얘기한 게 '언제 이 사람이 이때 했냐, 저때 했냐?' 그거 갖다 자꾸 실랑이하다 '옷을 누가 벗겼느냐?' '성기에 손을 댔냐?' 막 그런 얘기가 된 거예요.
>
> …… (중략) ……
>
> 검사실에서는 그렇게 얘기하더라고요. '당신이 원했던 건 아니냐?'고. 그리고 상식적으로 생각을 해 보래요. "여자가 흥분이 안 된 상태에서 성관계가 가능하냐?"라고. "나도 어떻게 입증을 못 해 주겠어요." 그렇게 말했어요.
>
> …… (중략) ……
>
> '생각을 해 보래요.' 나 보고 생각을 해 보라는 거야. '남녀가 흥분하지 않으면 당연히 상처가 날 거 아니냐.'고. 나도 모르겠어요. 어쨌든 나는 당했으니까. 상처도 없었어요. 아프지도 않았어요.

셋째, 가해자의 범죄행위를 입증하지 못한 결과로 피해자의 진실성이 의심받고, 다음 단계에 대한 정보권(무고죄로 기소, 고소 취하하면 어떻게 되는지에 대한 최소한의 알림)의 부재는 내담자에게 두려움을 불러일으키고 문제 해결 의지를 좌절시킨다.

'검사님이 ○○ 씨에 대해 너무 진실성이 없어서 무고죄로 집어넣으려고 마음먹고 있다.'라고······.

······ (중략) ······

그래서 무고죄로 집어넣겠다는데 덜컥 겁이 나는 거예요. 끝까지 갈 자신은 없고 주저앉고 싶고 그냥 인정하고 그러다 조사관이······. 결국에는 돌아와서 그냥 포기했어요. 근데 무고죄까지······. 다 억울하죠.

본 사례에서 내담자는 피해자로서의 권리는커녕 받아야 할 보호나 배려를 받지 못한 것으로 드러났다. 피해자를 비하하는 발언은 여러 곳에서 드러난다. 실제로 수사 경험보다는 수사관의 성별 여부가 2차 피해 유발 질문 식별력에 중요한 요인으로 작용했다는 연구 결과도 있듯이 성폭력 피해자 조사 시에는 여성이 하는 것이 더 적절할 것 같다는 생각이 든다. 또한 강간 통념이 높은 수사관일수록 성폭력 사건 구성 요건에 반드시 필요하지 않은 정보들을 더 많이 파악하려 했고, 자신의 질문이 2차 피해를 야기하는지에 대한 분별력도 낮게 나타났다고 한다(장미정, 조은경, 2004). 이것은 성폭력을 담당하는 수사관들에 대한 성 인식 교육과 의식의 변화가 절실함을 의미한다.

본 사례의 상담자가 설정한 상담 목표 '명백한 2차 피해임을 정확히 인식 한다.' '내담자가 느끼고 있는 성폭력 통념이 정당하지 않으며 그것은 내담자의 잘못이 아니라 사회적 통념임을 상호 확인한다.' '무고죄로 실형을 받을 것에 대한 내담자의 불안과 두려움을 이겨내도록 역량강화한다.'의 세 항목은 목표로서 적절하다. 자기검열, 자책 등으로 괴로워하는 피해자는 의식향상이 될 때 자기를 극복하고 피해자로서의 자신의 권리를 당당히 주장할 수 있는 것이다. 또한 여성주의상담자는 형사사법 절차

관련자들의 심리 시 과학적 검증도 안 된 통념에 젖은 직설적인 표현—
'흥분이 안 된 상태에서 성관계가 가능하냐?'—과 '당신이 원한 것이 아
니냐?'와 같은 모욕적이고 인권침해적인 발언들이 피해자를 어떻게 좌절
시키는지를 피해자의 언어로 드러낼 수 있도록 도와주어야 한다.

이렇게 여성주의상담자는 상담 과정에서 드러난 피해자의 생생한 성폭
력 피해 경험의 진술들을 모아 성폭력 범죄행위에 대한 가해의 책임을 분
명히 밝힐 수 있게 하고, 또한 피해자 진술 과정에서 피해자가 자신의 권
리를 정확히 인식하고 통념에 맞서 포기하지 않도록 내담자를 역량강화
하는 일련의 과정에 참여하게 되는 것이다.

상담 사례 슈퍼비전

1) 내담자 인적사항, 가족관계

40대 여성, 고교 중퇴. 남편의 외도로 10여 년 전 이혼 후 두 딸과 함께 살고 있다. 큰 딸이 어렸을 때 성폭력 피해로 당시 여성의전화의 지원을 받은 경험이 있다. 현재 서로 의지하며 만나는 사람 있다. 힘들 때 의견도 주고 실제 도움을 주는 친언니가 있다.

2) 상담 과정

성폭력 사건으로 인해 직장을 그만두게 되자 노동문제라고만 생각하여 노동상담소(정확한 명칭 기억하지 못함)로 갔고, 검찰에 아는 사람이 있어 검찰에 바로 고소하였으나 수사 과정에서 수치심과 모욕감으로 그만 끝내고 싶다는 생각에 "성폭력이 아니며 잘못했다 죄송하다."라는 내용의 진술을 하고 (상담 이후 검찰 수사기록 열람 확인) 고소를 취하했다. 그리고 다 끝났다고 생각했는데 ○월 ○일경 법원에 출두하라는 공지서를 받는 등 무고죄로 기소당하자 여성의전화라면 힘이 될 것 같아서 상담 요청을 하였다.

3) 호소 내용 요약

• 직장에서 같이 근무하는 사람에게 성폭행을 당했다.
• 수사 과정에서 수치심과 모욕감을 많이 느꼈다.
• 친하게 지내는 언니 등 주변 사람들이 내가 잘못했다고 한다.
• 내가 술을 마시지 않았다면, 그냥 집으로 왔다면 하고 후회된다.

- 형을 살게 될까 봐 불안하고 무섭다.
- 사귀는 남자가 이 사실을 알게 될까 봐 불안하다.
- 성폭력을 당하고도 무고죄로 고소당했다는 것이 억울하다.
- 내 몸이 더럽게 느껴지고, 미친년이라고 생각했다.
- 날 성폭행한 사람과 함께 일해 보자고 한 사장이 미웠다.
- 조사 받을 때 무고죄 어쩌고 하니까 잘못했다고 하고 고소를 취하해 버렸다.
- 무고죄만 무마될 수 있다면 조용히 덮고 날 믿어 주는 여기서 상담만 이라도 받고 싶다.
- 변호사를 선임하는 등 여성의전화의 도움을 받고 싶다.
- 너무 힘들고 외롭게 살아왔다.

4) 내담자가 본 자신의 문제

- 술을 마셨다.
- 수사를 받을 당시에 너무 수치스러워서 성폭력이 아니라고 인정해 버렸다.
- 조사 받을 때 진술을 번복하고 빨리 끝내고 잊고 싶어서 성폭력이 아 니라고 말해 버린 것이 잘못이다.
- 변호사를 선임하고 싶어도 돈이 없다.
- 너무 늦게 여성의전화를 찾아왔다.

5) 상담자가 본 내담자의 강점 및 문제

강점

자신의 경험이 분명 성폭력이라는 명확한 인식을 하고 있다. 많은 경우 내담자들이 자신의 문제를 드러내기를 원하지 않는데 이 내담자는 딸의 성폭력 생존 경험 속에서 지원과 연대의 힘을 경험해서인지 2차 피해에 대한 슈퍼비전 사례 제출을 제안했을 때 기꺼이 동의해 줄 만큼 문제 제기를 통해서 변화를 맞을 수 있다는 가치를 가지고 있다. 생활력이 강하고 생계에 허덕이면서도 딸들과의 소통 속에서 힘을 얻는다. 자신의 권리를 찾고 문제를 해결하고자 하는 의지가 있다.

문제

현재 사귀는 사람이 성폭력 사건을 알게 되었을 경우 관계가 악화되어 외로워질 것에 대한 두려움이 크다. 생활력도 강하고 씩씩한 여성임에도 불구하고 사귀는 남자에게 의존적이다. 내적 불안이 크다(이것은 삶의 조건 속에서 어쩔 수 없었을 것이다.). 성폭력 고소 취하 과정에서 내담자의 심리 상황 등 분명 맥락이 있지만 자신의 성폭력 피해 사실을 부정하는 진술을 했다.

6) 상담 목표 및 전략

상담목표

- 명백한 2차 피해임을 정확히 인식한다.
- 내담자가 느끼고 있는 성폭력 통념이 정당하지 않으며 그것은 내담자의 잘못이 아니라 사회적 통념임을 상호 확인한다.
- 무고죄로 실형을 받을 것에 대한 내담자의 불안과 두려움을 이겨 내도록 역량강화한다.

전략

내담자가 진술 과정에서 경험한 모욕감, 수치심, 분노를 잘 드러낼 수 있도록 경청, 공감, 질문하여 그 당시의 감정과 느낌을 되살린다.

7) 여성주의상담 원리 적용

원리I 개인적인 것은 정치적인 것이다

상담자2　내가 잘못한 것도 아니고 내가 왜 벌금을 물고 내가 왜 처벌을 받아야 하는 거냐고요.

상담자101　○○ 씨 탓 아니에요. 그것은······.

상담자122　원하지 않았던 것이 중요한 거죠.

상담자126　그것을 자기가 입증해야지 왜 ○○ 씨한테 입증을 해 달라고 해요.

상담자136　자기가 진짜 그런 가해자가 아니라는 것을 증명해야 되는데 성폭력은 내가 당했다는 것을 증명해야 하는 과정이잖아요······. 사건도 사건이지만······. 과정도 힘들어서 주저앉아 버렸다고······. 우리가 그걸 대개 2차 피해라고 말을 해요.

원리II 상담자와 내담자는 평등하다

상담자143　실제로 저희가 이제 같이 함께하는 게 좋을 것 같아요.

상담자151　사실 저희가 지기도 하는데 저희도 대개 그럴 때 무력감을 많이 느끼거든요······. "결과는 반드시 그렇게 될 것입니다."라고 장담할 수가 없어요. (자기개방일 수도 있겠으나 상담자로서의 고민을 솔직하게 나누는 측면에서 이 원리에 보다 부합하다고 판단됨.)

상담자154　제 생각에 저는 일단 ○○ 씨 결정에 ○○ 씨가 선택하고 결정해야죠.

원리III 역량강화

상담자121 분명한 것은 ○○ 씨가 피해를 당한 거예요. (피해자화하는 것이 아니라 수사관의 의심에 대해 자신의 문제를 명확히 볼 수 있도록)

상담자139 그런데 경찰에서는 오히려 상식적이지 않은 거죠⋯⋯. 이미 가해자의 편에 섰구만⋯⋯.

상담자143 성폭력특별법에 있어요. 신뢰관계가 있는 사람이 동석할 수 있거든요.

상담자144 아닌 건 아니라고 우리가 분명히 얘기하고 싸워야 되는 거잖아요⋯⋯.

상담자151 우리가 끝까지 할 수 있는 것까지는 최대한 이것이 분명히 성폭력이고 ○○ 씨가 정말 밝혀내고 싶은 것 수사관에게 정말 그래 내가 취하하겠다, 인정하겠다, 그것이 사실은 인정해서 인정한 것이 아니었다. 내가 그럴 수밖에 없는 상황으로 몰고 가는 그 상황에 대해서 다시 한 번 짚어 보고 얘기할 때만이 ○○ 씨가 좀 힘을 얻을 수 있을 것 같아요. ○○ 씨 안에는 그런 것에 대한 명확한 인식도 있고 그리고 지금까지 쭉 힘들고 어렵지만 잘 살아오셨잖아요. 아이문제도 그랬고 남편과의 이혼 과정도 그랬고 좀 더 얘기해야 되겠지만 풀어야 되겠지만 그래도 지금까지 아이하고 잘 살아오셨잖아요. 근데 그렇게 살아왔던 과정을 송두리째 부정하고, 저는 그건 아니라고 생각해요.

원리IV 여성의 시각으로 재조명하기

상담자38 그래서 그 사람이 그렇게 좋은 조건을 줄 것이라는 암시를 줬기 때문에 그 사람이 그런 술자리를 만들어도 거절할 수가 없었군요.

상담자42 같은 직장에서 일하면서 다음에도 봐야 되니까.

상담자89　그렇게 말을 많이 하거든요. 왜 네가 술을 마셨냐? 그렇게 말을 많이 하는데 근데 내가 술을 먹은 거하고 성폭력하고 무슨 상관? 내가 그럴려고 술을 먹은 게 아니잖아요. (상담자82 동일)

상담자83　원했어요 ○○ 씨가? 그 상황은 아니잖아요. 근데 뭘 잘못했어요?

상담자108　그 장소만 가도 떨리는데 사람을 어떻게 보라고.

상담자118　그게 무슨 성관계예요?!

상담자125　그냥 그 상황 그 자체로 너무 버티기 힘들어 그렇게 말해 버린 거죠.

상담자135　사실이어서 인정을 했던 건 아니잖아요. 그냥 너무 힘들고 고통스러워서…….

상담자136　나는 여기가 살고 있는 동네인데 사람들이 알게 될 것이라는 두려움 그것만으로도 충분히 위축되죠.

상담자147　그때는 ○○ 씨가 그것을 그렇게 선택할 수밖에 없어요. 주변에 아무도 나를 믿어 주는 사람도 없고, 다 나를 의심하고, 이거 아니야 너 왜 그랬어 니가 그렇게 마음먹었던 거 아니야 그런 상황에서 어떻게 뭘 선택할 수 있겠어요?

8) 상담축어록(2010년 12월 ○일, 상담시간: 80분)[5]

내담자1　지금 이거 내가 시인을 했던 거라서 그냥 거기서 힘들다고 하고 내 심적으로 부담이 되고 시인했다고 해서 곧이곧대로 내가 뒤집어쓸 순 없잖아요. 억울하니까. 다시 진행하게, 시작하게 되면 같은 취조실에 가서 조

5　본 상담은 1회 전화 상담 후 첫 면접 상담임. 내담자 보호를 위하여 성폭력의 상세한 언급이나, 개인의 신상이 드러날 수 있는 문구들은 생략하였다.

사관들에게 또 그런 수모를 당해야 되는 거지. 내가 그럴 것 같으면 앗사리 그냥 내가 그냥 그분한테 인정하고 거기까지 좋다고 그냥 너무 힘들어서……

상담자1 힘들죠.[6]

내담자2 그러니까 내가 더 미치겠는 거예요. 아무한테 얘기도 못하고…….

상담자2 내가 잘못한 것도 아니고 내가 왜 벌금을 물고 내가 왜 처벌을 받아야 하는 거냐고요.[7]

내담자3 어차피 시작한 거니까 억울하니까 다 할래요.

…… (중략) ……

(성폭력 상황에 대한 설명)

상담자76 그 상황에서 종료가 됐던 기억이 다시 나고 내가.[8]

내담자77 예, 예. 근데 내가 이제 내가 잘못을 인정하는 것은 뭐냐면.

상담자77 뭘 잘못했는데요?

---

6 상담자1: "조사관들에게 어떤 수모를 당했는데요?"라는 질문으로 내담자1에서 언급한 수모를 내담자의 언어로 말하도록 한다.

7 상담자2: "왜 아무한테도 이야기를 못 하나요?"라는 반문으로 내담자가 인지하고 있는 통념을 점검해 볼 수 있다. 성폭력 피해자가 자신의 폭력 경험을 이야기하면 대부분의 경우 또 피해를 경험하게 되는 사회적 맥락을 내담자가 어느 정도로 알고 있는지를 탐색해 볼 수 있다. 이 반문의 목적은 내담자로 하여금 자신의 억울함과 그에 따른 분노를 일으키고 '당신의 생각이 옳다.'라는 상담자의 확인을 통해 역량강화시키기 위함이다(원리Ⅲ). 상담자의 앞선 감정 노출은 내담자를 자신의 감정에서 분리시킬 위험이 있다.

8 상담자76: "조사 받으면서 겪었던 수모를 다시 이야기해 보죠." 상담의 과정 중 풀기 과정의 시작으로 볼 수 있다. 따라서 구조화의 맥락에서 상담 목표를 합의했다면 그 목표를 환기시키면서 집중한다.

내담자78   내가 술 먹어서 당한 것은 당한 것이지만 중간에 내가 거기다 덧붙였어요. □□ 씨가 기억에 없는 거를, 나는 분명히 거부했다. 그리고 이 사람이 이렇게 얘기를 했다, 근데 조사 과정에서 나온 이야기는 언제 이 사람이 이때 했냐? 저때 했냐? 그거 갖다 자꾸 실랑이 했고, 옷을 누가 옷을 벗겼느냐? 성기에 손을 댔냐, 막 그런 얘기가 된 거예요. 근데 □□ 씨 말로는 자기는…….

상담자78   아, 그러니까 ○○ 씨 얘기만 하세요. ○○ 씨 얘기만.[9]

내담자79   예, 그래서 그때 얘기한 게 제 기억으로는 분명히 택시탄 거 이모 조심히 잘가 어떻게 나왔는지 기억이 없어요. 이모 잘가 그러고선 어떻게 집에 들어왔는지 모르는데 그 다음날 새벽에 3~4시쯤 된 거 같아요. 당한 시간도 모르겠는데 한 3~4시쯤 된 거 같아요. 얼핏 봤는데 그때도 술이 안 깨고 그 생각이 나니까 이제 막 미치겠는거야 얼굴은 막 부어 있고 그다음 날 야 나 어저께 술 먹었냐 또 뭐했냐 그랬더니 엄마 왜 이렇게 울었어 어제 와서…….

상담자79   딸이 그렇게 말했다는 거죠?

내담자80   작은 딸이요. 엄마 한 시간을 울더라 한 시간을. 눈 뜨고서 너무 더러운 거야 몸이.

상담자80   왜 더럽다고 생각했어요?[10]

내담자81   일이 말려서 그냥 조사관 말마따나 그냥 가지 내가 왜 남았을까 그런 자책 많이 했고 내가 너 왜 술먹었니, 아, 내 잘못이구나.

상담자81   근데 뭘 잘못했어요? 아까 분명히 그랬잖아요. 술을, 손님하고 갈

---

9 상담자78: "조사 당시 당신이 거부했다는 말에 대한 반응은 어땠나요?" 혹은 "그런 얘기를 듣고 당신의 느낌은 어땠는지요?" 불필요한 상세 질문은 내담자를 수치스럽게 하는 2차 피해라는 점을 피드백해 주자(원리Ⅳ).

10 상담자80: 좋은 질문이었지만 내담자의 답이 없다. 이럴 경우 답을 하도록 다시 질문한다.

등이 있었고 그 갈등을 (근데 나는 다 내 책임이다 억울해도 그렇게 갈라고 했고.) 그게 뭐가 잘못이에요?

내담자82　나는 내가 그렇게 느꼈어요. 내가 그때 술 먹지 않고 바로 갔었으면, 이런 일을 당하지도 않았을 테고.

상담자82　내가 술 먹는 거하고 성폭력하고 무슨 상관이에요?**11**

내담자83　검사실에서는 그렇게 얘기하더라고요. "당신이 원했던 건 아니냐?"라고.

상담자83　원했어요? ○○ 씨가 그 상황을 원했나요? 아니잖아요. 근데 뭘 잘못했어요. 아니에요.**12**

내담자84　그렇게 느끼게 해요 그 사람들은. 그날 갔다 와서 찌꺼분한 게…….

상담자84　아 그러니까 딸아이가 그렇게 얘기할 때?**13**

내담자85　예. 얘기할 때 아유 가야 되나 말아야 되나 일하러 가야 되나 말아야 되나 (아 그다음 날?) 근데 이제 아무도 모르는 일이니까.

상담자85　그때 얼마나 힘들었겠어요?

내담자86　그다음 날 그 새끼하고 마주칠까 봐 좀 늦게 나갔어요. 근데 딱 와서 보니까,

11　상담자82: 술과 성폭행의 무관함을 드러내 주는 좋은 질문이다. 내담자와 강한 공감대를 형성하여 술과 성폭력에 대해서 자신 있게 구분할 수 있도록 해 주는 것이 필요하다(이것이 피해의 정당성이다.).

12　상담자83: "검사실에서 당신이 원했던 건 아니냐고 했다고요?!" 그런 말을 들으니 내가 더 화가 난다. "당신은 그 말을 들었을 때 어떤 느낌이었나요?" 상담자의 자기노출(원리Ⅱ)로 내담자의 분노를 일깨운다.

13　상담자84: "정말 그러셨겠어요." 혹은 "조사관들이 그런 느낌이 들게 말을 했군요. 그 찌꺼분한 기분에 대해서 좀 더 설명을 해 줄 수 있는지요?" 찌꺼분하다는 말은 내담자만의 색깔이 있는 표현이다.

상담자86   출근하고 보니까?

내담자87   네. 출근하고 보니까 안주한 흔적이 있는 거예요. 난 기억도 없는데.

상담자87   무슨 흔적이요?

내담자88   안주 (아! 안주.) 내온 흔적이 있는 거예요.…… 그릇이 담겨 있고 그리고 재료 놓는데 보니까 막 뭐가 떨어져 있고. 내가 뭘 했나? 아 기억이 안 나는데 어떻게 하지? 그러고 나서 나중에 그거를 얘기를 할 수 있을까? 아 내가 기억이 안 나는데 성립이 될까? 나도 모르게…… 근데 아무 일도 없었다는 듯이 그러니까 부글부글 끓어오르고 덜덜덜 떨리는 거예요.

상담자88   □□ 씨가 아무일 없었다는 듯이 하는 게 ○○ 씨를 끓게 했다는 거죠?

내담자89   죽이고 싶더라고 나쁜 놈! 왜 저래 어떻게 술 취하길 기다렸나? 왜 저래 미친년 괜히 술 먹었어. 힘들다는 건 핑계야, 뻔히 그렇게 경고가 돼 있었는데……. 뭐 술을 한잔? 손님이 계시니까 (그래서 먹었잖아요.) 필름이 끊길 줄 몰랐어요.

상담자89   그렇게 말을 많이 하거든요. 왜 네가 술을 마셨냐? 그렇게 말을 하는데 근데 내가 술을 먹은 거 하고 성폭력하고 무슨 상관?! 내가 그럴려고 술을 먹은 게 아니잖아요. 분명한 것은 손님하고 갈등이 있었고 그 갈등을 조정하려고 술을 마시게 된 거고 술하고 성폭력하고 무슨 상관이냐고요?![14]

내담자90   그리고 기억나는 것은 짧은 시간이었어요. 그 관계가. (너무 흐느껴서 잘 안 들림.) 기억에 없는데 뭔 일 있었나? 너무 싫은 게, 내가 원한 게

---

14 상담자89: 술과 성폭력에 대한 아주 중요한 멘트다. 오히려 술로 인해 취약한 상태의 사람한테 성폭력을 행한 사람이 범죄행위를 한 것이라는 확실한 인식을 갖도록 한다(원리I, 원리III).

아닌데 어떻게 관계가 될 수 있지? 산부인과를 갈까? 나 혼자 너무 힘드니까. 애들한테도 말 못해. 그 언니한테 얘기하니까 내 잘못이라고 치부해 버려. 신랑한테도 얘길 못해, 이 사람하고는 이 사람하고는⋯⋯.

상담자90　얼마나 외로웠을까⋯⋯.[15]

⋯⋯ (중략) ⋯⋯

내담자110　검찰민원실에 가서 그게 다시 경찰서로 넘어갔어요. 아는 지인을 통해서 빨리 진행을 하려면 검찰에 가서 검찰민원실로 가는 게 더 빠르다고 그래서 경찰서로 넘어와서 그렇게 된 거예요. 그래서 주인 언니가 말한 게 있으니까 괘씸하잖아요. 용서를 못하겠어요. 지는 교묘하게 빠져나가려고 하고 그래서 자꾸 합의를 보잔 식으로 불러내요.

상담자110　합의를 보자고 수사 과정에서?

내담자111　예, 형사한테 오라고 그래서 갔더니 "이모가 살면서 나한테 당했다면 당한 거고 진짜 그거는 아니다." 그런 식으로 계속 말을 하는 거예요.

상담자111　성폭력이 아니면 그게 뭐예요?.

내담자112　내가 응했대요, 내가 응해서 벌어진 일이래요. 그래서 내가 "지금 장난하냐?!"고.

상담자112　성폭력이 있을 때 남성들이 다 그렇게 말해요. 근데 아까 ○○ 씨 그랬잖아요('싫다'고 '하지 말라'고 한 기억). 그건 응한 게 아니죠. 성폭력이죠.

---

[15] 상담자90: "다른 여성이 당신과 같은 경우라면 당신은 어떻게 말해 주겠어요?"로 자신의 문제를 객관화시켜 출구를 같이 모색해 보는 기회를 갖는다(원리I). 어렵고 힘들고 혼란스러웠던 상황을 잘 공감했다.

내담자113 이러지마, "나 한 번만 봐주면 안 되겠니? 나 외로워."라고 말하면서…….

상담자113 뭘 봐줘요?

내담자114 그 말이,

상담자114 왜 자기가 외로운데, 외로우면 다른 사람을 성폭력해도 되는 거예요?[16]

내담자115 거기에 대해 말이 막혀요. 기가 막히니까 말을 못하니까, 더 이상 변론을 못 하겠는 거야. (힘들죠. 왜냐면,) 검찰에 갔다 오면 하늘이 노랗고.

상담자115 수사관하고 단 둘이 이야기한 건가요? 아니면 사무실에 다른 수사관도 있었어요? (수사관 사무실에 다른 사람도 있었어요?)[17]

상담자116 □□ 하고 ○○ 씨하고.

내담자117 네, '똑같은 사람들'이라고 얘길하니까.

상담자117 그러니까 담당 수사관도 아니고 수사관 옆에 있는 사람이? 여성들이 그렇게, ○○ 씨도 알겠지만 그 이야기를 하는 것도 힘든데 수사관이 그렇게 말하면 더 위축이 될 수밖에 없지요.[18]

내담자118 그리고 "상식적으로 생각을 해 보래요. 여자가 흥분이 안 된 상태에서 성관계가 가능하냐"고. "나도 어떻게 입증을 못해 주겠어요." 그렇게 말했어요.

16 상담자114: 좋은 질문이다.

17 상담자115: "하늘이 노랄 정도로 힘들다니, 구체적으로 표현해 볼 수 있나요?" 상담자의 질문도 좋다. 다른 수사관도 있는 자리에서 성폭력 피해 조사를 하는 것은 성폭력 피해자를 제대로 보호하지 못한 것이다.

18 상담자117: "옆에 있는 수사관에게 그런 말을 들었을 때 당신의 느낌은 어땠나요?" 성폭력 피해자에 대한 비하발언에 내담자의 느낌을 표현할 수 있게 해 주자.

상담자118 그게 무슨 성관계예요?[19]

내담자119 생각을 해 보래요. 나보고 생각을 해 보라는 거야. "남녀가 흥분하지 않으면 당연히 상처가 날 거 아니냐?" 나도 모르겠어요. 나는 대답을 못해 드리겠어요. 어쨌든 나는 당했으니까 상처도 없었어요. 아프지도 않았어요.

상담자119 그럼 여성들이 모든 여성들이 다 상처가 나요? 그거랑 무슨 상관이에요. 내가 원하지 않았던 건데.[20]

내담자120 그걸 내가 할 말이 없는 거예요. 내가.

상담자120 누가 그렇게 물었어요?[21]

내담자121 조사관이요. 내가 당한 거고 그리고 내가 저 사람하고 사랑을 하고 애무를 하고 내가 터치를 하고 스킨십을 하고 서로 어루만졌다고 했대요. 그 정도로 갔으면 옷이 다 벗겨져 있어야지 왜 바지만, 왜 내가 새벽에 일어나서 더럽다고 샤워하고 울었을까? 왜 그랬지? 왜 술 먹었을까?! 나도 거기서 인정할 수밖에 없었던 게 '기억이 없는 거를… (뭐를 인정해요) 기억에 없어요. 기억이 없는 거를' 거기서 그랬어요. 난 분명히 이렇게 '싫다'고 했어요. 싫다고는 했는데 그 중간에 기억이 없는 거는 제가 꿰맞춘 거예요. 근데 없었던 아예 없었던 일이고 '난 분명히 당한 사실'인데 그게 뭐가 중요…….

상담자121 분명한 것은 ○○ 씨가 피해를 당한 거예요.[22]

---

19 상담자118: "어떻게 그런 말! 그 말을 들었을 때 어떤 느낌이었나요?" 상담자의 분노를 드러내도 좋다(원리Ⅱ).

20 상담자119: "흥분이 안 되면 성관계가 불가능하다? 흥분이 안 되었으면 상처라도 있어야 한다? 아 정말 답변할 수 없는 기가 막힌 상황이었겠네요. 성폭력을 아주 성관계로 인정하고 사건을 조사하고 있네요." 상담자의 분노감정을 표현한다(원리Ⅱ). 개인적으로 해결하기가 어렵다 (원리Ⅰ).

21 상담자120: 2차 피해를 유발하는 조사관의 언어표현에 대해 짚고 넘어갈 수 있는 좋은 질문이다.

내담자122 난 분명히 당했잖아. 죽을 때까지 내 기억 속에 남아 있고 머릿속에 박혀 있을 텐데……

상담자122 원하지 않았던 것이 중요한 거죠. 원했던 일이 아닌 거잖아요.

내담자123 그런데 이런 식으로 날아 오니까 더 열 받는 거예요. 그런 식으로 해서 내가 그냥 딱…….

상담자123 그럼 수사 과정에서 고소 취하를 한 거예요? 너무 힘들어서?[23]

내담자124 너무 힘들어서. 그러고는 수사관이 저한테 그러더라고요. "부른 이유를 모르겠냐?"고 그러더라고요. "난 모른다, 난 과정인 줄 알았다." 그랬더니 그게 아니라 "검사님이 ○○ 씨에 대해, 너무 진실성이 없어서 무고죄로 집어넣으려고 마음먹고 있다."

상담자124 두 번째 진술할 때요?[24]

내담자125 첫 번째는 □□ 씨랑 대질심문할 때 그때 정말 기가 막히더라고요. 오죽하면 내가 두 번째 가서 (울먹거려 못 알아들음.) 괜히 시작했나 봐, 나 미친년인가 봐, 그러고선 그냥 인정해 버렸어요. 네 죄송합니다. 내가 기억에 없는데 그랬나 봐요.

상담자125 정말 기억에 없어서…, 내가 관계로 생각한 건 아니죠? 그냥 그 상황 그 자체로 너무 버티기 힘들어서 그렇게 말해 버린 거죠?[25]

---

22 상담자121: "기억이 잘 나진 않지만 분명히 싫다는 표현은 했단 말씀이지요?" "기억이 없는데 뭐를 인정했단 말인지요?" 두서 없는 내담자의 말을 재질문하고 요약 정리하여 명료화한다.

23 상담자123: "그럼 어떤 상황에서 고소 취하를 하게 되었나요?" 고소 취하하게 된 앞뒤의 사정을 내담자의 언어로 듣기 위해서 개방형 질문을 한다.

24 상담자124: "진실성이 없어서 그래서 무고죄로 집어넣으려고 한다는 그 말을 들었을 때 어땠어요?"

25 상담자125: "대질심문할 때의 상황을 말씀해 보세요. 어떻게 했길래 그렇게 기가 막혔는지." "억울하지만 내가 잘못했다고 인정하게 된 이유가 무엇이라고 생각되세요?" 내담자가 말하는 이유를 듣자.

내담자126 너무 적나라하게 소주 한 병이 주량인 사람이 그거 먹고 술 취할 일이 없다. 성관계는 여자 남자 다 합의를 하더라도 입증하지 못하면 안 된다, 거길 왜 입증을 못하냐? 하고……

상담자126 그것을 자기가 입증해야지 왜 ○○ 씨한테 입증을 해 달라고 해요?[26]

내담자127 거기에 대해 답변을 못 하겠더라고요. 거기 앉아 있는 것 자체도 너무 힘든데 가면 보통 6시간이에요. 그러면 미치겠는 거예요. 그 사람은 호통치는 거예요. 머리가 멍해서 다른 얘기하고 있으면 왜 앞 하고 진술이 다르냐고. 난 겁먹고 있는데 내가 몰리고 있는데 정작 저 나쁜 놈은 가만 놔두고 날 괴롭히는 거냐고 했어요. 그때 고소 취하하면서 날 무고죄로 확 집어넣으려다 말았다고. 근데 결국 검사가 이런 거잖아요.

상담자127 누가 그렇게 얘길 했어요?[27]

내담자128 처음에 조사실에 조사관이 그렇게 얘길했어요. 이게 만약에 아줌마 진실성이 없어 자꾸 말이 아구가 안 맞아 틀려 그러는데 미치겠는 거야. 어떻게 이야기를 해야지, 그때 그렇게 말을 했다했지만 가물거리는 거예요. 단지 수사관은 꿰맞춰야 하고 나는 조각난 기억들이니까.

상담자128 기억들은 조각날 수 있죠. 사람이 어떤 상처나 그런 것들에 닥치면 기억들이 조각날 수 있죠.[28]

---

26 상담자126: "피해를 당해서 고소를 했으면 검찰이 상황을 파악해서 가해, 피해를 조사해야지 피해자의 진술이 연결되지 않는다고 피해자에게 그렇게 들이대는 것은 옳지 않다고 생각해요." 성폭력 사건은 피해자가 자신의 피해를 입증해야 하는 진술 과정으로 진행되고 그 과정에서 2차 피해가 발생한다. 다른 범죄의 경우 대부분 가해자를 조사하여 사건을 수사한다. 이것은 성폭 사건 처리의 개선되어야 할 사항이다(원리I, 원리IV).

27 상담자127: "누가 누구한테 호통을 치던가요?" "당신을 겁먹게 하는 상황이 뭐였나요?" 원고이지만 피해자에게 호통을 치고 겁먹게 만드는 것은 피해자의 인권침해다.

28 상담자128: "그랬겠네요. 정말 혼란스럽고 당황하고 무서웠겠어요." 공감한다.

내담자129 왜 틀리네요. 나보고 왜 자꾸 거짓말을 하냐고?

상담자129 ○○ 씨가 거짓말을 해서 얻을 게 뭔데요?[29]

내담자130 아, 합의 봐 달라고 왔을 때, 내가 돈 천만 원 왜 너 단돈 백만 원, 십만 원도 없으니까 나는 너 용서 못해 그런 의도로 말한 건데, 그쪽에서는 하도 판례가 많다고…….

상담자130 무슨 판례요?

내담자131 성관계를 해 놓고 돈을 요구하는 그런 판례가 많다고 나를 그렇게 봤나 봐요.

상담자131 그거하고 이 사건하고 무슨 상관이에요?[30]

내담자132 그러다 조사관이 무고죄로 집어넣겠다는데 덜컥 겁이 나는 거예요. 끝까지 갈 자신은 없고 주저앉고 싶고 그냥 인정하고…….

상담자132 겁이 나고 힘은 빠지고…….

내담자133 결국에는 돌아와서 그냥 포기했어요. 근데 무고죄까지 다 억울하죠.

상담자133 포기하고 나니까 어떠세요?[31]

내담자134 다 끝났다, 다 끝나…….

상담자134 잊혀지던가요?

내담자135 막 지울려구요. 그냥 맨날 집에 앉아서, 맨날 술 먹을……. 잠을

---

29 상담자129: "그래서 뭐라고 답변했나요?"

30 상담자131: "아니, 돈을 요구하는 것으로 보았다고요?" "당신이 그렇게 취급되어진다는 것에 어떤 생각이 들던가요?"

31 상담자133, 상담자134: "얼마나 분할까, 기가 막히고……." 공감을 한다. 포기하고 난 후의 감정과 생각을 묻는 좋은 질문이기는 하나 아직 이르다. 혹은 "무고죄가 어떤 것이라는 설명이 있었나요?" 질문으로 피해자의 알 권리가 존중되었는지 여부와 실제 내담자가 무고죄에 대해 어느 정도 알고 있는지를 탐색해 본다.

못 자겠고. 그냥 병원에 가서 치료를 받을까, 그러다가 또 죽고 싶은 생각만 들고. 나 죽으면 어떡해 우리 애들. 그런데, 무고죄라니! 그러면 또 검찰에 가서 얘기 또 해야 되나? 힘들어서 취하를 했는데 얘기 또 하고 나 어떻게 살라고, 말 나오니까 또 가서 또 싸워야 되는 건가?! 근데 저거 서류 읽어 보니까 내가 인정을 했다고 해도 사실이 아니니까 더 미치는 거야.

상담자135 사실이어서 인정을 했던 건 아니잖아요? 그냥 너무 힘들고 고통스러워서…….

내담자136 그러니까 더 미치는 거야.

상담자136 실제로 저희도 참 많아요. 굉장히 힘들지요. 그러니까 도둑질이나 강도질한 사람들 자기가 안 했다는 것을, 자기가 진짜 그런 가해자가 아니라는 것을 증명해야 되는데 성폭력은 내가 당했다는 것을 증명해야 되는 과정이잖아요? 그래서 저는 ○○ 씨가 그랬잖아요? 사건도 사건이지만 경찰… 검찰에서도 이야기하고 이 과정도 되게 힘들어서 그냥 주저앉아 버렸다고 말씀하셨잖아요? 우리가 그걸 대개 2차 피해라고 말을 해요. 성폭력 애초의 경험하고 이후의 사람들의 인식, 아까 그런 말씀하셨잖아요, 동네에서. 나는 여기서 살고 있는데 사람들이 알게 될 것이라는 두려움, 그것만으로도 충분히 위축되어 있지요.[32]

내담자137 애들이 알면 어떡하나…….

상담자137 음…….

내담자138 이 사람이 알면… 또 이 사람이…….

상담자138 관계도 걱정이 되고…….

내담자139 한 짐이 될 건데.

---

32 상담자136: 요약, 정리를 잘하였다.

상담자139 ○○ 씨로는 그럴 수밖에 없는데 그래서 위축이 될 수밖에 없죠. 그런데 경찰에서는 오히려 그것을 더 빌미로 삼아서 네가 뭐 떳떳하지 않지 않냐 이렇게 얘기하거나, 그거는 정말 경찰이 오히려 상식적이지 않는 거죠. 어디 뭐… 상처가 있거나 그걸로 지금 얘기하는 거예요. 근데 저희도 일단 이래야 할 것 같아요. 이게 지금 검사가 무고죄로 기소를 했다고 하는데 저희 사실은 이런 케이스는 처음이거든요.

내담자140 네.

상담자140 지원하면서……. ○○ 씨.

내담자141 네.

상담자141 일단은 요거는 확인을 해 봐야 할 것 같아요 어떻게 된 사건인지… 그러니까 어떤 경위로 해서 이걸 하게 됐는지 이거는 뭐… ○○ 씨의 말을 맞춰 보려고 그런 것이 아니고 저희는 전적으로 ○○ 씨의 말을 믿고요 막, 화도 나고, 답답하기도 하고요.[33]

내담자142 지금 이것 알아봐 준다는 지인이 저한테 어저께 화를 내시더라고요. 왜 인정을 했냐?! 아 너무 힘들어서, 그러니까 화를 내시죠, 당연히. 네가 인정을 했으니까 일이 복잡해진 것이 아니냐고.

상담자142 인정하고 싶어서 인정한 것 아니잖아요. 인정이 아니지 그것은…….

내담자143 혼자 가기가 너무 힘드니까, 아무도 없잖아요. 내가 돈 있어 변호사를 살 수 있는 것도 아니고, 당장 하루 벌어 하루 먹고 사는 사람인데. 이거 녹취하는 것도 돈 10만 원, 있는 돈 탈탈 털어서…….

상담자143 이렇게 하는 것이 어떨까요? 일단 저희가 검사하고 통화해서 상

---

33 상담자141: 상담자의 감정노출 좋다(원리Ⅱ).

황에 대해서 좀 더 알아보고 실제로 저희가 이제 함께 하는 게 좋을 것 같아요. 지금 이 상황에서 ○○ 씨가 혼자 법원에 출두하라고 하는 것도 얼마나 힘들겠어요? 저희가 그거는 같이, 성폭력특별법에 있어요. 신뢰관계가 있는 사람이 동석할 수 있거든요. 그래서 같이 가서 우리가 같이 누군가가 같이 있다는 것만으로도 힘이 되고······.[34]

내담자144 저희 딸도 그러더라. "엄마가 혼자 그러지 말구 전문가들 조언을 얻어, 혼자 그러지 말고. 내가 어~ 후 어제께 막 전화가 오니까, 언니한테 공문이 가서요. 잠두 못 자겠고 먹지도 못하겠고 막 물만 간신히 넘기고 있으니까. 신랑한테도 그렇게 얘기를 하고 딸한테도 계속 임금 때문에 그런다 얘기를 하다가 도저히 안 되겠어서 사실대로 털어놓으니까, "엄마 답답하게 왜 그랬느냐고 찾아가지, 왜 나 당했을 때 잘해 놓고······." 그땐 그나마 형사도 있었고 변호사가 나를 도와줬어요. 어차피 단체에서도 나를 도와준다고 해서 믿고 끝까지 갔는데··· 흑흑 나는 이분 만났을 때는 쉽게 본 거예요. 해결될 줄 알았어요, 금방. 내가 피해자니까. 이렇게까지 괴롭힐 줄은 몰랐어요. 이렇게까지 힘들게 지낼 줄은 몰랐고.

상담자144 대개 우리사회에서 성폭력 통념이 강해서 성폭력 피해자가 싸우기가 힘들어요. 이 통념들이 워낙 견고해서. 근데 제가 생각할 때 사실 이 사건에서 질 수도 있어요. 솔직히 말해서 질 수도 있지만 중요한 것은 그렇다고 그냥 미리부터 우리가 포기하거나 이건 아니다, 그리고 아닌 건 아니라고 우리가 분명히 이야기할 수 있어야 해요. 알아보고 우리가 이거는 항의하고, 그리고 나서 법정진행이 어떻게 될지 저희가 확인을 할게요. 그리고 나서 의

---

34 상담자143: 구조화에서 내담자의 문제 풀기 과정의 시작이라 할 수 있다. 2차 피해의 과정을 다 듣고, 무고죄 기소까지 들었으니 요약해서 정리한 후 여성의전화에서 해 줄 수 있는 사항을 이야기한다.

견서도 보내야 하고, 뭐 진술동행 당연한 거고.

내담자145 지면… 지면… 제가 살아야 되잖아요?

상담자145 그렇게 안 되도록 해야죠. (내가 왜 당하고…….) 당한 것도 지금 억울하고 지금 힘든데, 그놈이 지금 처벌을 받아야 되지, 무슨 이런 소장이 지금 ○○ 씨한테 날아와요?! 그래서 여기 의견서 있잖아요? 의견서는 ○○ 씨는 ○○ 씨대로 하고, 내가 왜 그때 그렇게밖에 할 수 없었는지 검찰 수사 과정에서 그렇게 했는지를 쓰시고, 또 우리는 우리대로, 성폭력 피해를 당한 사람의 심리적인 그런 불안함이나 위축감이 분명히 있어요. 그래서 그것에 대해서 또 얘기하고 주장하고 그렇게 해서 한번 같이 싸워 보고. 그리고 ○○ 씨는 이것은 이것대로 진행을 하고 저는 ○○ 씨하고 좀 더 우리가 얘기를 해야 할 것 같아요.

내담자146 나도 그러니까 중간에 포기해서 거기서 인정을 한 게 궁금해질 것이라고…… 막 그런 생각이 들어…….

상담자146 그렇게 생각하지 마세요.[35]

······ (중략) ······

상담자151 일단 이거는 약속할 수 있어요… 저희가 성폭력 피해자를 지원하고 있고, 대부분 피해자가 이기기도 하지만 어떤 경우 사실 저희가 지기도 하는데, 대개 그럴 때 무력감을 많이 느끼거든요. 이 결과는 예측할 수가 없어요. 우리의 목적은 당연히 이것은 성폭력이기 때문에 무고는커녕 가해자

---

[35] 상담자146: "그건 여성 피해자라면 누구라도 그런 느낌을 받았을 거예요. 이제 ○○ 씨는 조사 과정에서 무엇 때문에 고소 취하를 하게 되었는가를 생각해 보고 정리해 두세요." 내담자의 언어로 말할 수 있도록 훈련시켜야 한다.

가 처벌받게 하는 거죠. 그게 우리의 목적이지만 그렇지만 결과는 우리가 반드시 "그렇게 될 것입니다."라고 장담할 수가 없어요. 솔직히 우리나라 법이 그렇게 성폭력 피해자에게 우호적이지도 않고, 이미 경험을 해 봐서 아시겠지만 우리가 할 수 있는 것까지는 최대한, 이것이 분명히 성폭력이고, ○○ 씨가 정말 밝혀내고 싶은 것 그 수사관에게 정말 그래 내가 취하하겠다, 인정한다 했던 것이 사실을 인정해서 인정한 것이 아니었다. 내가 그렇게밖에 할 수 없는 상황으로 몰고 가는 그 상황에 대해서 저는 다시 한 번 짚어 보고 얘기할 때만이 ○○ 씨가 힘을 얻을 수 있을 것 같아요. ○○ 씨 안에는 그런 것에 대한 명확한 인식도 있고, 그리고 지금까지 쭉 계속해서 힘들고 어렵지만 잘 살아오셨잖아요? 아이 문제도 그랬고 남편과의 이혼 과정도 그랬고 좀 더 그것을 얘기해야 되겠지만, 그래도 지금까지 아이하고 잘 살아오셨잖아요?. 근데 그렇게 살아왔던 과정들을 송두리째 부정하고… 저는 그건 아니라고 생각해요. 그래서 저는 우리가 함께한다는 것은 약속할 수 있어요.

내담자152 지금 겁나는 게 그거예요. 그래서 더 불안하고 겁나는 게,… 만약에 내가 여기서 지게 되면 이 사람도 이제 알게 될 것이고 그러면 그 사람하고 관계도 이제 끝나는 것이고.

상담자152 근데 그 사람이 정말 ○○ 씨를 사랑한다면…….[36]

…… (후략) ……

---

36 상담자152: "이번 회기의 목표는 고소 취하하게 된 동기를 살펴서 무고죄에 대응하는 것이니 그것에 주력하고, 그 사람과의 관계는 다음 회기에 다루는 것이 어떨까요?"로 일단 이번 회기의 상담 목표에 충실하고, 다른 사안은 재상담 약속을 한다.

9) 슈퍼비전 받고 싶은 내용

- 내담자에게 슈퍼비전 동의를 받는 과정에서의 망설여짐은 여전히 해결되지 않고 있다.
- 상담의 구조화 부분
- 상담시간이 길어지면서 뒷부분에 상담자의 말이 길어졌던 부분. 이것은 상담이 끝나기 전에 여성주의상담 원리를 적용해야 한다는 압박감이 있지 않았을지?
- 상담 후 지원 방향을 설정하면서 느끼는 복잡한 감정 속에서 판단이 잘 안 되는 부분. 분명 성폭력 2차 피해이고 이를 내담자와 함께 싸워 나가야 할 부분임을 설득하고 싶은 감정보다 너무 힘드니까 적당히 무마만 될 수 있으면 덮고 싶다는 내담자의 뜻대로 진행하고 싶은 감정이 더 들어 지원 방향을 판단하기 힘들었다. 상담자의 역할상 지원 관련 회의에서 그러한 솔직한 감정을 오롯이 드러낼 수 없는 데서 느끼는 부끄러움, 답답함이 있었다.

10) 상담에 대한 여성주의상담 슈퍼비전 내용

➡ 슈퍼바이지는 여성주의 의식이 확실하고, 그 의식이란 완결이 없이 끊임없는 자기 성찰과 기존의 자기를 깨는 작업의 과정이라 생각한다. 그 과정 속에서 고민의 흔적이 곳곳에서 묻어난다. 그래서 내담자의 아픔을 공감할 수 있는 힘이 있는 여성주의상담자다.

➡ 성에 대한 인식, 성폭력에 대한 인식에서 피해자를 신뢰하고 피해자가 살아온 삶의 어려움에 대해 깊게 공감하고 있다.

➡ 이렇게 여성주의 인식, 성에 대한 올바른 인식을 갖고 있어도 그것의 통로인 내담자와의 상호작용이 원활하지 않으면 상담의 효과성

이 떨어진다. 한 회기 내에서 많은 이야기가 오고 가고 그것을 다 다룰 수 없는 것이 상담의 한계인 것이다. 그래서 구조화가 필요한데 구조화란 '눈에 보이게' '눈에 안 보이게' 하는 것이다.

본 상담은 구조화의 맥락에서 볼 때 도입부-듣기 과정이 길다.

호소 내용의 구성이 '1차 성폭력 → 진술 과정에서 2차 피해로 인한 고소 취하 → 무고죄 기소 → 현재 여성의전화에서 어떤 도움을 받을 수 있는가'로 구성되어 있다.

이 상담의 내용이 듣기 과정에서 파악이 되었으면 (혹은 1차 전화 상담으로 이미 들었다면) 2차 면접에서 듣기 과정을 최대한 축약해서 선택적 경청을 한 후 내담자의 want를 상담 과정에서 묻고 확인하여 합의를 했으면 좋았을 것 같다(상담자가 이미 내담자의 want를 파악하고 있다고 해도). 즉 2차 피해는 우선적으로 중요하게 다루어야 할 것이고, 내담자가 다루고자 하는 것은 2차 피해, 무고죄 기소의 두려움 그리고 억울함, 남자친구와의 관계, 자녀, 직장 등 아주 세분화된다. 그중 무엇이 우선순위인지 정해 보고 그것에 대한 상담 목표의 합의가 있었다면 좀 더 초점화하여 정해진 시간 내에 효과적으로 할 수 있었을 거라는 아쉬움이 있다. 한 번에 여러 가지 주제들을 다 다룰 수는 없다.

상담자는 내담자의 감정을 읽어 주려고 노력했고, 앞서 표현을 했지만 자신의 문제에 빠져 있는 내담자를 환기시킬 수 있는 공감적인 상호소통이 미진했다. 상담 과정에서 누구나 겪는 문제다. 그래서 공감적 경청을 하는 중간중간에 요약, 정리, 재확인하면서 명료화해 주고 내담자의 언어로 상담 목표를 환기시키는 것이 필요하다. 그 효과는 내담자에게 자신의 내면을 정리해 보고 자신의 문제를 자신의 언어로 말할 수 있는 훈련이 된다.

➡ 여성주의상담 원리를 적용해야 한다는 압박감.

여성주의상담의 네 가지 원리를 적용해야 한다는 압박감으로 느끼기보다는, 상담하면서 상담자 자신이 여성주의 의식을 가지고 내가 상담하고 있는가를 자기 점검할 수 있는 네 가지의 큰 지침이라고 할 수 있다.

원리I 개인적인 것은 정치적인 것이다

내담자가 경험한 일들이 내담자만이 겪은 일이 아니라는 것을 말할 수 있는 지점이다. 어려운 상황에 빠져 정말로 출구가 보이지 않을 때도 있다. 이럴 때 충분한 공감 후, 자신의 어려운 상황을 제삼자였다면 어떻게 했을 것인가를 생각해 보게 할 수도 있다(상담자90).

성에 대한 통념적인 접근으로 일반화하여 피해자에게 적용하는 것은 관련 지식이 부족한 법집행자들에게 교육이 필요한 지점이다(상담자119).

원리II 상담자와 내담자는 평등하다

조사 과정에서 조사관의 모욕적인 표현에 좌절한 내담자의 분노를 일깨울 수 있도록 상담자의 감정 노출이 필요하다(상담자83, 상담자118, 상담자119, 상담자141).

재판을 도와주는 과정에서 같이 노력해야 하는 지점, 일어날 수 있는 일에 대한 솔직한 상담자의 표현들(상담자143, 상담자144, 상담자145, 상담자151)은 상담자-내담자 사이의 권력감을 줄이고 같이 성장해 갈 수 있는 기회를 제공한다.

원리III 역량강화

성폭력에 대한 분노와 법 이행 과정에서의 부당함을 상담 과정에서 상담자와 함께 확인하게 될 때 내담자는 힘을 얻는다(상담자2). 내담자는 자신이 경험한 무력감이 개인의 잘못이 아님을 알게 되고 이의 개선 과정에 동참하게 된다.

원리IV 여성의 눈으로 재조명하기

불필요한 상세 질문은 문제의 핵심을 왜곡시키고 그러한 것들이 야기하는 피해를 이야기한다(상담자78).

술이 마치 성폭력의 유발 요인인 것처럼 하여 책임을 피해자에게 돌리는 것에 확실한 선을 그어 준다(상담자89).

상담자는 '나는 나의 내담자에게 이 네 가지 원리를 실천하고 있는가?'를 스스로에게 늘 질문할 수 있어야 한다.

여성주의는 가치관으로서 공기처럼 상담 중에 상담자와 내담자의 관계에서 실천되고 있는 것이다.

11) 공개슈퍼비전 내용[37]

상담자의 상담 경력

• 슈퍼바이저B: 사례를 내놓는다는 건 대단한 용기가 필요하다. 많은

---

[37] 본 사례는 2010년 12월, 내담자의 동의를 받고 본회에서 진행된 3회 공개 슈퍼비전에 제출되었다.
공개 슈퍼비전 진행 방식은 슈퍼바이저 2인(슈퍼바이저 A, B로 표기), 슈퍼비전에 의견을 주고받을 수 있는 본회의 상담자 8인(참가자 A, B, C, D, E로 표기), 45인의 참관으로 진행되었다.

사람들 앞에서 발가벗고 서 있는 느낌일 것이다. 슈퍼바이지 선생님의 느낌을 들어보자.

- 슈퍼바이지: 투명한 막, 유리 안에서 옷을 벗고 있고, 다른 사람들이 나를 쳐다보고 있는 느낌이다.
- 슈퍼바이저B: 사례 읽어 보셨지만 목소리로 들어 보는 것도 〈상담자 35〉부터 듣겠다.
- 슈퍼바이저A: 전후 상황과 전체적인 개요를 먼저 듣겠다.
- 슈퍼바이지: 전화 상담을 하고 1회 면접 상담을 한 것이다. 피해자는 직장 다니다가 성폭행을 당하고, 직장 내에서 해고를 당했다. 성폭력보다 노동문제로 생각하고 상담을 받고, 검찰에 아는 사람을 통해서 고소를 하고, 수사 과정에서 2차 피해를 당한 것으로 생각된다. 성관계로 인식한 조사관의 발언들에 수치스럽고 두려워 성폭력이 아니고 성관계로 인정한다면서 고소 취하를 했다. 검사가 고소 취하를 해서 공소장이 날아왔고, 나중에 받게 된다. 슈퍼비전 사례로 제공하는 것에 대해 동의를 받고 녹취를 시작했다.

[녹음 듣기: 상담 35~상담 101]

내담자의 인적사항

- 슈퍼바이저B: 추가할 내담자의 인적사항 중 직업에 대한 부분에서 일당 4만 원씩 받고 일을 하고 있다. 남편으로 인해 신용불량자가 되었고, 생활이 빈곤하고 힘들다.

호소 내용

- 슈퍼바이저A: 슈퍼비전에 임할 때 이 사람이 나의 내담자라면 어떨

까 유념하고 들으면 좋겠다. 슈퍼비전은 상담자를 슈퍼비전하는 것이다. 상담자의 역동을 느끼는 것이다. 녹음을 듣고, 상담자가 다시 역동이 일어난 것 같다.

• 슈퍼바이지: 여성주의상담 원리를 적용하면서 상담을 했다. 녹취록을 들으면서 힘들었던 건 성폭력당하는 상황, 신산한 이미지를 그리자면 추수가 끝난 겨울 들판에, 황량한 바람이 부는 들판에 홀로 서 있는 느낌을 받았다. 여성의 시각으로, 여성의 삶의 조건에 대한 이해에 내 마음이 닿아 있었다.

• 슈퍼바이저A: 내담자가 어땠나? 처절하게 불쌍하고 가여웠나? 어땠나?

• 슈퍼바이지: 가엾진 않고 화가 났다. 내담자가 가해자와 부딪히지 않으려고 했는데 조사 과정에서 기억이 조각날 수 있는 맥락들이 무시되고, 성관계라고 얘기되면서 분노가 있었고, 여성도 내가 원했던 게 아니라고 했다. 그러나 주변에서는 그 여성의 경험과는 다르게 얘기하고, 스킨십이 쉽게 있는 여성이라며 지원해 주지 못하겠다고 하는 상황. 홀로 남겨지는 상황에 화가 났다.

• 슈퍼바이저A: 주변 조건 때문에 화가 났나?

• 슈퍼바이지: 성폭력을 당한 상황이 조사 과정에서 맥락들이 흩어지면서 성폭력이 아닌 성관계로 단정되는 것에 대한 분노였다.

• 슈퍼바이저A: 여러분은 어떤가? 나도 이 내용을 처음 받았을 때 이 여성이 왜 이렇게 술을 마시는가가 올라왔다. 상담자의 역동을 스스로 보고, 처리해야 상담이 가능하다. 상담자는 술 마시는 것에 대해 어떻게 생각했나? 내담자는 자기의 취약점을 알고 있다.

• 슈퍼바이지: 취약점을 알기 때문에 피했다. 이혼 과정도 힘들었고,

술을 마셔야 어떤 날은 잠이 온다고 한다.

- 슈퍼바이저A: 상담자는 그거에 대해 이해가 됐나? 그런데 그 여성은 계속 자책했다. 어땠나?

- 슈퍼바이지: 그게 제일 안타까웠다. 술 마신 것과 성폭력과 무슨 상관이 있냐고 얘기할 수밖에 없었다.

- 참가자A: 이해하고 있다고 생각이 됐는데 나는 걸렸다. 술을 마시면 안 되는 걸 알면서 자꾸 마시는 것을 보고 안타까웠다. 어린 나이에 아이를 낳고, 31세에 이혼하고 10년간 혼자 살고, 월수입 120에 일하는 시간에 대한 조건 때문에 가해자의 추행을 견디면서 살고 있다. 사귀는 사람과 소통하고 의지하고 살고 싶지만 그렇지 못한다. 술은 여성의 삶을 지탱해 주는 삶의 수단이라는 것이 보여지고 있다. 술만 갖고 본다면 이 여성의 삶을 무시하는 것이다. 내 마음에 일어나는 점을 다시 보면서 다시 생각하게 됐다.

- 참가자B: 술을 마시도록 주변사람들이 유혹하고 있다. 술을 마시는 환경. 권유하면 절제 못하고 뿌리치지 못하기 때문에 자책하면서도 절제를 못한다. 자기 삶에서 술에 의존하는, 거절을 못한다. 술을 마시는 것은 어쩔 수 없는 상황이라는 게 공감되고, 안쓰러웠다. 사회적인 기제에 나도 화가 난다. 주위에서 이 여성을 지지하지 못하고 여성의 잘못으로 끌고 가는 여성들의 모습에 화가 난다.

- 슈퍼바이지: 여성이 술에 의존했다고 생각하지는 않는다. 술로 푼다는 것은 동의할 수 없다. 술이 그 사람의 삶을 이어갈 수 있는 원동력이 되었다는 생각이 든다.

- 슈퍼바이저A: 술이 일반적으로 2차 피해의 내용에 여러 번 언급이 되어서 얘기해 보자고 한 것이다.

- 슈퍼바이저B: 자기 깊이만큼 상담하고 내담자를 공감하는 것이기 때문에 얘기를 나눈 것이다. 호소 내용 요약은 다 얘기되었다.

내담자가 본 자신의 문제

- 참가자A: 〈내담자120〉에서 조사관, 검찰을 접촉하면서 패배감을 느끼고 있다. 술과 몸에 대해 흥분하지 않았는데 삽입되는 것. 상처가 나지 않은 것에 대해 할 말이 없다고 했다. 이 점이 패배감을 느끼고 있다. 자기를 설명할 언어가 없다. 이 상담에는 부각되지 않았다.

- 슈퍼바이저A: 생각은 그렇지 않아도 몸은 반응하는 것에 대해 이중고통을 받고 있다. 수사 받을 당시 두려움을 가졌다. 기억이 안 나는 것을 번복하는 것. 성폭력 고소 취하가 무고죄로 갈 수 있다는 것을 여성은 몰랐다.

- 참가자C: 조사관이 하는 질문 자체가 여성이 그 상황을 드러낼 수 없는 질문들이다. 답할 수 없는 질문이고, 입증해야 하기 때문에 함정에 빠지게 된다. 입증될 만한 것들을 찾게 되고, 그 기억조차도 믿지 못하게 된다.

- 슈퍼바이저A: 어떻게 해결하면 좋겠나?

- 참가자C: 질문 구성, 내용, 언어가 여성의 경험을 설명할 수 없다. 그쪽으로 모니터링하고 있다.

- 슈퍼바이저A: 원리 I이 여기에서 소통되는 것이다. 생리학적 여성의 몸에 대해 마음과 달리 몸이 반응한다는 것을 과학적, 객관적으로 제출해서 증명할 수가 있다.

- 참가자D: 술 마시고 기억 못하는 것 때문에 죄책감 갖고 번복, 술 먹은 상태가 성폭력의 조건이 되고, 이런 상태를 성폭력의 요건으로 보

도록 해야 한다.

- 슈퍼바이저B: 항거 불능의 상태에 있었을 때 성폭력은 준강간으로 보고 있다.

- 참가자D: 법적으로는 그렇게 돼 있는데 실제로 장애인이 술을 먹은 경우 성폭력을 당하면 지탄의 대상이 된다.

- 슈퍼바이저A: 정숙한 여성이 아니고 성폭력을 당할 만한 여성으로 보고 있는 것이다. 이런 얘기를 하는 과정 속에서 여러분도 여성문제를 느꼈으면 좋겠다. 여성들이 그들의 언어로 어디 가서 말할 수 없는 것들이 모여서 담론화되어서 증거가 되는 것이다.

- 참가자B: 가해자는 술을 마시면 심신미약 상태로 감형이 된다.

- 참가자A: 술이 여자와 남자와 결합될 때에 따라 다르게 적용된다. 젠더 문제가 있다.

상담자가 본 내담자의 강점 및 문제

- 슈퍼바이지: 가해자를 보면서 가해자와 술을 마시면 일이 나겠다 싶어서 피하는 것(쓰레기, 아이들)과 동시에 주변의 조건(술 마시면 스킨십)이 약점이다.

- 슈퍼바이저A: 가폭 피해자들이 맞으면서 아이들을 피하게 하고, 생존하기 위해 피하는 것이 강점이다. 살기 급급하니까 남자가 이상한 짓을 해도 일을 해야만 하는 삶이 있기 때문에 남자를 피하기 위한 전략. 이건 지금 발견했다.

- 슈퍼바이저B: 화장실에서 성폭력을 당하면서도 "사정은 하지 말라."는 것이 절박하게 다가왔다. 몸과 임신에 대한 두려움을 말하는 것은 여성의 입장에서 힘이 있는 것이다. 검사의 입장에서는 오해의 여지

는 있지만. 여성에게는 힘이 있다.

- 참가자A: 자기 내적인 흐름을 알고 있는 사람이다. 가해자가 직장에서 힘을 갖고 있어서 자원을 얻고 싶은 욕심을 인정하고, 안일한 생각을 했었다고 진술하는 것. 자기의 진행 단계를 알고 있는 것이 장점이다. 상담자와 상담 속에서 자기 느낌을 솔직하게 말하는 것이 좋아 보였다.

- 참가자D: 저는 이 내담자라면 개인적으로 고소 못할 것 같다. 고소하려고 방법도 고민하고, 대책을 마련하는 것이 좋아 보이고 지지해 주면 좋겠다. 피해자라는 것을 사회가 인정해 주길 바라고, 용기가 있다. 검찰, 주변사람들로부터 외면당하고 있다는 것이 지금의 현실임을 인정하고.

- 슈퍼바이저A: 이걸로 좋은 판례가 되었으면 좋겠다. 힘들지만 앞서 나가는 여성이다. 그러면 문제는? 사귀는 남자에게 의존적이라고 했는데 상담선생님들은 어떻게 생각하나?

- 슈퍼바이저B: 성폭력이라고 인지하고 찾아간 건 처음이 아니었던 것 같다. 노동부 사무관이 성폭력이라고 얘기하고 검찰을 찾아간 것은 준비가 안 돼서 그랬기 때문인 것. 여성단체와 성폭력을 상담했으면 달랐을 것이다.

- 참가자D: 딸의 성폭력 문제를 지원하는 성공 경험이 있다. 아동과 나이든 여성의 성폭력을 바라보는 다른 시각의 문제가 있다.

- 참가자B: 고용 문제로 상담하면서 성폭력이라고 인지한 것.

- 슈퍼바이저A: 사귀는 사람과의 문제는 없나?

- 참가자B: 한국 여성이 가장 취약한 점이다. 남편이 있다가 없으면 왠지 모르게 의존적이게 된다. 혼자 잘 살 수 있음에도 옆에 누군가가

있으면 학습되어서 의존하게 되는 것은 사회적으로 당연시하는 분위기이기 때문이다.

- 슈퍼바이저A: 남자 없어도 산다?
- 참가자B: 남자 없이도 살 수 있을 것 같다.
- 참가자A: 남자친구에게 필요로 하는 것은 힘이다. 여성이 가진 힘은 없기 때문에 남편, 신랑, 애인이 있다는 것을 알림으로써 백그라운드로 사용하고 있다. 직장에서는 이런 조건이 무시당하고 있다. 가해자가 알지만 나랑 놀자고 하는 것은 무시당하는 것이다. 그러면서도 피해자는 그 남자를 계속 의식하고 있어서 안타깝다.
- 슈퍼바이저B: 사회가 그걸 얘기한다. 현관에 남자 구두를 놔두는 것. 뭔가 옆에 있어야 자기를 가볍게 보지 않는다는 것.
- 슈퍼바이저A: 독립과 건강한 의존에 대해 얘기해 볼 지점이다. 남자와 함께 우리는 잘 살아야 한다.

상담 목표 및 전략

- 슈퍼바이저B: 덧붙이고 싶은 것은?
- 슈퍼바이지: 첫 번째 상담인 것에 대한 안타까움이 있었다. "내가 원하는 게 아닌데 어떻게 성관계가 되냐?"라고 내담자가 질문한다. 성폭력임에도 불구하고 나의 가치가 흔들릴 수밖에 없는 조건들이다. 명확해야 싸울 힘이 생긴다.
- 슈퍼바이저A: 이 상담에서 상담 목표가 달성됐나?
- 슈퍼바이지: 네. 첫 회 상담과 위기지원활동가가 다르게 설정됐다. 변호사 사무장을 만났는데 그때 느낌이 어땠냐고 했다. 검찰수사 과정에서는 성폭력이 아니라고 인정했다. 그 느낌이 변호사 사무장이

검찰수사 받을 때와 똑같은 느낌을 받아서 하고 싶지 않다고 했다.

- 슈퍼바이저A: 상담자가 내담자한테 2차 피해임을 인식시키고, 술을 마시는 것과 성폭력을 분리시키고, 진행 중인 무고죄는 내담자가 성폭력을 입증하는 길밖에 없는데 검사가 취하하지 않을까라는 불확실한 얘기를 했을 때 상담자는 확실하게 얘기해 줬나?

- 슈퍼바이지: 솔직하게 질 수 있다고 얘기는 했다. 진 경험이 있다고 했다. 성폭력을 얘기하고 최대한 싸워야 하지 않냐고 했고, 받아들였다. 당연히 무고죄를 피하고 싶은 갈망은 있다.

여성주의상담의 원리 적용

- 슈퍼바이저A: 상담을 할 때 여성주의 원리 네 가지를 기억하고 있으면 안 된다는 말은, 여성주의상담자는 이 원리를 철학, 가치관으로 평소 체화하고 있다가 체화된 언어로 이야기해야 한다는 뜻이다. 『왜 여성주의상담인가』 책을 참고해서 찾길 바란다. 오늘 상담 슈퍼비전에서는 슈퍼바이지가 어떻게 구조화를 시켰는가, 2차 피해에 대한 자기의 언어 갖기. 기억이 안 나면 안 나는 대로 얘기할 수 있는 자신감이 있어야 한다. 내담자가 자기의 경험을 구체적인 자신의 언어로 말할 수 있도록 상담자는 기다려야 한다. 상담자와 내담자가 상호작용을 하고 있는가에 역점을 두고 원리가 녹아 있는지 볼 것이다.

- 슈퍼바이저B: 여성의 시각으로 재조명하기. 상담자와 내담자의 관계에서 상담자가 내담자를 편안하게 해 준 것. 같은 눈으로 바라봤기 때문에 공감이 잘됐고, 원리 적용이 잘됐다고 생각한다.
  관계형성 기술을 보면서 축어록을 보겠다.

- 슈퍼바이저A: 상담은 내용과 과정이 있다. 내용은 2차 피해이고, 이

런 내용을 내담자에게 수용시키고, 이해시키는 과정이 있다. 경청, 공감, 지지만 잘해도 상담이 끝날 수 있다. 이 내용이 상담 맥락 속에 녹아 있는지를 보면서 축어록을 보겠다.

축어록

- 슈퍼바이저B: 부담, 억울, 수모, 미치겠고, 하늘이 무너지는 것 같은 감정을 볼 수 있었다. 감정표현을 잘하는 사람은 한도 끝도 없이 터져 나올 수 있다. 신용불량, 남편과 이혼 등을 말할 때 우리는 가닥을 잡아줘야 한다. 〈상담자8〉에서 상담자는 여러 가지 얘기를 다 다룰 수 없고, 한 가지만 다루자는 구조화를 잘했다.

- 슈퍼바이저A: 상담을 시작할 때 상담자는 어떤 기분이었는가? 톤이 상담자가 내담자에 비해 너무 차분하다. 내담자의 톤과 맞춰 주면 좋겠다.

- 슈퍼바이지: 무고죄, 2차 피해라고 생각되는 순간 부담이 되었고, 내담자는 어쩔 수 없이 성관계라고 시인했지만 억울하다고 했다. 당신 잘못이 아닌데 억울해야 하는가에 대한 내안의 반발이 있었다. 다시 한다면 〈상담자1〉에서 다르게 말했을 것이다. 수사 과정의 어려움을 더 들었더라면 더 쉽게, 더 빨리 들어갈 수 있었을 것이다.

- 슈퍼바이저A: 〈상담자2〉에서 원리I을 적용했다고 하는데 내담자가 해야 할 말을 상담자가 미리 한 느낌이 드는데……. 2차 피해에 대응해야할 내담자이기 때문에 내담자가 자기언어로 얘기할 수 있도록 상담자는 내담자를 독려해야 한다. 2차 피해에서는 처벌법, 보호법이 분리되어서 수사 과정에서도 동석할 수 없다고 한다.

- 슈퍼바이지: 어린아이는 가능하지만 성인인 경우는 동석할 수 없다

고 한다. 4월 15일에 특별법이 바뀌었다.

• 슈퍼바이지, 참가자C: 계속 동행해 왔다.

• 참가자E: 내담자들이 원한다.

• 슈퍼바이저A: 정확한 정보를 아는 것이 필요하다. 변호사만 동석할
  수 있다고 한다.

• 참가자C: 동석할 수 있다.

• 슈퍼바이저A: 피해에 대해서 여성이 상담 과정을 통해, 여성주의 가
  치관으로 무장된 상담자와의 상담을 통해서 내담자의 인식이 공고화
  된 다음에 검찰조사를 받을 때 자기 얘기를 할 수 있을 때 여성한테
  사회적인 힘을 실어 줄 수 있다. 이 여성이 이 말을 할 수 있게끔 끌
  어 줘야 한다. 상담자가 해 버리면 내담자는 할 말이 없어진다.
  〈상담자4〉신용불량자, 〈상담자5〉이혼 얘기, 〈상담자8〉에서 성폭
  력사건만 다루자고 듣기 선택을 했다. 잘했다. 목표를 정하지 않으면
  라이프 스토리가 다 나오고 목표로 삼은 것을 놓치는 우를 범하게 된
  다. 삶 속의 질곡이 있기 때문에 굵직한 것은 나중에 다루고 우선 목
  표를 먼저 다뤄야 한다.

• 슈퍼바이저B: 〈내담자17〉에서 내담자의 언어로 읽어야 한다는 것이
  좋았다. 상대방이 잘해 주고, 나이가 있으니까 나쁜 마음 먹지 않을
  거라고 생각하고 다가갈 수가 있었다고 한다. 경험 속에서 믿음을 갖
  는 것에 대해 말하고 있다.

• 슈퍼바이저A: 검찰에서 싸울 때 이것이 중요한 지점이 될 수 있다.
  성폭력당할 것이라는 생각은 못했다고 말하고 있다. 〈상담자 14〉에
  서 불확실한 것을 확인하고 가는 것은 잘했다. 대개 확인 안하고 아

는 것처럼 지나가는 경우가 많다.

- 슈퍼바이저B: 〈내담자18〉 자기를 인지하는 부분. 술이 급하고, 안주를 잘 안 먹는 것. 자기 성향을 잘 안다.
- 슈퍼바이저A: 〈내담자19〉, 〈상담자19〉 강제로 키스하는 것에 대해 '언제'인가를 묻고 또 묻는데 상호작용이 중요하다. 느낌이 어땠는지 묻는 것이 필요하다. 거기에 대한 분노를 물어봐야 한다. 성폭력만 중요하다고 생각했는지?
- 슈퍼바이저B: 강제 키스에 대해 어땠는지, 어떻게 대처했는지를 물었으면 성관계, 성폭력에 대한 내담자의 생각을 구분 짓고, 정리할 수 있었을 것이다.

〈상담자21〉 상담자가 명료화를 잘함. 두서없는 흐름에 대해 정리하고 짚어 주는 점은 잘했다. 내담자 스스로 여러 가지 얘기를 하다 보면 헷갈릴 수 있는데 잘 짚어 줬다. 〈상담자24〉도 잘했다.

- 슈퍼바이저A: 〈내담자32〉의 이야기를 듣고, 〈상담자32〉에서는 남자가 있다고 해도 막무가내인 가해자에 대해서 상담자의 질문이 필요하다. 계급적인 느낌이 좀 있다. 가난한 여성의 남편은 있으나마나. 권력을 가진 여성의 남편. 이것은 다르다. 여성 내에서의 차별이 훨씬 많다.
- 슈퍼바이지: 남편이 번듯하고, 괜찮았으면 그런 데로 내몰았겠냐는 생각이 깔려 있던 것 같다.
- 참가자C: 있다 없다가 하는 것을 가해자가 이미 안다. 결혼하지 않은 상태에서 남자친구가 왔다 갔다 하는 것을 이미 가해자가 알고, 그게 작용한 것 같다.
- 슈퍼바이저A: 〈상담자32〉에서 어떤 느낌이었는지 다뤘으면 좋겠다.

- 슈퍼바이저A: 〈상담자35〉 질문은 잘했다. 질문을 많이 해서 그 여성이 자기 언어로 답을 하게 하고, 상담자가 명료화해 주는 과정으로 진행됐으면 좋았겠다. 〈상담자38〉의 말을 내담자가 할 수 있도록. 〈내담자39〉에서 안일한 생각이 무슨 생각인지 물어봐 주면 좋겠다. 그것도 언어화 중 하나다.
- 슈퍼바이저B: 내담자가 자기 언어로 말하면 좋겠는데 상담자가 공감을 잘해서 앞서 가는 경향이 있다.
- 슈퍼바이저A: 〈내담자59〉, 〈상담자59〉, 〈상담자53〉, 〈내담자54〉도 잘했다. 자기 언어로 내담자가 말했다.

상담자에 대한 평가

- 참가자A: 내담자 경험, 흐름을 잘 쫓아서 술을 먹게 된 맥락을 계속 환기시킨다. 나는 그 순간 답답한 마음도 들었는데, 내담자가 사죄하면서 취하게 되는 상황까지 가는데 그 상황을 상담자가 잘 짚어 주고, 이어 주고, 정당성을 확인하도록 했다.
- 슈퍼바이저A: 성폭행에 대해서 그동안 지원한 내용의 내공의 질문이 있다. 상담자가 많이 컸다.
- 슈퍼바이저B: 〈상담자117〉 수사관이 위축될 수밖에 없다는 것을 잘 읽어 줬다. 그 후 내담자가 잘 말하고 있다.
- 참가자A: 〈상담자136〉 동네사람들이 알게 되는 두려움. 아이들. 남자친구.
- 슈퍼바이저B: 성폭력 피해자의 기억이 조각날 수 있다는 것을 언어적으로 표현해 준 것.
- 슈퍼바이저A: 〈내담자126〉, 〈상담자126〉 성폭력을 검찰이 입증해

야 하는 것을 잘 말했다. 여성 공동의 언어로 말해야 하는 부분이다.

어렵거나 고민이 되었던 지점

- 슈퍼바이지: 경계를 넘나드는 내담자와도 그랬지만 슈퍼비전 동의
  를 받을 때 자신의 문제가 절박한 문제인데 슈퍼비전 녹취의 문제도
  절박한 문제였다. 내담자가 흔쾌히 허락을 해서 다행이지만 주소문
  제로 불안해하긴 했다. 싫으면 취소하겠다고 했지만 항상 고민된다.
- 슈퍼바이저A: 선생님만의 문제가 아니다. 내담자의 문제를 나의 상
  담 공부를 위해 공개한다는 건 고민이다. 나는 내가 저 사람의 상담에
  대해서 나는 끝까지 책임을 지겠다는 최면을 걸었다. 용기를 내서 할
  수 있는 것도 상담자로서의 용기이다. 책임성에 대한 선약도 된다.
- 슈퍼바이지: 구조화 부분에서 조목조목 짚어 주면 좋았겠다. 원리를
  잊으라고 했으나 잊혀지지 않았다. 평소 내담자의 말을 끊지 않고
  계속 따라가는데 6하원칙, 구조화에 대해 고민해서. 공개슈퍼비전
  이라서 압박감이 있었다. 내담자와 상호성. 여성의 삶의 조건을 여
  성의 시각으로 재조명하는 것은 염두에 두지 않았으나 원리 II를 더
  염두에 두었다. 평등성. 자기 문제에 대한 전문가, 결정권에 대해 염
  두에 뒀다.

질문시간

–성관계했다는 사실을 알았을 때 상담의 방향, 상담자의 느낌은 어땠는지요?
- 슈퍼바이저A: 그 성관계와 성폭행은 다르다. 상담자의 감정은 상담
  자에게 물어보자.
- 슈퍼바이지: 사건 진행과는 무관하다고 생각하는데 솔직히 내담자

가 솔직해서 걱정은 된다. 내담자에게 불리하게 적용될까 봐. 영국에서 둘이 사귀는 관계에서 동의하고 성관계를 하다가 삽입을 하는 순간 여성이 마음이 변해서 강간 판결을 받았다.

- 슈퍼바이저A: 아내 강간 차원에서도 성립이 되는데 타인의 경우는 더하다.

–녹음된 것을 필요한 부분만 편집해서 들으면 어떤가요?
- 슈퍼바이저B: 긴 상담이라 필요한 부분만 발췌해서 들었다.

–기억이 끊기거나 못하는 것이 술 때문이라기보다 성폭력에 대한 결과가 아닐까요?
- 슈퍼바이저B: 해리현상이 나타나는 것에 대해서 있는 일이지만 내담자에게 돌려도 되고, 나는 술로 인해서 기억이 끊기는 것으로 생각된다.

–생존자 상담 시 감정적 어려움, 수치심, 모욕감을 수용하는 것이 상담자의 역할이지만 준비 없이 뛰어드는 것에 대한 현실이 있어서 준비가 필요하다. 어떤 시점에 이런 접근이 필요하다고 보는지요?
- 슈퍼바이저A: 성폭력 피해자가 오는 것은 위기상담이다. 무조건적 수용만으로도 가능하다. 어느 정도 상담을 통해서 자아가 회복될 즈음에는 현실적인 얘기를 할 수 있겠다. 내담자의 경우 술로 취약한데 그런 상황을 만들지 않게끔 얘기하는 것도 나중에는 필요하다. 내담자가 준비가 안 됐을 경우 비난으로 받아들일 수 있다. 상담과 치유의 단계까지 올라간 사람에게는 가능할 것이다.

- 슈퍼바이저B: 성폭력이라고 인지하고 있음에도 내담자가 두려워한 다면 읽어 주고, 공감을 해야지 우리가 진행시키는 것은 위험한 것이다. 내담자 스스로 하겠다는 마음이 올라올 때까지 기다려야 한다.

- 슈퍼바이저A: 내담자가 하겠다는 대로 다 받아 줬다. 내담자가 할 수 있는 선까지 할 수 있도록 기다려 주는 것, 상담자가 대부분 일을 진행키는 경우가 많은데 내담자가 머물러 있을 수 있도록 하는 것도 필요하다. 내담자에게 끌려다니는 것도 하나의 전략일 수 있다. 뒷부분 잘하셨다.

- 사회자: 참관석에서 의견이 있으신 분은 한두 분 정도 자유롭게 들어 보겠다.

- 의견1: 가정폭력 상담소에서 일하다가 재가노인센터에서 일하고 있다. 재작년에 대방동에서 워크숍 있는 것을 보고 여성주의 시각으로 바라보는 내용으로 교육을 받았는데 그때는 다르다는 생각이 들었다. 술이 만취한 상태에서 사고가 있었다. 술에 대한 사회적 관념과 사건사고가 있는데 사회적 통념을 배제해서는 안 된다는 생각이 있다. 여성주의가 사회적 통념을 무시한다는 생각이 들었다.

- 사회자: 어떻게 상담하고 싶은가?

- 의견1: 딱하기 그지없지만 전적인 수용, 지지, 공감은 맞고 그렇게 할 것이지만 내담자와의 관계가 충분히 깊어지면, 딸도 있는데 이분의 엄마 입장에서 사회적으로는 무리수가 따른다는 것을 얘기해 줄 것이다.

- 사회자: 플로어에서 얘기하실 분?

- 참가자C: 사회적인 통념을 받아들이게 되면 그 여성은 죽는 상황이

된다. 〈내담자56〉에서 딸이 엄마 입장에서 지지하는 상황이다. 엄마가 어릴 때 딸을 지원한 경험이 있기 때문에 큰딸은 엄마를 지지한다. 오히려 의식이 더 뛰어나다. 이미 살아온 과정, 경험이 아이한테는 교육이 된 것 같다. 엄마와 살아오는 과정 중에서 자기 개인의 문제, 통념을 수용하게 되면 자기를 비난하게 된다. 결국 자기가 할 수 있는 건 자기의 삶의 과정을 부인하게 되는 것이 될 것이다. 내담자의 강점에서 살아오는 힘이 자식이라고 하는데 자식이 엄마를 지지하는 건 삶의 과정이 내담자와 자녀가 결코 무관하지 않음을 보여 주는 것이다.

- 의견2: 여성이 술에 의존할 수밖에 없는 맥락을 봐야 한다. 담배를 피우는 행위에 대해서도 그 여성이 속한 환경에서 문화로 봐야 한다. 나의 기준으로 보면 가진 자의 기준에서 보는 판단일 수 있다. 이 여성이 속한 사회에서는 의존이 아닐 수 있다. 또 하나는 의존한다고 본다 해도 여성이 술에 의존할 때까지 사회는 무엇을 했는가, 성폭력에 노출되고 무고죄로 2차 피해를 볼 때까지. 120만 원을 받고 일하는 것 등. 사회 통념을 말하는 것은 나의 위치에서 보는 오만이라고 본다.

- 의견3: 연결해서 술에 대한 부분을 정리해 주어야 한다고 생각하는데 그 부분은 내담자도 이미 알고 있다. 굳이 끄집어내서 말하지 않아도 내가 어떻게 살아야 하고, 사회통념이 무엇인지도 이미 알고 있을 것이다. 또 법정에서 술에 대해 가해자는 심신미약, 피해자는? 음주운전은 남녀 모두 똑같은데, 왜 성폭력에서는 아닌가?

- 의견4: 여성의 음주에 대해서 다르게 보고 있는 것은 아닌가? 딸들의 교육을 위해서라고 말했는데 아들이라면 같게 말할까 생각이 들었

고, 남성의 음주였다면 어땠을지, 여성이 음주 상태가 아니었더라도 성폭력은 발생했을 것이다. 이 성폭력에서 음주와 상관이 없다.

- 슈퍼바이저A: 술이든 뭐든 이 상담의 포인트는 한 인간의 취약한 상황을 이용해서 성폭행을 했다는 것에 포인트를 맞춰야 한다.
- 사회자: 상담자의 소감을 듣고 마무리하겠다.
- 슈퍼바이지: 여성주의상담을 지향하고 내 상담의 가치로 삼고, 확신을 갖지만 그럼에도 우리는 끊임없이 왔다 갔다 한다. 지금 살고 있는 가치로 살고 있는 건 아니다. 통념이 강한 사회이기 때문에. 우리한테 사회적 합의라는 화두를 던져 줬다. 사회적 합의는 누가 하는 것인가? 이 여성에 대한 경험을 인식하고 보고 있기 때문에 아니라고 말할 수 있지만 합의도 누구의 기준으로 말하는 것인지 얘기하고 싶었다. 소감은 편안해졌다. 이 여성의 삶의 조건에 대해서 마음이 닿을 수 있었던 것은 한국여성의전화 활동의 결과이고, 선물이라는 것을 다시 확인할 수 있었다. 여성주의상담실천연구소에 다시 한 번 감사드린다.

12) 슈퍼비전 이후 진행 상황 및 슈퍼바이지 총평

슈퍼비전 이후 진행 상황

내담자와의 약속대로 상담과 인권지원을 지속하였다. 지원 과정에서 내담자는 굉장히 씩씩하게 자신의 무죄를 입증하기 위해 주변에 도움을 받을 만한 사람을 찾아내기 위해 노력하는 모습을 보였다. 상담 이후 성폭력 피해자 무료법률지원을 받게 되었고 재판결과 무고죄로 실형6개월 집행유예 2년의 판결을 받았다. 선고재판이 있던 날 본 면접상담자와 인권지원자가 함께 재판 방청을 했는데 법원 앞에서 내담자는 하염없이 울었다. 구금되지 않아 다행이라고 하면서도 "나는 왜 이렇게 힘들게 살아야 하느냐? 난 잘못한 게 없는데……."라고 되뇌던 내담자와 늦게까지 셋이서 이야기하였다. 이 과정에서 내담자는 또 다른 힘을 받았다고 하였다. 그날 이후 몇 개월이 지나 내담자가 전화 연락을 해 와서 올 여름에 본 상담자와 만나 서로 살아온 이야기를 나누었다. 마지막 만남 당시 내담자는 인력소개소에서 일할 곳을 소개 받아 일을 하고 있다고 하였다.

슈퍼바이지 총평

우리는 누구나 쉽게 이야기한다. "성폭력은 인권침해고 범죄다."라고 그러나 상담 현장에서 내담자를 만나다 보면 여전히 '정말 성폭력이야?'라는 보이는 또는 보이지 않는 의심에 직면해야 하고 설령 법적으로 승소했다 하여도 주변의 시선 등의 2차 피해에 놓이게 되는 경우를 너무나 많이 본다. 이런 상황들—내담자들을 더욱더 위축시키는 현실—은 끊임없이 내게 '우리가 바꿀 수 있기는 한 것일까?'라는 의문을 준다. 이 내담자와의 만남은 여성주의상담 가치가 성폭력상담에서 얼마나 유효한가를 상담자가 스스로 확인하는 과정이었다고 생각한다. 내담자가 살아왔던 삶의 경험과 그녀를 둘러싼 삶의 조건들을 이해해 가는 과정에서 내담자 개인이 겪는 문제들이 결코 개인만의 문제가 아니라는 것을 드러냈을 때 내담자가 힘을 얻고 비록 끊임없이 불안해하면서도 어떻게든 직면하고 해결해 가고자 나서게 되는 역량강화, 비록 각자가 처한 삶의 조건이 조금씩 다르다 할지라도 남성 중심 사회에서 살아가는 여성으로서의 본질적 입장의 동일함을 나누는 과정에서의 상호 연대와 평등성의 경험들은 상담자에게 여성주의상담의 가치를 재확인하는 자기 확신을 주었다.

슈퍼비전에서 참석자들이 이 상담과 관련하여 활발하게 토론했던 것은 매우 인상적이었고 의미 있는 경험이었다.

그럼에도 불구하고 이 상담에 대한 슈퍼비전은 내게 또한 과제를 안겨
주었다. 녹취록을 풀면서 상담의 구조화를 제대로 해내지 못했다는 것을
알아차렸는데 상담의 구조화는 내게는 여전히 쉬운 일은 아닌 것 같다.

04

따지지 말고 예전처럼 살라는 말인가요?

외도 상담 사례 슈퍼비전

배인숙
(한국여성의전화 여성주의상담 슈퍼바이저)

사례 요약

본 사례의 내담자는 재혼한 50대 여성으로서 남편의 외도로 의심되는 장면을 목격한 직후 상담실을 찾았다. 내담자는 현재 경제적 능력도 있고, 폭력을 사용하는 전남편과의 관계를 유능하게 대처한 경험이 있음에도 불구하고, 자신이 혼인 외 자녀로 출생한 것, 학력이 부족한 것, 외모가 세련되지 못한 것으로 인하여, 외도한 남편이나 외도 상대 여성과 자신을 비교하며 주눅 들어 한다. 다른 한편으로는 재혼할 당시 대학에 입학하여 1년만 더 도와달라는 자녀들의 청을 거절한 것에 대해서 죄책감을 느끼고 있다.

본 사례에서 상담자는 내담자의 자존감을 향상시키기 위해서 계속적으로 지지하며 역량강화에 집중하려고 노력하였다. 그러나 감정의 홍수 상태에서 계속해서 하소연만 하는 내담자의 태도에 대해서 어려움을 느끼고, 미진한 상태에서 상담을 마쳤다는 것에 대해 안타까운 맘으로 슈퍼비전을 청한 사례다. 본 사례를 통해서 여성주의상담에서는 어떻게 내담자의 자존감을 향상시키며, 내담자의 문제 해결 능력을 어떻게 키울 수 있는가에 대한 구체적인 방법을 모색해 보고자 하였다.

1. 외도 상담과 여성주의

외도가 성별에 따라서 사회적으로 잣대가 다르게 적용되는 것은 성규범이 이중적이기 때문이다. 대부분 남자의 외도는 가벼운 일탈로 여겨지지만, 여자의 외도는 더 문제시된다. Engels의 이론에 의하면 일부일처제는 여성의 임신과 출산의 비밀을 알게 된 고대의 남성들이 재산을 친자에게 물려주고 싶다는 타산적인 목적에 의하여 생겨난 제도다(1987: 67-69). 이때부터 남성의 고유한 혈통을 이어받은 적자생산을 위해 여성의 성은 통제되기 시작하였다. 즉 일부일처제라는 결혼제도에 의해 남성이 여성의 성을 사유화하게 되면서 외도가 시작되었다고 한다.

흔한 예로 상담자가 외도한 남편이 반성하고 가정으로 되돌아오기를 간절히 원하는 내담자를 만나게 되는 경우, 상담자인 당신은 어떤 생각이 드는가? 어떤 상담자라도 정서적으로는 내담자의 심정에 공감이 되지만, 지향점은 상담자의 가치관에 따라 다를 수 있을 것이다. 여성주의상담자는 이런 경우 내담자의 적응보다는 변화에 초점을 맞추어서 상담을 진행해 나간다. 좀 더 구체적으로 말하자면 내담자에게 남편을 믿어 보고 현실 상황에 맞추라고 하기보다는, 내담자가 내면세계에서 형성하고 있는 성역할 고정관념과 외부 환경을 변화시키도록 하여, 문제 해결은 물론이고 성장하도록 역량강화하는 것이다.

어떠한 경우라도 여성주의상담자는 내담자를 만날 때 여성주의상담의 원칙을 되새겨 본다면 도움이 될 것이다. 그중에서도 특히 '자신의 삶에 있어서 전문가'인 내담자의 경험을 존중하는 자세를 견지해야 한다. 상담자는 설령 내담자의 주장이 언뜻 이상하다는 생각이 들거나, 쉽게 이해가 되지 않아도 '그럴 만한 이유가 있다.'는 마음가짐으로 그들의 이야기를 경청해야 한다. 또한 '상담자는 내담자와 동등하다.'는 여성주의상담 원리를 기억해야 한다. 도움을 주는 사람과 받는 사람 간에는 어쩔 수 없는 힘의 차이가 생길 수밖에 없다. 따라서 상담자는 의도적으로라도 더욱 겸손한 자세를 취해서 내담자와 동등한 입장에 설 수 있도록 해야 한다. 이 두 가지 원칙만 잘 지킨다면, 외도 상담에 있어서 내담자와의 가치 갈등의 문제는 의외로 쉽게 풀릴 수 있다. 상담자가 우선적으로 내담자의 입장에서 내담자의 이야기에 귀를 기울이고, 그들의 심정을 이해하면 상담이 순조롭게 진행될 것이며 따라서 내담자가 편안한 상태에서 자신의 잠재된 역량을 발현하여 문제 해결에 접근할 수 있을 것이다.

본 사례에서도 볼 수 있듯이 남성들은 대부분 외도 후 죄책감을 느끼지 않는다. 이는 남성의 외도를 허용하는 사회적 분위기 때문이기도 하다. 또한 대부분의 여성들은 남편이 외도하는 것을 알아채고 주변에 도움을 청하였을 때 위로와 도움을 받기는커녕 "어떻게 했기에 그런 일이 생겼냐? 그럴수록 남편한테 비위 맞추고 더 잘해라." 등 비난을 받게 된다. 이때 여성들은 본 사례의 내담자와 마찬가지로 남편의 외도 원인이 자신에게 있는 것이 아닌가 하는 의구심을 가지며 자기비하를 하여 열등감과 수치심을 느낀다. 일반적으로 "남편의 외도는 참고 기다리면 돌아온다."는 사회적 통념[1] 때문에 아내가 외도를 이유로 남편에게 화를 내기라도 하면, 오히려 아내의 인내 부족을 탓하게 된다. 이때 아내들은 혹시 참지 못하는 자신이 문제가 아닌가 하며, 괴로워하기도 한다. 남편의 외도가 반복됨에도 불구하고 외도에 대한 통념을 수용하는 경우에는, 여성이 남편의 외도에 대한 책임을 짊어지게 되는 것이다. 대부분의 내담자들은 배우자의 외도 사실을 처음 알게 되는 순간에는 절망하지만, 다른 상대에게 애정을 쏟고 있는 남편을 가정으로 돌아오게 하기 위하여 온갖 노력을 기울이고, 비위를 맞추며 달래거나, 성적 매력을 가꾸기도 한다. 남편의 외도 문제를 해결하고 가정을 유지하는 것이 아내의 도리라고 생각하여, 상대 여성에게 남편과 헤어질 것을 설득하거나, 분풀이를 하고 싶어 하는 경우가 많다.

여성주의상담에서는 외도의 주체인 남편이 관계를 정리하도록 하는 것이 문제 해결의 방법이라고 본다. 배우자 외도는 아내의 부족함이나 잘못 때문이 아니라 남편이 선택한 잘못된 행동인 것이다.

남편이 외도를 할 경우, 그동안 남편에게만 고정됐던 관심을 자기양육으로 돌려 삶의 의미를 되찾을 수 있도록 성숙과 독립의 기회로 삼는 것이 바람직하다. 두 사람의 관계에 대해서 재평가를 해 보고, 장기적인 홀로서기 계획을 세워야 한다. 경제, 사회적 활동 경험이 없는 경우에는 기술교육을 받거나 취업을 하여, 생활전선에 뛰어들어 보는 것은 자신감과 독립심을 증진시키는 데 도움이 된다. 배우자의 외도를 극복하는 과정에서 노력 여하에 따라서는 부부관계가 인격적인 성장을 통해 거듭날 수도

---

1 참고 기다리면 돌아온다. 부인이 성적 매력이 없어서 바람을 피운다. 남자는 성욕을 못 참는다. 남편의 바람끼는 여자 하기 나름이다. 등

있다고 본다. 때로는 떠나고자 하는 남편을 자유롭게 놓아줄 수 있는 용기도 필요한 것이다.

2. 외도 상담 어떻게 할 것인가

1) 성역할분석을 통한 고정관념 바꾸기

성역할분석(부록1 참조)은 내담자가 내면화한 성역할 고정관념으로 형성된 메시지[2]를 찾아낸 후 새로운 메시지로 변화시켜서 내담자로 하여금 문제를 해결할 수 있는 능력을 갖추게 하는 여성주의상담 기법이다.

외도로 인해 상담실을 찾는 대부분의 내담자들은 배우자의 외도를 알게 되면서, 문제에 대한 집착으로 인하여 주변을 보는 시각이 점차 부정적으로 변화하게 되며 분노에 휩싸여 정서적인 혼란을 경험하게 된다. 때로는 외도 사실을 남편의 직장과 주변에 폭로하여 분풀이를 하는 경우, 문제 해결이 어렵게 되기도 한다. 그러므로 성역할분석을 하기에 앞서서 상담자는 내담자의 분노에 대해서 정당성을 부여해 주고, 억눌린 것들을 충분히 표현할 수 있도록 공감하며, 상담 과정을 통해서 내담자의 분노를 생산적 에너지로 전환할 수 있도록 촉진해야 한다.

---

2 내담자가 살아오면서 외부 환경의 영향으로 내면 세계에 형성하게 된 신념체계로서 현재까지 내담자에게 지속적으로 영향을 끼치고 있는 단어나 문장을 말한다(교류분석의 각본이론을 차용해서 필자가 내담자의 '각본 메세지'를 간략하게 '메시지'라고 표현하였다.). 성역할 고정관념에 의한 '메시지'는 체험에 의해 반복, 강화되어 고착화된다. 과거에는 이러한 고정관념이 생존하기 위한 수단이었지만, 현재 내담자의 삶에서는 쓸모없고 해로운 것으로 문제 해결에 장애가 된다.

성역할분석을 하려면 우선 문제를 지속시키는 내담자의 성역할 고정
관념을 찾아내야 한다. 상담을 하는 중에 문제를 지속시키는 내담자의 사
고나 행동방식 중에서 변화를 필요로 하는 지점이 있다고 지각되는 경우,
그의 생각을 진술하게 한 후 직면하여 자각하게 해 줌으로써 문제를 지속
시켜 왔던 고정관념에 의한 메세지를 찾아낸다. 찾아낸 메세지가 어떻게
내담자에게 내면화되었는지 진술하도록 하고, 그에 의한 메세지를 본인
이 수용하고 실행했을 때와 그러지 않았을 때의 경험을 분석한다. 고정관
념에 의한 메세지가 현재 문제를 지속적으로 유지, 강화시킨다고 판단되
면, 그 메시지를 어떻게 변화시키면 문제 해결에 도움이 되는지, 내담자
에게 새로운 메시지를 진술하도록 한다. 변화시킨 메시지를 실현시키려
면 어떻게 행동할 것인지 계획을 세워야 한다.

성역할 고정관념에 의한 메시지를 문제해결에 도움이 되는 메시지로
바꿔야 한다. 고정관념에서 벗어날 수 있도록 하는 작업에 대한 이해를
돕기 위하여, 20여 년간 남편의 외도로 고통을 당한 다른 내담자(50세, 김
미영 가명)의 사례를 들고자 한다.

> 우리 친정도 옛날에 양반, 그런 거만 따지던 집이라서요. 시집가면 그 집
> 귀신이 되라, 뼈를 묻어야 한다. 그러는 집이에요. 처음에는 친정 때문에
> 이혼할 수가 없고, 애가 생기니 못하고, 나이 먹으면 괜찮을까 하고 그랬
> 더니, 아이가 중학교 들어가니까 사춘기죠. 대학 들어가고 나니 직장 좋
> 은 데 가야 하고, 또 결혼도 잘해야 하니깐……. 모두가 내가 짊어지고,
> 이 사람은 계집질하고, 술, 도박, 한두 가지가 아니에요.

위의 사례에서 살펴보면 내담자에게 내면화된 메시지는 "부부는 어떤

어려움이 있을지라도 죽을 때까지 같이 살아야만 한다."이다. 이러한 성역할 고정관념은 문제를 지속시키고 문제 해결에 방해가 되었으므로, 상담 과정에서 내담자가 문제 해결에 도움이 되는 메시지를 스스로 찾아내어 진술하도록 한다. 예를 들면 "부부간에 어려움이 있을 때 꼭 같이 살아야만 하는 것은 아니다."라고 새로운 메시지로 변화시켜 내담자를 성역할 고정관념으로부터 자유롭게 해방시킬 수 있다.

본 사례의 내담자는 남편이 자신의 곁에 머물기를 바라는 마음으로, 전통적인 아내의 모습으로 생활하던 중, 남편의 외도로 의심되는 장면을 목격하게 된다. 내담자는 그동안 재혼한 남편과의 원만한 관계를 유지하기 위해서 매사를 양보하며 참고 지냈다. 그런 내담자의 노력에도 불구하고 남편이 외도를 했기 때문에 분노한다. 이때 상담자는 내담자가 분노하는 이유가 무엇인지, 가능한 한 구체적으로 진술할 수 있도록 공감하고 격려해야 한다.

내담자는 남편의 외도로 의심되는 장면을 목격한 직후, 얼마 전에 내담자 명의로 되어 있던 자동차와 장터권리를 남편 명의로 넘기는 것을 묵인했던 자신의 행동을 떠올리며 후회한다.

이 지점에서 상담자는 내담자에게 자신의 명의로 된 재산을 남편 명의로 바꾸는 것을 원치 않았음에도 불구하고 명의를 바꾸도록 내버려 둔 이유가 무엇인가? 탐색 질문을 하여 분석해야 한다.

이 장터도 내 저긴데 자기 명의로 돌렸어요. 차도 자기 보험이 싸다고 돌렸어요. 이 장터도 남자들하고 어울리고 하니까. 자기 명의로 돌렸어요. 내가 하지 말라고 했는데 자기 명의로 슬며시 돌렸어요. 남자들끼리 그런가 보다 하고 이해를 했는데. 지금 와서 (외도로 의심되는) 현장을 보니까 확 뒤집혀 버린 거죠.

위의 진술에서 만일 내담자가 '아내는 남편의 뜻을 따라야 하고, 그래야 부부관계가 원만하게 유지된다.'라는 성역할 고정관념에 의해 내면화된 메시지로 인해서 명의를 바꾸도록 내버려 두었다면, 문제 상황을 만드는 위와 같은 메시지가 어떻게 내담자에게 내면화되었는지, 과거 주변 사람들과 나눈 의미 있는 경험을 진술하도록 한다.

내담자는 상담 과정에서 남편의 외도로 의심되는 장면을 목격하는 순간 "현장을 보니까 확 뒤집혀 버린다."라고 진술한다. 내담자가 그 장면을 보고서 현실을 깨닫게 된 것이다. 상담자는 이때 그 장면을 목격하는 순간 무엇이 어떻게 뒤집혔는지, 구체적으로 진술하도록 질문하여야 한다. 그다음에는 내담자로 하여금 그동안 갖고 있던 고정관념에 의한 메시지를 어떻게 변화시켜야 남편의 외도 문제 해결에 도움이 되는지 진술하게 한다. 예를 들면 내담자로 하여금 '아내가 남편의 뜻을 따른다고 해서, 남편이 아내 곁에 머물러 주는 것은 아니다.'라고 진술하도록 함으로써, 성역할 고정관념으로부터 자유로워질 수 있다.

내담자는 배우자의 외도로 의심되는 장면을 목격한 이후부터, 좀 더 돌봐달라는 자녀의 요청을 뿌리치고 재혼한 것에 대한 죄책감이 심화되었다.

이 사람 만나면서부터 내 자식들을 그냥 내팽개치고, "1년만 도와줘." 그런 걸 뿌리치고, 이 사람이 사귀는 2년 동안 같이 살자고, 하두 그러고 해서 합쳤거든요. 지금 와서 생각하니 애들한테 죄를 졌고, 애들을 도와주지 않고 그게 너무 가슴이 아프고…….

위의 진술에서 찾아볼 수 있는 내담자의 성역할 고정관념에 의한 메시지는 '어머니는 아이들을 위해서 희생하여야만 한다.'이다. 이러한 고정관념은 대부분의 여성들이 갖고 있는 것이기 때문에, 문제라고 의식하기 어려운 점이다(여성주의상담 원리I). 내담자는 부모는 자녀에게 무조건적으로 헌신해야 한다고 생각하며, 그렇지 못한 자신의 행동에 대해 죄책감을 갖고 있다. 상담자는 내담자에게 앞으로 계속 고정관념에 의한 죄책감을 갖고 살 것인지, 죄책감으로부터 놓여나고 싶은지를 선택하게 한다. 만일 내담자가 죄책감으로부터 놓여나고 싶다고 한다면 내담자로 하여금 새로운 메시지를 진술하도록 하여야 한다. 예를 들면 '때로는 어머니도 자녀의 요구를 거절할 수 있다.' '어머니도 언제나 희생해야만 하는 것은 아니다.' '어머니도 자신이 원하는 삶을 독립적으로 선택할 수 있다.'라고 새로운 메시지를 찾아내도록 하여 내담자를 자녀에 대한 죄책감으로부터 자유롭게 해방시킬 수 있다.

2) 역량강화

여성주의상담에서 역량강화란 내담자가 이미 가지고 있는 자원들을 확인시켜 주는 것은 물론이고, 사회적 영향에 의해서 평가 절하되었던 내담자의 내적, 외적 조건들을 여성주의적 시각으로 재해석하거나 재평가하고, 내담자의 문제 해결은 물론이고 사회 환경을 바꾸기 위한 시도를 할 수 있도록 내담자를 성장시켜 주는 것이다.

본 사례에서는 내담자를 역량강화시키기 위하여 과거 가정폭력 경험을 분석함으로써, 잠재되어 있는 내담자의 유능감을 깨닫도록 하며, 사회적 영향으로 인해서 내담자에게 부정적으로 인식된 몇 가지 요인들을 긍정적으로 재해석하는 방법을 시도해 보고자 하였다.

내담자는 과거 폭력적이던 전남편과의 관계를 종결시킨 경험이 있다. 아이들이 어려서는 시간이 지나면 전남편이 폭력을 그만두게 될 것이라는 기대를 했다. 그러나 아들이 고등학생이 된 이후 아버지에게 폭력을 가하게 되고, 전남편은 이로 인해서 아들을 처벌할 것을 학교에 요청했다. 이때 내담자는 '아들이 바르게 살도록 하기 위해서' 이혼을 했다. 전남편과의 관계에서 적극적으로 대처한 내담자의 행동을 통해서, 좀 더 나은 삶을 살고자 하는 그녀의 굳은 의지를 엿볼 수 있다. 상담자는 위와 같은 내담자의 경험을 분석하고 유능성을 찾아내서, 자신을 신뢰할 수 있도록 해 주어야 한다.

내담자는 남편보다 재산도 더 많이 소유하고 있으며 장사를 더 활동적으로 하고 있다. 반면 남편은 함께하고 있는 장사를 등한시하고 부부관계 유지를 위한 노력도 하지 않는다. 이와 같이 경제적으로 독립적이고 성실한 삶을 살아가는 내담자의 자세는 소중한 자원이며 힘이다. 그럼에도 불구하고 남편과의 관계에서 내담자는 그 힘을 충분히 발휘하지 못한다. 폭력을 행사하는 전남편과의 관계에서는 대처를 잘하였으나, 현재 남편에게 수동적인 이유는 무엇인가? 현재 직면한 외도 문제에 대해서 내담자가 계속 수동적으로 대응한다면 어떤 결과를 초래할 것인가? 외도 이전에도 내담자는 재혼한 남편이 전남편처럼 폭력을 휘두를 것이 두려워서, 꼭 해야 하는 얘기도 혼잣말처럼 돌려서 말하는 식으로 표현했다. 상담자는 내담자가 관성적인 과거의 습관에서 벗어나서 적절한 자기표현을 하도록

'자기주장훈련'을 교육하는 등 남편과 평등한 관계를 이룰 수 있도록 도와야 하며, 내담자가 지속적으로 재정적 독립을 유지하도록 재산에 대한 소유권을 주장하여 경제력을 확보할 것을 독려하여야 할 것이다.

더 나아가 상담자는 내담자로 하여금 현재 직면한 남편의 외도 문제와 과거의 가정폭력 문제를 같은 맥락에서 조망해 볼 수 있도록 한다. 여성주의적 관점에서 가정폭력과 남편의 외도는 같은 여성폭력이라는 점을 교육하여, 내담자로 하여금 거시적인 관점을 지닐 수 있도록 한다. 이러한 관점을 갖고 내담자가 스스로 과거의 유능성을 되돌아보며, 현재 남편의 외도 문제를 직면하고자 할 때, 문제 해결 능력을 발휘하게 될 것이다. 이때 일어나는 내담자의 인식 변화와 성장은 의식향상으로 이끌어 자존감을 향상시키며, 남편의 외도에 효과적으로 대응하게 할 뿐 아니라, 불균형한 부부관계를 바로 잡을 수 있는 능력을 발휘하도록 할 것이다.

> 이 사람이 나보다 더 배우고 나보다 형제들이라든가 조건도 좋고, 나는 이 사람보다 못한 게 뭐냐면 아버지가 옛날 부잣집 외아들이어서 첩을 많이 봐서 나를 낳고 엄마가 가셨어요. 큰엄마 밑에서 컸어요. 가슴에 못이 박혀서 내 대에서는 끊어야겠다. 이 사람하고도 애가 없고 그래요. 외톨이인 내 처지에 남편 그늘에서 살려고 한 것이 너무 욕심을 부린 것이 아닌가? 나는 내 출생이 이러니까 남 앞에 나서지 못하는 거, 자신 있게 말하지 못하는 거, 항상 그 마음이 쌓여 있어요. 그 여자는 키도 크고 세련되고, 아이도 없어 보이고, 경제력도 있는 것 같아요.

내담자는 위와 같은 부정적인 자기대화를 반복하며 무력감을 느낀다. 내담자가 무력감에서 빠져나오게 하기 위해서는 부정적인 자기대화를 긍

정적인 자기대화로 바꾸어야 한다. 상담자는 우선 혼인 외 자녀로 성장하
면서 느꼈을 내담자의 고통을 공감한 후, 출생에 문제가 있다는 것, 교육
받지 못한 것, 외모가 세련되지 않은 점 등은 인정하지만, 사회에서 주는
영향을 받아들여서 바꿀 수 없는 것들을 계속 문제를 삼으며 부정적인 자
기대화로 힘을 계속 빼앗길 것인지 아니면 사회가 주는 부정적인 영향으
로부터 벗어나 과거의 문제와 바꿀 수 없는 것들을 문제 삼지 않고 당당
하게 살 것인지를 결단하여, 내담자 본래의 힘을 회복하도록 하여야 하는
것이다.

본 사례에 대한 슈퍼비전을 하면서 독자에게 유용한 몇 가지 기법을 선
택하여 예를 들었으나, 내담자의 문제를 해결할 수 있는 방법은 셀 수 없
이 많을 것이다. 여성주의상담자는 내담자를 효과적으로 돕기 위하여 여
성주의상담 원리와 기법을 숙지하고, 그 원리와 기법에 따라서 자신이 잘
사용할 수 있는 방식을 개발하는 데 노력을 기울여야 할 것이다. 그러나
가장 중요한 점은 상담에 있어 어느 단계까지는 원리나 기법이 필요하지
만, 어떤 원리나 기법을 사용하더라도 '내담자 중심의 상담'을 해야 한다
는 것이다. 여성주의의 가장 좋은 지식은 여성들의 경험에서 나온다는 사
실을 잊어서는 안 된다. 그들이 상담 장면에서 꺼내 놓는 경험들은 부끄
러운 것들이 아니라, 새로운 지식을 끄집어낼 수 있는 바탕이 되는 것이
다. 그리고 여성주의상담에서는 특히 내담자와 상담자의 평등성을 상담
의 원리로 삼은 만큼, 상담자의 겸손함은 아무리 강조해도 지나치지 않은
덕목이다.

상담 사례 슈퍼비전

1) 내담자 인적사항, 가족관계

박○○(50세), 혼인 외 자녀로 출생하여 본가에서 성장하였다. 전남편의 아내 폭력으로 재판이혼함. 재혼 6년째, 초등학교 중퇴, 상업에 종사하고, 전남편과의 사이에 자녀가 3명 있음.

남편(50세), 내담자와 동업. 본인의 반복적인 외도로 인하여 전처와 이혼, 고졸, 상업 종사, 전처와의 사이에 자녀가 2명 있음.

2) 상담 과정

여성의전화 홍보물을 보고 면접 상담을 요청하게 되었다.

3) 호소 내용 요약

2010년 10월 ○일 축어록 내용(1회기 면접 상담)

- 출생 후 본가에 맡겨져서 큰어머니 손에서 성장했다.
- 혼인 외 자녀로 출생한 것과 낮은 학력을 부끄러워하여 인간관계에서 자신을 드러내지 못하고 지낸다.
- 자녀들이 일 년만 더 도와달라고 했는데 뿌리치고, 재혼한 것에 대해 죄책감을 느끼고 있다.
- 주차장에 세워 놓은 자동차에서 남편의 외도라고 의심되는 상황을 목격했다.
- 이혼하고 노후를 준비하며 자녀들과 조용히 살고 싶다.

4) 내담자가 본 자신의 문제

- 혼인 외 자녀라는 것에 대한 수치심으로 대인관계를 맺지 못한다.
- 초등학교 중퇴로 한글을 완전히 배우지 못해서, 사람들 앞에 나서서 자신의 의사를 표현하지 못한다.
- 남편이 외도를 잡아떼며 거짓말을 모습을 보고 분노와 배신감을 느낀다.
- 남편 외도 후 이혼을 생각하게 되면서 남편에게 주었던 재산을 되찾아 오고 싶다.

5) 상담자가 본 내담자의 강점 및 문제

강점

- 전남편과 재판이혼 후에도 폭력이 지속되었다. 내담자는 법에 호소하여 벌금형을 받게 하는 등 강하게 대응하여 남편이 떠나가게 하였다.
- 이혼 후 아이를 시어머니에게 맡기고, 홀로 6년간 닥치는 대로 일을 하여 점포를 내고, 아이들을 데려와 키우는 강한 생활력을 가지고 있다.

문제

- 자신의 출생과 낮은 학력으로 인하여 인간관계를 맺는 데 어려움을 겪고 있다.
- 재혼하면서 자녀들을 돌보지 못했다고, 심한 죄책감을 느끼고 있다.

6) 상담 목표 및 전략

목표

- 출생에 대한 수치심에서 벗어난다.
- 자녀에 대한 죄책감에서 벗어나서 당당한 엄마로서 설 수 있도록 한다.
- 자존감 향상을 위해 부부 문제, 대인관계 문제, 자녀 문제 등을 점검해 나간다.

전략

- 무조건적인 지지와 격려

7) 여성주의상담 원리 적용

원리Ⅰ 개인적인 것은 정치적인 것이다

- 가부장적 사회구조에서는 재판 과정에서 외도의 증거가 불충분하면 여성이 불리한 입장에 놓인다. 이혼하기로 결정했다면 남편이 눈치채지 않게 일상생활을 하면서 심리 사회적 독립과 재산 관련 명의 변경 등 증빙자료를 준비하는 데 시간이 필요하다(상담자77).
- 내담자는 남편이 가정생활에서 주도권을 가지고 있다고 생각한다. 부부관계에서 남편이 중심이고, 여성은 주변인으로 남편에게 의지하며 따라야 한다는 생각이 내면화되어 있다(상담자80).

원리Ⅱ 상담자와 내담자는 평등하다

- 나이를 먹으면 누구나 기능이 떨어져 몸이 아프기 마련이다. 상담자도 나이를 먹으니 한 해 한 해 다른 것을 자연스러운 일로 받아들이

며 생활한다고, 자기개방을 하였다.

- 사람은 누구나 나약함이나 부족함이 보이기도 하고, 모자라 보인다. 그런 것이 발견되면 자존감이 낮아지기도 하지만 그것을 뛰어넘어 발전의 기회로 삼는 것이 중요하며 부족한 자신을 수용하고 사랑해야 하고 위로해야 한다.

- 한국 문화에서 대부분의 어머니는 자녀에게 희생하고 헌신해야 한다고 내면화되어 있어서 자녀에 대한 죄책감에 사로잡혀 있다.(상담자 126)

원리III 역량강화

- 출생에 대한 수치심과 소외감, 못 배운 것에 대한 열등감, 지지해 줄 가족이 없는 것 때문에, 오히려 더욱 성실하게 살았다는 것을 인식하게 하였다(상담자120, 상담자124).

- 아무 기반이 없는 상태에서도 열심히 장사하여 주위 사람에게 기대지 않고, 아이들 공부시키고 생활한, 자립심이 강한 내담자의 강점을 부각시켰다(상담자33).

원리IV 여성의 시각으로 재조명하기

- 내담자가 표현을 하지 않으면 상대방은 별다른 불만이 없을 거라고 생각할 수도 있다. 성관계에 대한 불만이 있을 경우 적극적으로 표현하여 성적 욕구를 상대에게 알려야 한다(상담자93).

- 아내는 순종하며, 남편의 요구에 따라야 하기 때문에 남편에게 일을 거들라고 하면 혹시 자신을 싫어하게 될까 봐서 아픈 몸으로 혼자 감당하고 있음을 알려 주려고 하였다. 남편이 싫다고 하면 강력하게 자

신의 의사를 표현하지 못하였다(상담자94, 상담자95).

• 작고 다소곳한 여성미, 강한 생활력, 인내심, 자신의 삶을 개척하려
는 의지 등 내담자의 장점을 부각시키고 자신에 대한 부정적인 인식
을 긍정적으로 바꾸도록 노력하였다.

8) 상담축어록 (1회기, 2010년 10월 ○일, 상담시간: 70분)

내담자1　막막하고 내 마음을 추스르지 못하는 거예요.

상담자1　남편이, 지금, 어머니! 남편하고 재혼하신 지 10년 되었는데 그
동안은 별일 없으셨는데…….[3]

내담자2　그동안은 몰랐었죠. 속만 썩이니까! 저 사람은 원래 그렇다.

상담자2　어떻게 속을 썩이는데요?[4]

내담자3　같이 장사를 나가잖아요? (네.) 아침에 이렇게 짐을 펴 주고 5일
장을 다니면서 일주일에 두 번 봐요. (예.) ○○장하고 ○○장하고 이렇게 보
는데 짐을 펴 주고, 아침부터 술판이 벌어져요. (네.) 술판이 벌어지면 술을
먹고 장사는 무관심, 나 몰라라 하고 내가 다리가 성했을 때는 그냥 아 저 사
람은 저렇다 인정하고 혼자 했어요. 다리가 아파서 깁스하고 한 달 거의 깁
스했다가 깁스 띠고 5일 만에 나가서 장사를 하는데 안 도와주고, 술이 곤드
레만드레 되고 내가 하루 종일 다리가 아파서 부어 가지고 물집이 생기더라
구요. (예.) 그래서 너무 속이 상하고 (예.) 힘이 들고 야속했는데 그냥 지나
쳤어요. (네.) 너무 힘이 들어 안 다니고 명절 추석 전에 나가서 장사를 했거
든요. 그때 역시도 마찬가지로 ○○장에 30일에 두부하고 묵, 곡식 같은 걸

---

3 상담자1: 내담자에게 '어머니'라는 호칭이 부적절하다.

4 상담자2: 내담자가 이야기를 잘할 수 있도록 구체적으로 질문하고 있다.

팔아요. (네.) 그날 역시도 도시락을 싸 가지고 나갔는데 오전에는 계속 같이 일했는데, 점심 먹고 나서 내 직감에 뭐에 홀린 듯이 그냥…….

상담자3　그때가 언젠데요?[5]

내담자4　9월 ○일 날. 뭐에 홀린 듯이 점심 먹고 가 버리더라구요. (네.) 그런데 그것까지는 좋은데 점심 먹고 2시간 지난 거 같애요. 근데 혼자 바빠서 절둑거리며 무거운 두부를 팔고 와서, 안 도와주니까.

상담자4　두부랑 곡식 같은 거 이런 거 팔고?

내담자5　여러 가지 팔거든요. 안 도와줘서 전화를 하니까 조용하니 누웠다가 일어나는 느낌에 내가 물었죠. "어디요?" 식당이래요. "식당에 손님이 없어?" 같이 간 남자의 이름을 대며 ○○라고 "○○ 바꿔 줄까?" 그러더라고. 그 소리 듣고, 지금 생각해 보면 "그래 바꿔줘 봐." 그렇게 했어야 되는데……. (네.) 그렇게 안하고 "됐어요." 내가 몸이 힘이 드니까 "좀 도와줘요." 그랬더니 1시간도 지나서, 늦게 와서 의자에 걸터앉으며 "손님도 없는데 왜 부르느냐?" 짜증을 내는 거예요. (네.) 재래시장이라 손님이 올 때는 막 오고 (그렇죠.) 없을 때는 없거든요. (그렇죠.) 왜 저러지? 속으로만.

상담자5　평소에는 안 그러셨어요?

내담자6　평소에도 늘 안 도와주고 그러니까 단련이 된 건데…….

상담자6　짜증부리고 신경질 부리고, 어머니한테 이런 적은 없었는데?

내담자7　짜증도 가끔씩 부리죠.

상담자7　그 정도까지는 아니었는데 그날은 느낌이 이상한 게 더 하더라…….

내담자8　그날은 왜 그랬냐면 명절 전이라서 두부 양도 많고, 사람도 많이

---

5 상담자3: 내담자가 말을 계속하도록 기다리는 것이 좋다.

오니까, 옆에서 같이 해 줘야 된단 말이에요.

상담자8   아니 그러니까 남편이 다른 때 같지 않게 짜증을 내더라?

내담자9   짜증을 좀 냈어요. 그리고 손님도 없는데 불렀다고 음, 의자에 걸
터앉더니만, 책만 가지고 차로 가 버리더라고. 왜 저러나 속으로 이해가 안
된다. 그리고 혼자 장사를 해요. 그래서 속이 상해서 가면서 얘기했어요.
(네.) 내가 성한 다리도 아니고 (네.) 아픈 다린데 오늘 같은 명절 장에 같이
도와주지……. 자리가 6미터거든요, 곡식 팔랴! 두부 팔랴! 예전 사람들은
기다렸는데, 요즘 사람들은 기다리지 않고 그냥 가 버려요.

상담자9   그렇죠. 다른 데로 가 버리죠. 얼른얼른 싸서 줘야지.[6]

내담자10   그래서 짜증을 좀 냈거든요. (네.) 묵묵부답으로……. 그러더라고
요. (예.) 그리고 추석을 시어머니 집에서 ○○시에 가서, 아픈 다리로 음식
해서 명절 쇠고, 집에 와서 있었어요. 아랫집에 화투 치러 가더라고요. (네.)
4일 날 물건을 시켜야 5일 날 ○○장 가거든요. 4시가 넘어도 장에 갈 생각
을 안 하고 돈 만 원짜리를 딱 챙기더라고요. (네.) 그래도 거기에 대해서 말
안 하고 "낼 장사 안 갈 거여?" 그리고 하니까 "장사 나갈 거야." 해서, 물건
시키고 5일 날 장사 나갔거든요. 장사 나가서 아침에 펴 주고, 그날 오전에
술 먹고 다니다가 점심을 서둘러 먹고, 주차되어 있는 데로 올라가요. 그날
은 명절 끝장이라 야채장사 생선장사가 안 나왔어요. 그래서 주차장이 많이
비었거든요. 그리고 우리 차가 썬팅이 되어 있어도 건물벽면이 비쳐서 환히
보여요, 내가 화장실에 가는데, 전화를 어디다가 기분 좋게 했어요. 그런가
보다 하고 내려와서 장사를 하는 중에 차를 보니까, 차유리가 내려왔었는데,
올라갔어요, 어! 차 유리를 왜 올렸지? 하고, 쳐다보니까 뒷 칸에 긴 머리를

---

6 상담자9: 공감을 잘했다.

지라시한 웬 여자가 차에서 아른아른…….

상담자10   차 안에서?

내담자11   차 안에서 아 흔들흔들 내가 잘못 봤나? 그리고 다시 쳐다봤단 말예요. (예.) 분명히 여자예요. 너무 황당해서 왜 저러지? 웬 여자야? 그리고 확인을 해야 되겠기에 내가 지혜롭지 못해서 옆에 장사들 보고 "우리 챠 좀 봐 봐." 그렇게 했어야 됐는데. 그 생각을 못하고, 우선 내가 먼저 확인부터 해야 된다. 이 생각만 하고 다리를 끌고 (웃음) 계단을 올라서 가니까, 문 탁 여는 소리가 나더니만, 탁 닫는 소리가 나요. (네.) 그러더니 그 여자가 우리 차 뒤로 돌아와서, 나를 딱 한번 째려봐요. 키는 1미터 60 좀 넘거나 60 이렇게 되고, 나이는 40에서 45 음 피부는 하얀색이었어요. 눈도 동그랗고 나를 째려보고 가길래 문을 확 뒷문을 여니까, 남편이 운전석 쪽으로 다리를 쭉 피고 있고 기대고 있는데, 혁대가 풀려 있고 자크가 딱 내려와 있어요. (네.) 그래서 "방금 차 안에 있던 여자 누구야?" 그러니 "누가 있어? 여자가 어딨어 찾아봐." 벌써 여자는 어디로 가 버렸는지 없어졌어요. 너무 황당해 가지고 선선한 날씨에 차문을 닫아 놓고 에어콘을 틀어 놨더라고요. 서늘한 날씨에 비싼 기름 날려 가며, 에어콘을 틀어 놨어 황당해서 차키를 빼 놓고, 여자가 없다고……. 지나가는 여자겠지. 이렇게 말하고…….

상담자11   아저씨가?

내담자12   네. 나는 분명히 봤단 말예요. 그 여자가 돌아서 나를 째려보고 옷은 윗도리 까만 기지 옷 윗도리에 약간 목이 이만큼 올라오는 것 입고, 마이를 입었는데 노란색 계통.

상담자12   그 여자는 봤는데, 어머니는 분명히, 그 여자가 차 안에서 남편하고 있다가 나온 걸로 알고 계시고 (네.) 남편은 아니라고, 지나가는 여자라고. (아니라고.) 그러면 바지가 왜 벗겨졌나요?[7]

내담자13   그러니까 음 그러면 바지를 왜 벗겼느냐?

상담자13   그랬더니. 왜 내렸냐?

내담자14   자크를 왜 내렸냐? 왜 벗겼냐? 그러니 더워서.

상담자14   더워서? 더운데 왜 에어콘을 틀어 놓고 말이 안 맞죠?

내담자15   말이 안 맞죠. 절대로, 그전에는 조수석에다가 발 올려놓고 (그렇죠.) 그랬었거든요.

상담자15   그렇죠. 뒷좌석으로 잘 안 가죠.

내담자16   근데 뒷좌석에 공간까지 띠어져 있고 왜 그렇게 했느냐? 했더니 거기가 편해서 그랬대, 그렇게 변명을 하고 절대로 안 밝히거든요. (네.) 그래서 어떻게 수습을 해야 할지 막막하고 내가 감당을 할 수가 없어요.

상담자16   그럼 10년 동안 남편이 이런 일이 처음이에요?[8]

내담자17   처음이에요.

상담자17   술 드시고 어머니 일을 잘 도와주지 않아도 특별히 문제를 일으키진 않았어요?[9]

내담자18   그러진 않았어요.

상담자18   장터에서 아침에 짐 펴는 거 도와주고 술 마시고 있다가, 짐 걷는 거 도와주고 이러면서 (예예.) 협조적으로 하신 거죠? (그렇죠.) 지금 남편이 그 여자하고 외도를 하고 있다고 생각하는 거예요? 바람이 났다고 생각하시는 거예요? 어떻게 생각하시는 거예요?[10]

---

7 상담자12: 상담자가 개입하기보다는 내담자의 말을 계속 듣는 것이 좋다.

8 상담자16: "정말 그러셨겠네요." 사실 확인보다는 내담자의 말에 공감하는 것이 중요하다.

9 상담자17: "처음이라 더 많이 당황하셨겠네요." '처음'이라는 내담자의 말을 받아주면서 공감하는 것이 좋다.

10 상담자18: "어떤 도움을 받고 싶어서 상담을 했는지요?" 상담목표를 정할 수 있는 좋은 대목이다. 이때 상담자와 내담자가 협의하여 목표를 정함으로써 내담자 중심의 상담이 구조화된다.

내담자19 바람이 났다고 생각도 들고 (예.) 나는 이렇게 생각이 들어요.

상담자19 어떻게?[11]

내담자20 그 여자가 내 형편보다 (네.) 경제력이 있지 않나! 아니면 애들이 없고 혼자 사는 여자지 않나! (네.) 그리고 그 차에까지 와서 할 정도면, 다른 사람 얘기 들으니 분명 오래된 여자다! 그러고 생각하니 그 말도 맞는 거 같아요. 처음 만난 여자라면 차에까지 와서 그러겠어요?

상담자20 그 여자를 계속 예전부터 만나고 있는 여자라고 생각하시는 거예요? (예.) 근데 남편이 지금 장을 ○○장도 가시고 ○○○에 있는 장도 가시고 하잖아요. 지금 ○○장이었죠?[12]

내담자21 네, ○○장요.

상담자21 그러면 ○○장 근처에 살고 있는 여자라고 생각하시는 거예요?

내담자22 아! ○○장이 아니고,

상담자22 그러면 그렇게 금방 차에 오기가 쉽지 않잖아요.

내담자23 아니요! 요즘은 차가 있으니까 아! 그 여자가 운전도 할 수 있고,

상담자23 운전하고 내가 어디 있으니까 와라 그래서 온 거 같다?

내담자24 내 느낌에.

상담자24 그럼 그 여자가 차를 몰고 가는 걸 보신 거예요?

내담자25 아뇨. 보진 못했어요. 그 여자 뒷모습만 봤어요. 딱 정면으로 보고 돌아서서 갔어요.

상담자25 그럼 어머니께서는 그 여자하고 남편하고 계속 관계를 맺고 있다는 생각이 들어서 괴로우신 거예요?[13]

---

11 상담자19: "어떤 생각이 드세요?" 문장을 완성하여 질문하는 것이 더 바람직하다.

12 상담자20: "무엇이 가장 걱정이 되세요?" 이러한 질문은 내담자가 생각하고 있는 문제점을 구체적으로 드러내는 데 도움이 된다.

내담자26 네, 괴롭고…….

상담자26 남편은 계속 아니라고 그러고?

내담자27 그러고.

상담자27 모르는 여자라고 그러고?

내담자28 아니, 안 했다고. (그럼.) 근데 요즘 몸에다 손을 얹으려고 하면, 내가 손을 내리고 살을 못 닿게 하면, 언제까지 "이럴 거냐?"라고 하거든요. 그 말끝에 '나, 눈을 떠도 그 여자가 어른거리고 눈을 감아도 어른거리고, 도저히 어른거려서 살 닿는거 싫다.' 아무소리 안 해요, 반박을 안 하거든요.

상담자28 그때 본 장면 외에는 남편을 의심할 만한 게 없잖아요.**14**

내담자29 없죠. 그리고 아~ ○○○장에서 장사하고 있으면, 장사하는 사람들끼리는 다 알고, 옷 파는 아줌마가 "어! ○○ 씨 남편 단속 좀 잘 해야겠어." 하는 얘기한 적이 1년 됐어요.

상담자29 아! 그러셨구나! (네.) 근데 그냥 겉으로만 들으셨구나!**15**

내담자30 네네, 그리고 한번은 식당에 밥을 먹으러 가니까, 닭 파는 아줌만데 "어! 부부였어요? 나는 부부 아닌 줄 알았네." 그러더라고요. 이 사람이 오지랖이 넓어, 하면서, 내 속으로 그렇게 하고 삭이고 말았거든요, 지금 와서 직접 눈으로 확인하니, 그게 거짓이 아니었어요.

상담자30 그냥, 한 얘기가 아니었다?

내담자31 네, 절대 아니었어요. 너무 황당하고, 서로가 이렇게 흠 있는 사

---

13 상담자25: "그때 느낌이 어떠셨어요?" 그 여자가 돌아서서 가는 순간에 내담자 느낀 것을 구체적으로 표현하도록 하여, 분노의 감정을 드러낼 수 있도록 돕는다.

14 상담자28: "답답하고 화가 나셨겠네요." 공감한다.

15 상담자29: 내담자의 입장에서 joining을 잘해 주었다. joining이란 상담자가 내담자의 감정이나 생각을 잘 맞추어서 반응하는 것을 말한다.

람끼리 만나서, 우리가 살아 봐야 20~30년인데, 그 여자가 경제력도 있고 더 좋거든 헤어지자고 솔직히 이혼하자고 했거든요. (네.) 그랬더니 아무소리 안 하더라고요.

상담자31 한다 안 한다 소리도 안 하고?[16]

내담자32 한다 안 한다 소리 안 하고.

상담자32 근데 그 여자가 경제력이 있다는 것은 어머니 생각이시잖아요.

내담자33 내가 봤을 때는 경제력도 있겠고!

상담자33 어머니도 경제력이 있으시잖아요. 장사도 잘 하시고… 그런 거가 문제가 아니라…….[17]

내담자34 문제가 아니라……. 남편의 마음이라는 거죠.

상담자34 그렇죠. 남편의 마음이죠. 근데 어머니는 지금 경제력도 있으니, 이혼하자 하는 건 사실 어머니의 본마음은 아니시잖아요.[18]

내담자35 본마음은 아니죠.

상담자35 남편이 어떤 생각인가 한번 떠 보는 거 아니세요?

내담자36 아뇨. 떠보는 거지만. 그 사람이 너무 나한테 힘들게 했어요. 이 사람 만나서부터 내 자식들을 그냥 내팽개치고, 큰애랑 둘째가 대학교 들어가서 "1년만 도와줘." 그런 걸 뿌리치고, 이 사람이 사귀는 2년 동안 같이 살자고 하두 그러고 해서 합쳤거든요. 지금 와서 생각하니 애들한테 도와주지 않고, 그게 너무 가슴이 아프고, 이 사람이 이렇게 하니 너무 배신감 응……

---

16 상담자31: "아무 소리도 안 하니 답답하셨겠네요, 혹은 남편이 어떤 대답을 하기를 기대했었나요?"라고 반응하여 내담자의 감정과 생각을 드러낼 수 있도록 한다.

17 상담자33: 내담자의 경제력을 확인시켜 주는 점이 좋다.

18 상담자34: "이혼하자고 말할 때는 어떤 마음이셨나요?"라고 말할 때 내담자의 심정을 구체적으로 드러낼 수 있도록 돕는다.

상담자36 응. 그렇게 왔는데 애들까지도…….[19]

내담자37 배신감!

상담자37 음! 그렇겠네요.

내담자38 그리고 애들 아빠가 그 전에 애들 아빠가 폭력을 하고 (네네.) 술을 먹고 애들을 때리고 나도 때리고…….

상담자38 전남편이?

내담자39 살 수가 없어서 헤어져서 나 혼자 시어머니에게 애들 맡겨 놨다가, 애들 6년 맡겨 놨을 거예요. 나 혼자 식당일 해서 돈 벌어서 ○○동에 식당 차려 가지고, (네.) 했어요. 애들 셋 데리고 올라와서 식당을 했는데, 남편이 애들이 크면 애들 무서워서 폭력을 못하겠지 생각하고, 세월을 보내고 돈만 악착같이 모아서 식당을 차려 가지고 있는데, 식당을 못하게 해요.

상담자39 전남편이 찾아와 가지고요?

내담자40 네. 이 식당 간판을 돌 가지고 두둘겨 깨고, 또 식당에 물 꼬다리를 끊어 버리고 주방에서 호스를 가지고 식당에 물을 틀어 놔서, 한강 되 버리고 또 시장 갔다 오면, 문에다 본드를 해 놔 버려요. 그러면 앞뒤로 해 놓으면 열쇠도 못하고, 나 혼자 방방 뜨고 있으면, 앞집 슈퍼아저씨가 와서 그건 할 수 있다고 하며, 불을 붙여서 (녹여서.) 녹이니까 열리더라고요. 그리고 애들한테 손을 안 대고 하면 되는데, 우리 둘째가 저 아버지에게 반박이 생겨 가지고, 아버지를 뭐라고 막 하고 때리기도 하고, 발로 차기도 하고, 그랬나 봐요. 그러니까 이 아버지가 학교까지 가서 신고를 해 버렸어요. 응 애비를 때린다 하고.

---

19 상담자36: 개입 없이 내담자의 말을 경청하는 것이 좋을 듯하다.

······(중 략)······

전남편이 술을 먹고 가족들에게 폭력을 하는 등 갖은 방법으로 괴롭혔다. 그
러는 남편을 아들이 때리게 되고, 남편은 교장 선생님에게 아들을 퇴학시켜
달라고 요구한다. 내담자는 아들을 바르게 자라게 해야겠다는 결심을 하고
이혼을 한다. 이혼 후에도 계속 괴롭히는 남편을 결국은 단념시키고, 관계를
정리한 후 지금의 남편과 재혼하였다.

내담자61 애들끼리 살게 하고.

상담자61 그때부터 아이들은 자기네들끼리 살게 됐네요. 지금은 아무도 결
혼 안 했어요?

내담자62 딸만 했어요.

상담자62 딸만. 음 딸만 결혼했고. 그래서 남편하고도 어찌되었든 간에 아
이들을 두고, 어머니께서 남편하고 만나서 결혼을 하셨잖아요. 두 분이서만
살면서 그러면서 무난하게 장사해 가면서 사신 거잖아요? 그동안에 전남편
처럼 폭력을 하거나 그런 적 없고.[20]

내담자63 그런 거는 없고.

상담자63 지금 와서 문제가 바람피는 것 때문에 문제가 되는 거잖아요? 근
데 어머니께서 남편이 무슨 얘기를 하면, 아니다 기다도 아니고 묵묵부답으
로 있는 것이 답답하시고?[21]

---

20 상담자62: 상담자가 추정해서 말하기보다는, 사는 동안 별일 없었는지 질문해서 내담자가
이야기하도록 한다.

21 상담자63: "어떤 도움을 받고 싶으신지요?"라고 질문하도록 한다. 상담자가 내담자의 상황을
대신해서 말하기보다는 상담에서 해결해야 할 부분에 초점을 맞추는 것이 더 바람직하다.

내담자64 답답하고. 차라리…….

상담자64 어떻다 저떻다 얘기 좀 했으면 좋겠는데.

내담자65 좋겠는데. 속이라도 시원하고 좀 그렇겠는데 아니다 기다 소리도 안 하고 묵묵부답으로 있고.

상담자65 그러니까 그 속마음이 어떤 건지 궁금하기도 하고. 지금 와서 생각해 보니 아이들을 두고 그렇게 했는데, 큰 배신감도 느끼고, 아이들에게 미안함도 있으시고.

내담자66 억울함도 있고, 이 사람도 또 고관절 수술을 다 해 주고, 처음 한쪽 ○○○ 병원에서 하고, 그다음은 ○○에서 하고, 이제 걸음 제대로 걸을 만하고.

상담자66 남편이요?[22]

내담자67 네. 고관절 수술해 줬지! 또 중이염 와서 한 일 년 동안 여기서 ○○ 병원 다니면서 치료하고 그래도 안 되 가지고, 눈이 이렇게 나오고 입이 한쪽으로 확 돌아가더라고요. 너무 놀라서 ○○ 병원 가니까 원래 순서대로 하면 11월에 해야 하는데, 바로 일주일 만에 잡아서 수술을 해 주더라고요. 너무 위험하니까……. 수술을 하고 병간호를 다 해 주었는데.

상담자67 너무 잘해주셨네요. 정말.[23]

내담자68 마음을 어떻게 추슬러야 할지 너무 힘이 들어요. (그렇군요.) 어떻게 해야 될지, 그리고 이 사람이 옛날에도 본 마누라와도 여자관계로 많이 싸우고, 현장도 많이 잡고, 자기 말로도 비닐하우스까지도 하고 했다고 하더라고요. 그때는 젊고 다리도 성성하고 활기도 있었고, ○○장에서 생선장사

---

22 상담자66: "분하시겠네요." 공감하는 것이 좋다.
23 상담자67: "정말 화가 나시겠네요?" 공감 반응이 필요하다.

했었는데 그렇게 했겠죠. 이제 나이도 들어 가고, 그런 일은 없겠지, 그렇게 믿고 살았지. 그런데 이렇게 현장을 딱 보고 나니까, 믿을 수 없고 앞으로 안 한다는 보장도 없고.

상담자68 참 답답하시겠네요.[24]

내담자69 어떻게 해결해야 할지.

상담자69 그렇다고 어머니가 지금 아까 툭 던져 봤지만 이혼을 한다 안 한다 아무것도 안 되어 있잖아요. 어머니 마음만 혼란스럽지.[25]

내담자70 그런데요. 그냥 헤어지고 싶어요.

상담자70 무조건?[26]

내담자71 너무 배신감이 크고. 앞으로 안 한다는 보장도 없고.

상담자71 헤어지고 싶다. 속상하니까 하시는 말씀인 거 같은데, 어머니가 그 현장을 본 지가 얼마 안 되고, 어머니가 헤어지고 싶다는 얘기가 속상하다는 얘기로 들리거든요. 그죠? 근데 일단 남편하고 일단 얘기를 해 보시는 방법밖에 없는 것 같아요.[27]

내담자72 얘기를 하면 묵묵부답이고. 자기는 정직하다고.

상담자72 그러면 한번 믿어 보셔야죠.[28]

---

24 상담자68: "믿음이 안가시는군요." 내담자의 생각을 요약해 주는 것이 문제를 정리하는 데 도움이 된다.

25 상담자69: "어떻게 가닥이 잡히시나요?" 구체화 작업은 내담자가 자신의 생각을 말할 수 있도록 해 준다.

26 상담자70: "남편과 헤어지는 것을 구체적으로 생각해 본 적이 있나요?" 구체화 작업은 내담자의 생각을 깊어지게 한다.

27 상담자71: "앞으로 어떻게 하고 싶으신가요?"라고 질문하여, 어떤 계획을 해 보았는지 탐색해 본다.

28 상담자72: "마음이 너무 답답하셨겠네요."라고 공감해 주어야 한다. 믿어 보라는 말은 내담자를 더 힘들게 할 수도 있다.

내담자73 믿어 보라고?

상담자73 정직하다는데…….

내담자74 근데 이해를 못하는 게, 왜 바람을 피우면 여관에 가서 하지 왜 거기서 했을까? 이 장터도 내 저긴데 자기 명의로 다 돌렸어요. 차도 자기보험이 싸다고 돌렸어요. 장터도 남자들하고 어울리고 하니까, 자기 명의로 돌렸어요. 내가 하지 말라고 했는데 (그렇죠.) 자기 명의로 슬며시 돌렸어요. 그렇게 하니까.

상담자74 그게 언제죠?

내담자75 한참 됐어요.

상담자75 돌려놨다고 해서 다 남편 거라는 거는 아닌데, 그런 거까지도 의심되는 거죠?

내담자76 네, 다 의심되는 거죠.

상담자76 다 돌려놓고 계획적이지 않았나?

내담자77 그전에는 의심도 안 했는데, 그 전에는 남자들끼리 그런가 보다 이해를 했는데, 지금 와서 현장을 보고 나니까 확 뒤집혀 버린 거죠.

상담자77 지금은 감정이 안 좋으시잖아요. 그러니까 지금 당장 장터 뭐도 내 명의로 해 달라고 하면, 남편이 이 여자가 나랑 안 살려고 하나 이럴 수도 있잖아요. 그러니까 천천히 하시고, 예를 들어 잠자리 하는데 남편 손이 온다 그러면, 지금은 마음이 허락지 않으니까, 그렇긴 하지만 그렇게 탁 치는 거보다는, 말로 어머니가 내가 당신 그런 걸 보고는 아무리 아니라고 해도, 내가 아니라는 생각이 안 들어서, 당신이 만지고 하는 것을 받아들일 수가 없다. 조금만 기다려 달라고, 말로 하지 탁 치거나 거부하는 식으로 하면 계속해서 남편에게 그렇게 하면, 정말 멀어질 수 있잖아요. 그 여자하고 바람을 피고 있는 상태라면 바람을 피고 있는지 아닌지는 모르지만, 어머니께서 그 장면을 보고 분명히 바람을 피고 있다고 생각하고 있지만, 그렇다고 완전히 드러난 건 아니잖아요. 여러 가지 심증은 가지만, 그거가 완전히 드러나서, 남편이 같이 이혼하자고 얘기하기 전까지는, 어머니가 아직 준비가 안 돼 있으니까, 뭔가 노력을 해 보셔야 되는 거 같거든요. 어머니는 어떻게 생각하세요? 지금 당장 끝내고 싶은 거예요?²⁹

내담자78 네, 그냥 희망이 없겠다.

상담자78 어머니가 아시다시피 이혼하는 거 어렵지 않아요. 남편하고 이혼하자 하고, 남편도 이혼하자 하면 이혼하는 거예요. 둘이.

내담자79 지금 내 심정은, 애들한테 너무 잘못했다, 지금이라도 나 혼자 벌어서 노후 마련하고, 애들 마음이라도 편하게 하는 게 낫지 않나 싶어요.

상담자79 어머니가 원하는 대로 사실 수 있는 거예요. 어머니가 선택하기 나름이에요. 이 남자가 바람을 피고 있는 거 같지만, 이 남자를 어떻게 해서든지 마음을 돌려서 나랑 끝까지 살고 싶다 하면, 그렇게 하는 거고, 지금 이 남자하고 헤어지고 아이들하고, 그전에 잘못한 것은 있지만, 지금이라도 아이들하고 잘 살고 돈 벌어서 노후대책하고 살겠다 하면, 그렇게 사는 거예요. 어차피 내가 어떻게 사느냐는 내 선택이에요. 그래서 어머니가 선택하는 거예요. 어려운 건 없죠.

내담자80 근데 그쪽에서 이혼을 끝까지 안 해 줄 때는 어떻게 해요?

상담자80 끝까지 안 해 주면 어머니께서도 끝까지 요구해야죠. 나는 당신하고 살고 싶지 않다. 이혼하자.

내담자81 그냥 이렇게 몰래. 짐 싸가지고 가 버릴까요?

---

29 상담자77: "현장을 보고 뭐가 어떻게 뒤집혔는지 자세히 얘기해 주시겠습니까? 그때 어떤 생각이 들었나요? 느낌은 어땠습니까?" 등으로 질문하여 내담자가 현장을 보는 순간의 느낌과 생각을 자세하게 이야기할 수 있도록 한다.

상담자81 그렇게 하는 건 아닌 것 같은데요.

내담자82 내가 생각해도 무슨 약점을 어떻게 잡힐지 몰라서 그 생각이 머리에 스쳐서 그건 아닌 것 같고.

상담자82 약점이 아니고, 그런 식으로 정리도 안 하고 뭐가 해결이 되겠어요. (그러니까.) 남편하고 정말 헤어지고 싶다는 마음이 들면, 남편에게 이혼을 요구하는 거죠. 근데 남편이 정말 그 여자하고 어떤 관계까지 갔는지 모르지만, 그 여자하고 살 생각 있으면 하자라고 할 수도 있고, 아니면 어머니하고 끝까지 살고 싶은 생각이 있다면, 난 이혼 안 한다라고 하겠죠. 그런데 중요한 건 어머니의 의지예요. 내가 남편하고 살기 싫다. 남편이 어떻게 나오든 간에 이 남자하고는 가능성이 없다. 앞으로 의심도 되고 믿을 수 없다고 하면 이혼을 끝까지 요구하시는 거죠. (끝까지.) 근데 지금 어머니가 마음이 많이 불편하시잖아요.

내담자83 굉장히 혼란스럽고 답답해요.

상담자83 제가 보기에는 좀 마음을 정리하셔야 될 것 같아요.[30]

내담자84 우선 마음을 정리하라고요?

상담자84 네, 지금 어머니께서 정말 이혼을 원하는 건지, 내 마음속에서 남편이 이래서 내가 속상해서 이러는 건지, 이런 부분을 시간을 갖고 혼자 생각해 보세요. 그리고 남편과 이혼을 원한다면 어떻게 할 건지 생각하고, 갑자기 딱 결정하지 말고, 내가 정말 이혼을 원하는 건지, 남편이 다른 여자가 있어서 배신감에 때문에 헤어지고 싶다고 하는 건지, 이런 것을 정리하시고, 어떻게 할 건지 마음을 차분히 가라앉히시고.[31]

---

30 상담자83: "답답하시지요?" 공감 반응을 하는 것이 좋다.
31 상담자84: 내담자의 상황에 도움이 되지 않는 말을 하고 있다.

내담자85 이혼한다면, (네.) 재산을 전세 천만 원 있거든요.

상담자85 이건 어떻게? 남편 돈이에요?[32]

내담자86 아니죠. 전세 천만 원은 남편 명의인데 같이 벌었어요. 같이 벌었으니까 남편 돈도 되고 내 돈도 되고.

상담자86 둘이 만나서 집도 얻고 장터도 마련하고, 자동차도 샀을 거 아니예요. 그리고 어머니께서 돈 더 벌었으면 더 받아야죠.

내담자87 내가 더 벌었죠.

상담자87 그럼 더 가져야죠, 이런 거 정리해야지, 짐만 후딱 가지고 나가시면 안 되잖아요. 그러니까 일단 내가 정말 이 남자하고 정말 이혼을 원하는지, 안 원하는지를, 한번 잘 생각해 보시고, 이혼하겠다고 맘먹으면 이런 거를 정리해야죠.[33]

······(중 략)······

내담자는 재산권에 대한 정보를 묻고 나서, 남편과의 성생활에 대한 문제를 이야기하였다. 상담 초기에 목표 설정을 하지 않았기 때문에 한 가지 주제로 집중되지 않고 주제가 자꾸 바뀌게 되었다.

상담자116 울고 싶으면 우세요. 울고 싶을 때 울어도 마음이 후련해요. 뭔가 얘기하고 싶은 게 있으면, 전화하든가 찾아오시든가 얘기하다 보면······.

내담자117 내가 가만히 생각해 보면, 이 사람이 나보다 더 배우고, 나보다

---

32 상담자85: 재산권에 대한 이야기는 법률상담으로 연계하는 것이 좋다.

33 상담자87: 반응을 잘했다. 이혼할 때 여성이 재산권을 확보하는 것은 생계와 직결되는 경우가 많기 때문에 상당히 중요하다.

형제들이라든가 조건도 좋고, 나는 이 사람보다 못한 게 뭐냐 하면, 엄마가, 아버지가 옛날 부잣집 외아들이어서, 첩을 많이 봐서 나를 낳고 엄마가 가셨어요. 큰엄마 밑에서 컸어요. 가슴에 못이 박혀서, 내 대에서는 끊어야겠다. 이 사람하고도 애가 없고 그래요. 내가 너무 욕심을 부렸나 이 생각이!

상담자117　무슨 욕심을?

내담자118　나보다 더 배웠고…….

상담자118　뭘 그렇게 배웠다고, 어머니 부족한 거 없으세요. 어머니가 초등학교도 졸업도 못 하셨고, 남편이 고등학교 나왔다고, 초등학교 나와도 고등학교 나온 사람과 살 수도 있고, 대학교 나온 사람과 살 수도 있어요. 어머니가 그렇게 생각하시면 안 되요. 엄마 얼굴도 모르시겠네요?[34]

내담자119　알아요. 엄마가 한 번 찾아 왔었어요. 그래서 알아요.

상담자119　지금은 연락 안 하시고? 그때 한 번 보고……. 어머니가 나를 놓고 나갔고, 어머니가 첩의 딸이라는 것이 부끄럽고……. 어머니 탓이 아니잖아요.

내담자120　아닌데도 어디다 내놓고 말을 못해요.

상담자120　어머니 그런 생각하지 마세요. 어머니는 엄마가 그런 관계에서 나를 낳았다고 왜 그런 게 부끄럽냐고, 당당하게 사세요. 중요한 게 어머니께서 굉장히 열심히 사시잖아요.[35]

내담자121　사는 건 열심히 살지요.

상담자121　근데 내가 최선을 다해서 살면 되지.

내담자122　나쁜 저기라고는 신에 맹세하고 하지만…….

34　상담자118: 상담자가 개입하기보다는 내담자의 이야기를 차분하게 듣는 것이 좋다.

35　상담자120: "내놓고 말하려면 부끄럽고 힘드시군요." 내놓고 말 못하는 심정을 공감하고, 지지하도록 한다.

상담자122 더 열심히 살고 부모님에 대해서 얘기 못하는 입장이라 더 올바르게 사셨잖아요. 그러면 자부심을 가져야죠. 나는 떳떳하다. 설령 엄마가 그렇게 했어도 그건 엄마 문제고 나는 태어난 거잖아요. 태어나서 부끄럽게 산 게 아니잖아요. 그럼 된 거잖아요. 내가 남편에게 기운다 생각하지 마세요. 그래서 남편에게 당당하게 요구하고, 얘기하지 못하는 부분이 있을 수 있어요 그죠? 지금부터 그러지 마세요. [36]

내담자123 기가 죽고 이렇게.

상담자123 하려고 해도 잘 안 돼요?

내담자124 그리고 남편 글씨도, 내가 쓰는 글씨와 다르고 그러니까.

상담자124 글씨 잘 쓰는구먼! 어머니께서 부끄러운 사람이 아니고, 내가 당당하다. 당신의 부인으로서 당당하게 요구할 수 있고, 내가 남편한테 그런 모습을 보여야 남편도 나를 그렇게 대접을 해 줘요. 내가 이렇게 부끄럽고 자존심도 낮게 생각하는데, 남편이 나를 돌봐주겠지! 나를 안됐다고 생각하겠지! 내가 부족하니까 뭔가 나를 챙겨 주겠지, 그러면 안 돼요. 내가 나를 부끄럽게 생각하면, 남편도 나를 그렇게 알고 함부로 대해요. 너는 하찮은 사람이잖아, 너는 니 자신도 부끄러워하면서 나한테 뭘 인정받으려고 해? 그렇게 해요. 지금부터 하시고 싶은 얘기 있으면 당당하게 하세요. 요구도 당당하게 하세요. 내가 초등학교 졸업했으면 어떻고, 내 출생이 내 잘못예요? 그게 어머니 잘못 아니잖아요. 지금부터 하실 일을 그거네요. 찾았네요. 그거네요. 당당하게 요구하는 거! 애들한테 물론 미안하지만 나는 나대로 최선을 다했다. 그렇잖아요?

상담자125 내가 생각하기에도 최선을 다했어요. 한 가지 미흡한 건, 우리애

---

36 상담자122: 지시적으로 하기보다는 내담자의 이야기를 듣도록 한다.

가 큰애는 ○○대학교 들어가고 둘째는 ○○대 들어갔는데, "엄마 나 일 년 만 도와줘." 했는데 그걸 거절하고 나왔다는 거.

상담자126 어떡해요. 어쩔 수 없죠. 도와줄 수 없으니까 못 도와주지, 어떤 엄마가 자식이 얘기하는데 넉넉히 있는데 안 도와줬겠어요? 정 걸리면, 애들한테 이렇게 얘기하세요. "내가 너희들한테 이렇게 했는데 내가 도와주지 않고 모르는 척해서 지금도 마음에 걸린다. 미안하다." 사과하세요. 그러고 끝내는 거죠. 이미 지난 얘긴데, 애들 앞에서건 남편 앞에서건 당당하게 어머니 마음을 얘기하세요. 아시겠어요? 이제부터 하실 수 있겠어요?[37]

9) 슈퍼비전 받고 싶은 내용

내담자가 얘기를 봇물처럼 쏟으며 다른 얘기로 계속 넘어갈 때, 내담자에게 어떤 방식으로 접근해야 하는지 알고 싶다.

10) 상담에 대한 여성주의상담 슈퍼비전 내용

➡ 내담자가 호소하는 여러 가지 내용 중에서 상담 회기 중에 다룰 수 있는 것은 한정되어 있다는 점을 염두에 두어야 한다. 상담자와 내담자가 협의하여 상담 초기에 구조화를 시도해서 목표 설정을 해야 한다. 본 사례는 상담자가 구조화할 적절한 시점을 놓쳐, 상담 목표를 잡지 않으므로 해서 효과적으로 문제 해결에 집중할 수 없었다.

➡ 내담자가 외도를 목격한 사실 확인에 집중하기보다는 내담자가 느꼈을 배신감, 죄책감, 분노 등 공감에 힘을 기울여 내담자의 감정을

---

[37] 상담자126: '아이들에게 당당하고 솔직하게 말하라.'는 상담자의 말은 내담자에게 힘이 되었을 것이다. 모성이데올로기로부터 벗어나는 것은 내담자로 하여금 불필요한 죄책감으로부터 벗어나도록 할 것이다.

표현하도록 해야 한다. 만일 내담자가 분노를 드러내야 하는 순간에 감정표현을 하지 않을 경우, 상담자가 자기개방(여성주의상담 원리II)을 시도하여 자기 감정을 드러내서, 내담자가 분노를 표현하도록 촉진하면, 내담자가 감정을 충분히 분출한 후에 자신의 문제를 객관화할 수 있는 힘이 생기기 때문에 문제 해결에 도움이 된다.

➡ 내담자의 성역할 고정관념은 남편에게 무조건적으로 헌신하게 하는 기제가 되고 있으며, 남편 외도의 원인을 자신에게서 찾으려고 하며 힘을 빼앗기고 있다. (여성주의상담 원리I) 여성주의상담자는 내담자의 성역할분석을 통해서 이미 내면화된 메시지를 해결에 도움이 되는 메시지로 바꾸도록 하여, 내담자가 성역할 고정관념으로부터 해방되도록 하므로 역량강화를 하는 것이다.

➡ 내담자가 "남편과 이혼하고 조용한 노후를 준비하고자 고민한다."라고 표현한다. 상담자는 내담자의 심정을 이해하면서도 지지하기보다는, 남편의 행위가 맘에 들지는 않지만 관계가 악화될까 봐 감정을 절제하고, 남편에게 거슬리지 않게 표현할 것을 지시하고 주입시키려 한다. 만일 상담자의 의도가 내담자로 하여금 일단 이혼을 유보하고, 이혼 준비를 위해 전략적으로 대하라는 뜻이라면, 그 의도를 내담자에게 명확하게 전달해야 한다. 왜냐하면 내담자로 하여금 남편과 현재 상황에 적응하라는 것으로 오해할 수 있기 때문이다. 만일의 경우 남편에게 적응하라는 부분이 슈퍼바이지의 미해결 과제 때문이라면 슈퍼비전 때 다루어서 슈퍼바이지가 인지하도록 해 주어야 한다.

➡ 여성주의상담자는 자신의 가치관을 밝혀야 하며, 상담 과정 중 내담자에게 어떤 영향을 끼치는지 인지하도록 해야 한다. 상담자가 충

고, 지시하는 것은 상담자와 내담자는 평등하다는 여성주의상담 원리II에 어긋나는 것이다. 상담 시 내담자로 하여금 자신의 문제를 스스로 선택을 하고 결정하게 하는 것이 역량강화(여성주의상담 원리III)라는 점을 염두에 두어야 할 것이다.

11) 동료 상담자 토의 시간에 나온 내용

• 내담자가 자신의 범주 안에서만 생활하는 것 같다. 남편과 생각을 교환하지 않고 참고, 자기 역할만 묵묵히 하는 모습이다. 재혼이 깨질까 봐 노심초사하며, 남편에게는 물건 정리하는 것만 시키는 것 같다. 전남편과 깨지는 과정에서 힘은 느껴지지만 현 남편과의 관계는 끌려가고 있다. 자식들 출세 문제로 자존감이 낮고, 전남편과 현재 남편과의 관계에서도 자신의 것은 적절하게 자기표현을 하여 정리하지 못하기 때문에 대인관계에 어려움이 있다. 외도 문제를 최우선적으로 삼아서 풀면서, 출생, 학력에 대한 문제는 건드릴 수 있지만 외도에 중심을 두고, 나머지는 가볍게 가면 어떨까 생각했다.

• "왜 그렇게 하셨어요?"라는 질문은 비난조로 들릴 수 있어서 주의해야 한다. "어떻게……?"라고 질문하는 것에 포커스를 맞추는 게 쉽지 않다. 상담 시 개방형 질문을 하고 있는가를 끊임없이 확인하게 된다.

• 자기 삶의 이야기를 풀어내지 못하고 옥죄고 살았던 아픔을 봤고, 그것을 상담자가 공감하고 역량강화해 주면 좋았겠다. 능력이 많은 사람인데 지지해 줬으면 힘이 더 생겼을 것 같다. 자녀가 대학생이 되면 그다음은 알아서 해야 한다고 생각한다. 나도 한부모 가족이고 아이들이 커서 잘 생활하고 있다. 내 경험을 알려 주고 싶다.

- 저 남자와 결혼하게 되면 내 아이도 키워 주지 않을까 하는 욕구가 있었을 것 같다. 세월이 지나서 지금에 와서야 죄책감을 갖는 것 같다. 1년만 도와달라는 것은 대학생인데 버린 것은 아닌 것 같다. 죄책감의 문제가 아니라 안타까움의 문제인 것 같다. 잘못한 선택에 대한 안타까움은 있을 수 있지만 여성이 노동을 하면서 노동의 대가가 시댁에 귀속되는 것은 "개인적인 것은 정치적인 것이다."로 봐야 한다.
- 이 내담자는 현장을 목격한 상황이고 믿어지지 않고, 이전 상황과 퍼즐 맞추듯이 상황이 맞춰지는 상황이라 감정을 읽어 주는 것이 필요하다. 감정을 제어하거나 억압적으로 이끌어 가는 점이 아쉽다. 구조화, 공감의 중요성을 알았다. 목표를 현재적인 것, 억압적인 부분에 맞추는 것이 필요함을 알지만 잘 안 된다.

12) 슈퍼비전 이후 진행 상황 및 슈퍼바이지 총평

본 사례의 경우 상담자가 5회기까지 상담을 진행하여 종결한 후에 사례를 제출했기 때문에 슈퍼비전 이후 회기 진행이 없다.

슈퍼바이지의 자기 평가
강점

경청과 지지, 요약, 탐색을 위한 질문은 잘 이루어졌다. 혼란스러워하는 내담자에게 부부관계와 이혼에 관해 여유를 가지고 자신의 감정을 점검하도록 권유한 것과, 자신의 욕구를 표현하도록 지지하면서 내담자와 공감대를 이끌어 내는 것은 상담자의 강점이라고 본다. 내담자가 상담자에게 가슴속에 쌓아 놓았던 자신의 얘기를 처음 꺼내 놓는 상황에서 상담자는 얘기를 들어 주는 역할을 잘 수행하였다.

약점

상담의 구조화가 이루어지지 않아서 내담자의 얘기에 끌려다니고 있
다. 상담 초기에 외도, 출생, 낮은 학력 등 몇 개의 주제 중 내담자와 협의
하여 상담 목표를 정해야 했다.

전남편과 경험하지 못한 부부생활을 꿈꾸며 재혼한 내담자는 남편의
외도로 인하여 상담실을 찾아왔다. 남편의 외도 문제에 초점을 맞추고,
지금까지 억압한 내면의 문제를 다루는 것으로 정리해야 하는데 내담자
가 쏟아 놓는 얘기에 상담의 방향을 잡지 못했다. 출생에 대한 수치심으
로 인하여 자신을 드러내지 못하고 서툰 관계를 맺고, 어느 정도 가까워
지면 본인이 멀어져 가는 관계가 반복되는 것을 짚어 주지 못했다. 독립
적으로 자신의 삶을 개척한 내담자에게 힘을 실어주는 데 부족했다. 자
녀를 대학생이 될 때까지 키워 주었으면, 그다음은 자녀들의 몫이다. 자
녀에게 당당할 필요가 있다는 지지가 부족했다. 상담자가 급한 마음에
계속해서 설명하고 교육하며 상담을 진행하여, 내담자와 평등한 관계를
맺는 데 실패했다. 상담이 종료된 뒤에도 연민이 밀려왔고, 뭔가 충분히
나누지 못한 안타까움에 다시 상담이 이루어졌으면 하는 바람이 있었다.

슈퍼비전 이후 받은 영향

상담에서 상담의 구조화가 중요하다는 인식과 함께 상담자로서 가치관
을 점검하고 자신을 객관적으로 바라보며 반성하는 기회였다.

- 상담을 다시 한다면
  - 내담자 중심의 질문을 하여 내담자가 인식하지 못하거나, 억압된
    감정을 충분히 드러내도록 한다.

  -지속 상담에 대한 전략을 협의한다.

• 다시 상담 목표를 세운다면
  -남편의 외도에 대한 나의 태도를 점검한다.
  -이혼할 시 재산분할, 위자료 등의 정확한 정보를 알려 준다.
  -자녀에 대한 죄책감에서 벗어나 자존감 회복을 돕는다.

일상생활에서 내담자 때문에 스트레스가 많아요

쉼터관리자이면서 내담자를 상담한 사례 슈퍼비전

이미혜
(한국여성의전화 한국여성주의상담실천연구소 소장)

사례 요약

내담자는 50대 여성으로 동거남의 가정폭력을 피해 현재 쉼터에 거주하고 있다. 친정어머니가 어릴 때 돌아가셔서 어머니 대신 집안일을 돌보았으며 초등학교 생활기록부에도 친구들에 대한 배려가 많다고 적혀 있다.

외도가 심했던 전남편과 이혼한 후 동거남을 만났으나 가정폭력과 의처증이 심해서 여러 차례 동거남을 피해 집을 나와 쉼터에 입소했다. 내담자는 동거인인 가해자로부터 계속적으로 노출되어 여러 보호시설을 옮겨 다녔으며 현 쉼터는 단체규정 불이행으로 퇴소하였다가 재입소했다. 내담자는 쉼터생활 중에 필요 이상으로 다른 사람들을 돌보고 관여하여 공동체생활에 갈등을 일으키고 있다. 상담자는 관리자이면서 내담자의 상담을 맡고 있어서 공동체 규칙을 어기는 내담자에 대한 부담 때문에 상담 진행이 원활하지 않아 힘들어한다.

1. 상담의 이중관계

본 사례는 상담자이면서 동시에 쉼터의 관리자로서 두 가지 역할을 수행하는 상담자의 고충이 잘 나타나 있다. 관리는 사전적 의미로 어떤 일의 사무를 맡아 처리하거나 시설이나 물건의 유지, 개량 따위의 일을 맡아 처리하고, 사람을 통제하고 지휘 감독하는 것을 의미한다. 상담은 공감적이면서 상호 소통하고 존중하는 관계가 특징이다. 관리자와 상담자는 역할이 매우 다르다. 본 사례에서 상담자는 공감하기보다 내담자가 쉼터 안전에 위협이 되지 않는 행동을 하도록 교육하고 통제하려는 모습을 자주 보인다. 이렇게 상담자와 관리자라는 두 역할이 충돌하고 갈등을 일으키는 것은 상담에서의 이중관계 때문이다.

이중관계란 상담자가 내담자와 상담관계를 맺기 이전이나 상담기간 동안에 혹은 상담이 종결된 이후에 내담자와 제2의 관계, 즉 상담자와 친구, 피고용자, 사업파트너, 가족, 이성관계로 연결되는 것을 말하며, 그외에 또 다른 관계로 연결되어 있을 때 이를 다중관계라고 한다(Kagle & Giebelhausen, 1994: 박외숙, 고향자, 2007에서 재인용). 쉼터의 관리자이면서 동시에 상담자로서 내담자를 만나는 것도 이중관계에 속한다. 성적인 이중관계가 비윤리적이라는 것은 대부분 인정하지만 그 외 이중 또는 다중관계는 윤리적 측면에서 이로운지 해로운지에 대해 논란이 있다. 하지만 많은 경우 비성적 이중관계 역시 내담자와 상담자에게 부담을 주는 것이 사실이다.

이중관계를 경계하는 것은 힘(Power)의 문제 때문이다. 여성주의상담은 관계 속에서 한쪽에만 힘이 실리는 힘의 불평등 문제에 민감하다. 그래서 상담자와 내담자는 평등하다는 원리를 강조한다. 폭력 피해 경험이 있는 내담자들은 수많은 어려움을 견디고 나름대로 이겨 나가면서 오늘 이 자리에 이른 생존자로 본다. 이때 상담자는 상담의 전문가로서 내담자는 자기 삶의 전문가로서 만나기에 힘은 균등하고 관계는 평등하다. 그러나 관리자와 입소자가 되면 그 관계는 달라진다. 힘의 불평등이 작용할 수 있다. 관리자는 상담 외에도 일반적인 생활 속에서 내담자에게 영향력을 행사할 수 있기에 내담자가 편안하게 상담에 임하기 어렵다. 눈치를 보게 되고 잘 보이고 싶은 심리가 작용하기 쉽다. 이러한 힘의 불평등은 상담관계에서 강조되는 건강한 경계성을 허물게 되고 한 사람이 다른 사람을 통제하게 되는 형태로 나타날 수 있다. 여성주의상담자들은 상담관계가 여성과 종속집단[1] 구성원들이 사회에서 경험하는 힘의 불균형을 재창출하지 않아야 한다고 믿는다(김민예숙, 강김문순 역, 2004: 438). 이 사례에서도 내담자는 상담자가 관리자적인 입장에서 무엇인가를 지적하면 바로 수긍하면서 상담자의 비위를 맞추려고 한다. 이렇게 상담자가 권력을 가진 관계 형성은 상담자와 내담자 모두 상담관계 속에 몰입하기 어렵게 만든다. 결국 관계 안에서 무엇이 일어나고 있는지 알아차리기 어렵게 되어 상담자는 진솔성을 잃고 내담자의 자기이해에도 걸림돌이 된다.

2. 쉼터라는 특수한 상황

상담에서의 이중관계는 가정폭력쉼터라는 특수한 상황 속에서 문제가

---

1 사회 안에서 성, 인종, 장애 성적 선호 등을 이유로 차별받는 집단을 말한다.

더욱 커진다. 이는 여성폭력 피해 내담자들의 특성과 쉼터라는 환경이 주요인이다.

쉼터 내담자들은 일반 내담자들보다 충격적인 삶의 경험으로 인한 트라우마를 갖고 있는 경우가 많다. 오랜 시간 다른 대안 없이 폭력을 당해 온 것은 한 사람의 삶을 총체적으로 파괴한다. 가정폭력이나 성폭력 등 가까운 관계에서 지속적으로 폭력을 당해 온 내담자들은 복합외상후 스트레스 장애를 겪는다. Herman은 저서 『트라우마』에서 복합외상후 스트레스 장애를 장시간에 걸쳐 지배를 받은 종속의 역사에 대한 복잡한 반응이라고 정의하고 구타 생존자는 대체로 정서조절, 의식, 자아개념, 의미 체계의 교체를 수반한다고 한다. 때문에 폭력 피해자들은 이 사례의 내담자처럼 지속적으로 자기보호에 실패하고 대인관계에서도 경계가 와해되어 혼란과 갈등을 겪게 된다. 내담자들을 만나 보면 이런 특성들은 폭력 피해를 당하면서 그 관계에 적응하기 위해 애쓰는 과정에서 습득된 심리·행동적 기제인 경우가 많다. 여성과 남성에 대한 편견이 강하고 감정 표현이 적은 권위적, 폭력적인 원가족 경험이 내담자의 이런 행동을 더 심화시키기도 한다.

가정폭력 피해자들은 신체적 폭력 외에도 정서적·경제적·성적 폭력이 동반된 경우가 많아서 현실적 생활에서도 어려움을 겪는다. 장기쉼터인 돋움터 송주연 전 시설장은 쉼터 내담자들 중에 남편으로부터 신체적·정서적 폭력 못지않게 경제적 폭력과 심지어는 경제적 방치를 심각하게 당해서 돈에 대한 가치관이나 경제관이 없는 경우가 있다고 하면서 "퇴소 후 성공적인 홀로서기를 위해 효과적인 금전관리 교육이 절대적으로 필요하며 이에 대한 교육지원이 필요하다."라고 제안한다(송주연, 2007: 23). 본 사례 내담자 역시 자신의 건강을 돌봐야 함에도 불구하고 두고 온 자식들에게 먼저 돈을 보내 주고 쉼터의 아이들을 위해 돈을 쓰려고 한다.

상담자들은 이들을 만나면서 상당한 스트레스를 받는다. 이 사례의 내담자는 가해자에게 계속 노출되면서 지속적으로 자기보호에 실패하고 있다. 또한 타인과의 경계 형성이 잘 안 되고 공동체 안에서 타인에게 과도하게 관여하고 보살피려 한다. 상담자가 웬만큼 공감하고 버텨도 도통 자기이해나 통찰이 되지 않는 힘든 내담자들이 많다. 거주 기간이 단기쉼터는 6개월, 장기쉼터는 2년이지만 생업에 쫓기고 여러 가지 여건 때문에 현실적으로 자기문제를 충분히 돌아볼 수 있는 시간을 갖기란 쉽지 않다. 애를 써도 되지 않을 것 같은 무력감, 마치 계란으로 바위를 치는 것 같은 막막함이 상담자들에게 엄습한다. 때로 내담자들은 내적인 분노를 쉼터를 향해 표현하여 관리자들을 곤혹스럽게 만든다.

3. 힘듦이 닮아 있는 상담자와 내담자

피해 여성들을 만나 보면 무엇보다 이들을 힘들게 하는 것은 폭력에 대한 두려움이다. 현재 가해자는 쉼터에 없지만 피해자들은 계속 내적으로 폭력 피해를 경험하고 있고 그 두려움으로 인해서 심리적 와해 증상과 행동을 보인다. 상담자는 마치 시시포스의 신화처럼 끊임없이 분노감과 무력감을 되풀이하는 내담자들을 만나면서 자신 역시 무력하고 막막한 느낌을 갖게 된다. 마치 동전의 양면처럼 내담자와 상담자는 그 힘듦이 닮아 있다.

여성폭력 관련 상담소나 시설 종사자들이 소진 정도가 높다는 것은 널리 알려진 사실이다. 전문가들은 이들의 스트레스 상태를 설명하기에는 전통적인 소진의 개념보다는 이차외상(secondary traumatic stress)(Iliffe & Streed, 2000: 윤아랑, 정남운, 2011: 244에서 재인용)[2]이나 대리외상(vicarious traumatization)(MaCann & Pearlman, 1990: 권해수, 김소라, 2006: 496에서 재인용)[3]이라는 개념이 더 적절하다고 설명한다. 부산 경남지역 여성폭력 관련 상담소 및 시설근무자의 업무 관련 스트레스의 실태조사에 따르면 조사대상자의 이차외상스트레스 평균은 38.679로 절반 이상이 임상적 도움을 필요로 하는 범주에 포함되어 있다고 한다(박지영, 2008: 141).

특히 쉼터는 안전의 문제가 1순위이다. 주소가 노출되면 그 당사자는 물론 쉼터공동체 전체의 위협이 된다. 실제로 주소가 노출되어 가해자가 쉼터까지 찾아와 경찰을 부르거나 대상자들이 중간퇴소하게 되는 경우가 있다. 내담자 한 사람 한 사람이 자기보호가 되어야 쉼터가 보호되는 상황이므로 상담자나 관리자 모두 스트레스가 크다. 그래서 이 사례의 상담자가 관리자로서 내담자의 자기보호와 안전에 집착하는 것이 이해가 된다.

또한 쉼터관리자나 상담자들은 자신의 안전에 대한 두려움도 크다. 실제로 쉼터를 운영하는 한국여성의전화 경우에도 가해자들이 자신의 부인을 내놓으라며 쉼터관리자나 대표를 고소한 경우도 있다. 이와 관련, 전국피해자보호시설협의회 상임대표를 역임한 배인숙은 쉼터의 특수성을 고려하지 않고 쉼터를 보건복지부에 관련된 일반 사회복지생활시설로 간

---

2 이차외상과 소진은 둘 다 우울 및 불면증상, 친구와 가족들 간의 친밀감 상실, 증상의 발생 과정이 축적적이라는 공통점이 있으나 소진과 이차외상스트레스를 구별 짓는 큰 차이는 바로 증상의 원인에서 나타난다. 정서적으로 충격적인 이야기를 내담자로부터 들은 결과 직접적으로 나타나는 증상은 이차외상(secondary traumatic stress)이며 어떤 내담자집단과 작업하더라도 언제든 나타날 수 있는 증상은 소진이라고 할 수 있다.
3 대리외상은 공감적 계약관계에서 내담자의 외상 경험에 지속적으로 노출된 결과 나타나는 상담자의 내적 경험의 변화를 뜻한다.

주하여 관리하기 때문에 위기 관리가 전혀 이루어지지 않는 점이 문제라고 말한다. 과거 담당 행정부서에서 전국 쉼터 전화번호가 기재된 가정폭력 관련 안내책자를 배포한 일, 쉼터 신고필증을 내주는 과정에서 실제주소를 노출하는 문제 등을 지적했다(배인숙, 2007: 3). 이런 안전상의 문제와 함께 24시간 관리가 필요한 쉼터의 특성 때문에 적은 인원이 빈번한 야간근무와 격무에 시달리고 있다.

4. 쉼터 상담의 이중관계 어떻게 할까

앞서 살펴본 대로 쉼터는 노출의 위험, 인력문제, 생활공동체적인 특성 때문에 다른 어느 곳보다 관리자와 상담자가 겹치는 이중관계가 쉽게 발생할 수 있고 그 여파가 크다. 다른 쉼터종사자들도 본 사례 상담자처럼 이중관계를 맺고 있는 경우가 많아서 힘들어한다. 이중관계를 어떻게 다뤄야 할까?

여성주의상담 윤리규범(feminist therapy Institute, 1987)에서는 중첩된 관계의 불가피성을 고려해서 상담자들이 다룰 전략을 다음과 같이 밝히고 있다. ① 외부에서 만났을 때 어떻게 할 것인가에 대해 내담자와 계획 짜기 ② 내담자와의 다른 관계에서 권력의 사용을 조심하기 ③ 모든 결정을 내릴 때 내담자의 복지를 우선에 놓을 것 ④ 상담 관계를 떠나서 자기를 자각하며 필요를 충족시킬 것 ⑤ 동료들로부터 자문을 받을 것 (Biaggio & Greene, 1995: 김민예숙, 강김문순 역, 2004: 437에서 재인용)이 그런 전략이다.

위의 지침은 이중관계를 다룰 전략으로 유용하다. 한두 가지 더 첨부한다면 다음과 같다. 원칙적으로 상담과 관리를 구분한다. 현재 관리자와 상담자를 구분하여 운영하고 있는 곳도 있지만 여건이 충분치 않아 겹치는 것이 현실이다. 하지만 어렵더라도 관리자가 마음을 먹고 이 원칙을 지켜 나갈 필요가 있다. 대부분 상담일지를 쉼터에서 보관하기 때문에 내담자에 대한 이해는 직접 상담을 하지 않더라도 충분히 가능하다. 불가피하게 상담을 하게 될 경우도 있다. 이럴 경우 이중관계에서 파생할 수 있는 손익에 대해서 상담자가 자기평가를 하고 이를 내담자와 소통할 필요가 있다. 이 부분을 공유하고 합의된 상담목표를 정해야 한다. 그리고 상담을 길게 가져가기보다는 구체적인 목표를 정해서 단기로 마쳐야 한다. 이것이 어렵다면 상담 관계를 정리하고 다른 상담자에게 의뢰해야 한다. 두 번째는 슈퍼비전이다. 이중관계로 상담을 하게 되면 정기적인 슈퍼비전을 받으면서 점검이 필요하다. 상담자가 겪는 역할 대립과 갈등, 권력이나 통제의 문제가 드러날 것이며 어떻게 하는 것이 내담자에게 도움이 되는 상담인지가 명확해지기 때문이다.

여성주의상담은 상담을 통해서 내담자가 역량강화되어 적응보다는 변화를 모색하는 데 목적을 둔다. 쉼터에 입소한 내담자가 위기상황을 거쳐 자신의 문제를 충분히 이해하고 새로운 변화를 모색하는 여정에서 상담의 이중관계는 분명하게 정리되어야 할 과제이다.

상담 사례 슈퍼비전

1) 내담자 인적사항, 가족관계

김○○, 고졸, 50세, 학원 상담원 근무 경험, 현재 동거관계, 동거인은 자영업을 하며 의처증과 가정폭력이 심하다.

친정어머니는 어릴 때 돌아가시고 아버지, 오빠, 여동생, 이복남동생이 있다. 내담자는 어릴 때부터 어머니 대신 집안일을 돌보았다.

2) 상담 과정

타 쉼터를 거쳐 현 쉼터 입소 후 단체규정 불이행으로 퇴소하였다가 2011년 다시 입소했다. 내담자는 동거인인 가해자에게 계속적으로 노출되어 여러 보호시설에 살아 본 경험이 있다.

3) 호소 내용 요약

• 경제활동을 하여 돈을 벌고 싶다.

• 사람들과의 관계에서 자신을 지키고 싶다.

• 이제는 가해자의 그늘에서 떠나서 살고 싶다.

4) 내담자가 본 자신의 문제

• 사람들에게 친절하고 되도록이면 배려해 주는데 사람들이 몰라 주고 어떤 사람은 오히려 화를 낼 때 당혹스럽다.

• 동거남에게서 벗어나야 하는데도 불구하고 결심하지 못하거나 번복하는 우유부단함을 갖고 있다.

5) 상담자가 본 내담자의 강점 및 문제

강점

- 사람들과 좋은 관계를 유지하고 처음 만나는 사람과도 쉽게 친해지는 친화력이 있다.
- 경제활동에 대한 자신감이 있다.

문제

- 사람들과의 관계를 잘하고 학원에서 상담원으로 인정을 받았지만 동거남과의 관계를 정리하지 못하고 아직도 자신이 동거남을 변화시킬 수 있다는 생각을 갖고 있다.
- 쉼터 생활 안에서도 지나치게 많은 일을 하며 자신을 보호하지 않는다.

6) 상담 목표 및 전략

- 목표: 자신의 현재 상황을 직면하고 스스로를 보호한다.
- 전략: 경청하고 지지하며 변화하도록 힘을 실어 준다.

7) 여성주의상담 원리 적용

원리 I 개인적인 것은 정치적인 것이다

- 내담자의 내적인, 즉 개인적인 사정보다 사회(외적)는 객관적인 사고와 규정에 따른다는 것을 인식함으로써 인정받으려는 마음을 확인해 준다.
- 집단생활에서 자신이 지켜야 하는 것에 대해 구체화한다.
- 바보처럼 희생만 하고 살아온 삶이 자기 탓이 아니라 한국 사회의 여

성들에 대한 교육 때문이라는 것을 인식시키고자 한다.

원리II 상담자와 내담자는 평등하다
• 같은 여성으로서 예전의 삶을 반복하지 않았으면 하는 간절한 마음으로 상담한다.
• 잘 알아듣기 어려운 이야기도 인내 있게 듣고 반응하며 지지해 준다.

원리III 역량강화
• 내담자의 어려운 마음을 읽어 주고 지지한다.
• 과잉 친절은 자존감 향상과 역량을 강화하는 데 방해가 됨을 토로한다.

원리IV 여성의 시각으로 재조명하기
• 자신의 삶을 행복하게 이끌고 타인으로부터 방해받지 않고 자신을 보호할 수 있도록 격려한다.

8) 상담 진행 과정
1회기: 2011년 3월 ○일

보호시설에서 규정 위반으로 나와 자립하여 살고 있던 중 전 동거남이 찾아와 빌면서 내담자를 위해 집을 구입해 놓았다고 하여 동거를 재개했다. 그 후 1년 정도 내담자가 노력하면 동거남이 바뀔 것이라는 생각으로 생활했다. 하지만 동거남이 의처증을 보이며 직장생활을 힘들게 했다. 2011년 ○월 직장에서 회식을 하고 늦게 귀가한 내담자에게 누구와 붙어먹었냐며 구타해 전치 2주의 진단을 받았다.

동거남에게 노출시키지 않겠다는 조건과 공동생활을 원만하게 하겠다

는 다짐을 받고 재입소했다. 내담자가 직장생활을 하고자 하는 욕구가 높
았지만 당분간 쉬면서 몸을 회복하기로 했다.

2회기: 2011년 3월 ○일

보호시설 입소 당시 계속적으로 노출된 것에 대해 이야기하고 내담자
스스로 동거남이 자신을 찾도록 했다는 것을 조금은 인정했다. 그러나 자
신이 자주 노출된 것은 동거남이 흥신소 일을 했던 경력으로 도청 등을
하여 찾아낸 것이라며 계속 동거남이 아주 무서운 사람이라고 강조해서
말했다. 동거남이 몇 년 전 내담자를 찾아내 잘못했다고 했을 때 믿어서
따라간 것이냐고 질문하자 한 번 더 믿어 보자고 생각했다고 했다. 지금
그런 상황이 생기면 어떻게 할 것인가 질문하자 절대로 따라가지 않을 것
이며, 당당하게 소리치며 호루라기를 불어서 주위의 도움을 요청할 것이
라고 말했다.

3회기: 2011년 4월 ○일

내담자가 동거남에게서 벗어나기 위한 계획으로 먼저 자신의 이름을
바꾸고 싶다고 말했다. 내담자는 전남편과 낳은 딸이 동거남에게 노출되
었을 때 딸의 이름을 바꾸어 본 경험이 있다. 기관의 도움으로 무료로 성
명을 변경 신청하기로 했다. 동거남으로부터 벗어나기 위한 1차적인 행
동을 한 것에 지지를 보냈다. 상담자는 이름을 바꾸는 것과 함께 내적으
로 힘을 키우자고 제안했다.

9) 상담축어록 (4회기 2011년 4월 ○일, 상담시간: 57분)

상담자1   직업훈련 처음으로 간 거였잖아요.

내담자1 다 잊고 거기에 일에 몰두했는데…….

상담자2 그러니까 직업훈련 처음 간 거였잖아요.

내담자2 처음 간 거였고 몸이 안 따라줬어요. 이게 하체가 좀 약한가 봐요. 장시간을 쭉 움직이다 보니까 힘들었어요. 계속…….

상담자3 9시 30분부터 1시 30분.

내담자3 거의 2시 넘었어요. 2시 넘어서 나왔었거든요. 근데 그 고객님은 당연히~ 그러니까 당연히 하는 거니까 열심히 했어요. 짜증나고 했는데 제 몸이 안 따라줬어요. 그래도 오래 다니려고 했는데…….

상담자4 그러게, 센터에는 얘기해 보셨어요? 왜냐하면 다른 사람이 오면 그 다른 사람도 똑같이 며칠 못하고 또 그만둘 수 있는 상황이 되잖아요. 센터에 얘기해서 그것을 조절할 수 있도록 그 사람 어차피 고객이라 하더라도 그 사람도 교육을 받아야 되는 거니까.

내담자4 말씀드렸어요. 고객님이 거의 까다로우시니까 실은 자주 가사도우미가 바뀌었어요. 그래도 까다로운 것도 까다로운 것이지만 좀 때 되면 조금 요기할 수 있는, 어우 허기지더라고요.

상담자5 먹는 거 하나도 주지 않아요?

내담자5 예, 너무 배가 고파 가지고 물만 계속 마시니깐 땀이 많이 나요. 허기지고.

상담자6 그러면 센터 가사도우미 규정에 뭐 간식을 줘야 된다는 그런 규정들이 있어요?

내담자6 그런 건 없고 주인 마음이에요.

상담자7 주인 마음이네요.

내담자7 식사를 하시고 가시죠, 차를 드시고 가세요. 조금 앉았다 쉬었다 하세요. 그런 곳도 있는데 거기는…….

상담자8   일도 많은데다가 간식도 먹을 게 없고 그런 거네요. 그렇지만 규정에 어긋나지는 않는 거네요.[4]

내담자8   규정에 어긋나는 건 아니죠.

상담자9   교육 받을 때 그런 얘기 없었어요?

내담자9   그런 얘긴 없었어요.

상담자10   그러면 아마 간식 시간이 없기 때문에 일만하고 가는 게 규정일 거예요. 내가 보기에는 고생 많으셨어요.

내담자10   웬만하면 견디려고 했는데…….

상담자11   그러게…….

내담자11   가끔 손이 아프고 발목도 통증인지 잘 못 걷겠더라고요.

······(중략)······

(티눈 때문에 발이 아프다. 내담자가 돈 벌어서 쉼터 아이들에게 줄 과자와 옷을 산 이야기를 하였다.)

상담자13   돈 벌었으니 뭐 사고 싶었겠죠.

내담자13   애들 좋아하니까 과자도 사 주고…….

상담자14   아이들 것 사는 것, 과자 같은 거 다른 엄마들이 안 좋아 하잖아요. 그것 때문에 문제 있었던 거 알고 있어요. 너무 강요하지 마세요. 왜냐하면 자기 아이기 때문에 자기는 일관성 있게 교육시키는데 ○○ 씨가 거기 중간에 끼어들면 그러면 일관성이 없어지는 상황이 벌어지거든요, 그게 여러

---

4 상담자8: "간식도 없이 허기지고 힘드셨겠어요."라고 상담자가 규정을 강조하기보다 내담자의
심정을 공감해 주면 좋다.

번 되니깐 트러블 있었던 거 같아요.

내담자14   …….

……(중략)……

(아이에게 지나치게 관심을 보인 문제로 엄마 △△ 씨와 갈등이 있었다.)

상담자15   그거는 안 되는 거예요. 왜냐하면 다른 사람들이 놀랐기 때문에, 그전에 두 분이 그런 일 있을 때 아무 소리 안 했잖아요. 왜냐하면 내가 ○○ 씨도 알고 △△ 씨도 알기 때문에, 성향을 알기 때문에, 왜 저러는지를, 그래서 내면을 본 거죠. ○○ 씨 같은 경우에, 스타일이 있으니까 둘이 충돌한 거였으니까. 나 혼자 있었기 때문에 아무 소리 안 하고 ○○ 씨 얘기만 들어 주고 말았잖아요. 이번에는 다른 내담자들이 있는 데서 큰소리 나고 다른 사람들이 다 놀랐단 말이에요. 그거는 안 되거든요.

내담자15   폭력으로 인해서…….

상담자16   그럼요 당연해요. 폭력으로 이곳에 와 있는데 안정해도 부족한데 큰소리 나고 정말 이상한 행동 보이고 그랬으니까 다들 놀랐죠. 그 부분은 안 된다는 거예요. 아무리 이해하는 부분도 있다 하지만 그렇게까지는……. △△ 씨한테 뭐라 할 수 없는 거고 ○○ 씨도 조심해 줘야 되는 거예요. 아무리 따뜻하게 다른 사람에게 배려해 주고 친절하게 해 주고 싶어도, 계속 그랬잖아요. 참아 봐요. 그거 하지 말라고 했잖아요. 하지 말라고 하는데 계속 하잖아요. 그거 얘기하는 거예요.

내담자16   네, 이제 안 하도록 할게요.

상담자17   그러니까 평생 그렇게 해 왔기 때문에 그게 하루아침에 변화되는 건 바라지도 않아요. 그런데 아이 부분에 있어서 엄마한테 맡겨도 되요.

내담자17   터치 안 하고 아, 근데······.

상담자18   뭐 사 주면 엄마 주세요. 아이 주지 말고 엄마를 주세요. 엄마 주고 엄마가 적절할 때 아이에게 주면 되잖아요.[5]

내담자18   ······.

상담자19   그러니까 이번 경우만이 아닌 거예요. 무의식 안에 쌓여 있던 것이 그날 나온 거예요. 한 번에 터지는 거지 평상시 관여하지 말라고 하는 거예요. 우리가 아니깐 아무리, 이래도 또 관여를 할 수 있다는 걱정이 들어서 또 얘기를 하는 거지.

내담자19   그런 마음이 항상 있어요. 어휴, 노인네가 할아버지가 넘어지시길래 또 옆에 있는데 아줌마들도 가만 있더라고요. 할아버지가 어지러워서 앉혀 드리고 앉았다 가시라고. 제가 그런 게 습관인가 봐요, 저번엔 할머니도 쓰러지신 걸 인공호흡해 드리고 했어요. 일 년 전인가 할머니가 고맙다고 전화번호 알려 달라고 의식 찾으면 찾아가겠다고 옆에 쓰러져 계시길래 도와드린 거라고 뭐 그때는 사람 살리는 것이······.

상담자20   그런 거는 도와드려야죠. 일상생활 안에서 너무 지나치니깐 그렇죠, 도의적인 부분에서 충분히 어떻게 그냥 지나가요. 그거는 ○○ 씨 아니더라도 그렇게 해야 맞는 거고, 우리가 염려하는 건 공동체 안에서 너무 지나치게 그 사람 삶 안에 개입하면 안 된다는 거죠. 또 그러면서 확실히 인정받은 거잖아요. 그걸 조금 줄여 달라는 거예요. 너무 지나친 부분, 그래서 그

---

5 상담자18: "아이들 과자를 사면서 무슨 생각이 들었어요?" 내담자가 아이 엄마가 스트레스를 받을 정도로 과도하게 아이에게 관여하여 부딪침이 일어났다. 상담자가 관리자로서 내담자의 행동 때문에 스트레스를 받고 있다. 관리자로서 애로가 이해되지만 행동지침을 먼저 강조하기보다는 내담자가 그 상황에서 왜 그런 행동을 선택했는지 상황을 알 수 있도록 구체적인 질문이 필요하다.

결과로 인해서 사실은 여기와 계시는 거잖아요. 너무 지나치게 친절하고 그 사람을 변화시킬 수 있다는, 그런 확신 때문에 몇 년 전부터 지금까지, 그거예요. 그걸 저희는 깨닫게 하고 싶어서 끊임없이 얘기하는 거예요. 우리도 그냥 사람 생긴 대로 살게 두었으면 좋겠죠. 그렇게 못 하는 게, 원인이, 너무 지나친 친절과 모든 사람, 다른 사람을 변화시킬 수 있다는 확신, 그게 아니잖아요. 다른 사람이 다 불편해하잖아요.[6]

내담자20　알겠어요. 제 일만 할게요. 근데 왜 안 되죠. (그게 왜 그러냐면……) 안 따라 줘요. 아무도 안 해요. 뭐든지 그런 건 있어요.

상담자21　당번이 있잖아요. 회의시간에 얘기해도 안 되는 거 당연해요. 사람들이 여기에 올인한 게 아니기 때문에 자기 당번이라도 잘 안 돼요. 그래서 생활교육이 있는 거잖아요. 생활교육시간에 또 얘기하는 거예요. 담당선생님한테 얘기하세요. 안 되는 부분 생활교육시간에 같이 나눔을 하고 그때 공개적으로 대화하면 되는 거죠. 혼자할 것이 아니라 그리고 혼자 다하면 힘들잖아요.[7]

내담자22　안 하면 찝찝한 것 같아서…….

상담자23　그러니까 그걸 조금 견뎌 보세요. 그 찝찝함을 견뎌 보세요. 내가 변화되려면 그런 과정이 꼭 필요해요. 내가 평생 그렇게 살았는데 그렇게 베

---

[6] 상담자20: "혹시 다른 곳에서 ○○ 씨는 배려해서 한 행동인데 상대방은 불편해하는 경우는 없었나요?" 내담자가 쉼터에서 다른 사람에게 과도하게 관여하는 행동이 평소에도 남을 배려하는 자신의 습관이라고 설명한다. 상담자는 다시 한 번 쉼터공동체 생활에서 지켜야 할 부분을 강조하고 있다. 내담자가 아직 자신의 행동이 문제라는 자각이 없기 때문에 자기 이해가 되도록 좀 더 내담자의 경험 속으로 들어가서 질문해 본다.

[7] 상담자21: "남들이 안 하는데다 안 따라주어 답답하군요, 그럴 때 나서서 도와주면 남들이 어떻게 하던가요?"라는 질문으로 답을 주기보다는 내담자 입장을 공감해 주고 객관화하도록 구체적인 경험을 물어봐 준다.

풀면서 살고 나 자신이 없이 살았는데 어떻게 몇 개월 만에 금방 변해요.[8]

내담자23 변하겠습니다. 변하긴 변해요. 그래야 제 자신을 찾는다면서도 아휴 이상하게 안 되는 거예요. 저녁에도 물 마시러 오면 삶고 또 삶아야 직성이 풀리고 성격이 그런가 봐요. 그래야 머리가 시원해요. 만날 하는 건데…….

상담자24 하루아침에 180도 변화되긴 어렵죠. 한 단계 한 단계씩 열 가지 다 변화될 수 없는 거죠. 오늘은 하나만 하고 내일은 하나도 못 할 수 있는 거고, 조금조금 하다 보면 자기가 변화되는 거죠. 그런데 제가 저기 그걸 보면서 참 어렵겠다 생각한 건 있어요. 초등학교 생활기록부 보니깐 다른 사람에 대한 배려가 많다고 희미하게 적혀 있더라고요. 아이고, 초등학교 때부터 이렇게 살았으니, 사실은 우리의 문화인 거예요. 사실은 여성들이 길러졌기 때문에 어쩔 수가 없어요. 그래서 어쩔 수 없는 거 우리가 조금 바꿔 보자라는 얘기인 거죠. 어쩔 수 없는 걸 그렇게 살면서 피해자로 남아 있을 수 없는 거잖아요. 지금 나이가 들었지만 새롭게 살 수 있는 충분한 시간이 있는 거잖아요. 참 어렵겠다고 하지만 그래도 해야 된다라고 이야기하고 싶은 거죠. 혼자 웃어죠. 그걸 보면서.[9]

내담자24 많이 챙겨 주고 그런 건 있었어요. 어릴 때부터 많이 친구들 챙겨

---

8 상담자23: "혹시 하고 싶은데 안 하고 견뎌 본 적 있나요? 그때 어땠어요?" 견뎌 보라는 상담자의 제언이 내담자에게 필요해 보인다. 내담자가 왜 본인이 안 해도 되는 일을 과도하게 하고 있는지 스스로 알도록 경험 속으로 들어가 물어본다.

9 상담자24: "그렇게 해야 직성이 풀리는군요, 비슷한 느낌이 들 때가 또 있나요?" 또는 "삶고 또 삶아야 직성이 풀리는군요, 무슨 생각으로 그렇게 하나요?" 내담자가 쉼터생활에서 구체적인 사례를 들어서 자신의 행동패턴을 말한다. 상담자 생각을 설명하기보다 내담자가 힘들어하는 그 장면에 집중해서 내담자의 경험을 탐색한다. 생각과 느낌을 물어본다. 초등학교 생활기록부는 이름을 바꾸는 과정에서 필요한 서류를 가져오라고 해서 보게 되었다.

주고 또······.

상담자25   그렇게 길러졌어요.[10]

내담자25   ······.

상담자26   그런 걸로 더 칭찬하고 그런 거 더 하도록 사람들이 주위에서 독려를 한 거죠. 어떻게 보면 오십 평생 그렇게 살아 온 거고, 그게 어떻게 하루아침에 되겠어요. 내가 인식을 하고 나를 위해서 하나씩 하고 싶은데 참는 거 나 자신을 위해서, 몸이 다 아프잖아요. 이거저거 하다 보니깐 눈에 보이는 것이 다 내가 해야 되는 거고 그런 거 잖아요. 내가 안 해도 여기 이상해지지 않아요. 내가 안 해도 괜찮아요.

내담자26   사실요.

상담자27   물혹도 생긴 상황이고 몸이 아파하잖아요. 몸이 하지 말라고 몸이 아파 주는데도 불구하고 일을 하고······.

내담자27   그래서 솔직히 거짓말 못하는 성격이에요. 돈을 받아서 저축하기보다 옷을 샀다고 그대로 말씀드리려고 했었어요. 기분도 그렇고 여러 가지로······.

상담자28   우리가 뭐라 해요? 자기 패턴이 있는 거고 기분 상황에 따라서 그런 건 충분히 이해해요. 그런 부분은.

내담자28   그리고 옷을 사다 보니까 애기 5살짜리······. (흐느낌)

상담자29   딸 생각이 났구나, 다섯 살짜리.

내담자29   너무 보고 싶어요.

---

10   상담자25: "어릴 때부터 그랬군요, 어릴 때 집에서는 어땠나요?" 내담자가 어린시절부터 남을 배려했다고 말하고 있다. 원가족의 어떤 부분이 내담자가 상대방을 지나치게 배려하고 경계선이 없는 심리와 행동을 하도록 영향을 주었는지 탐색질문이 필요하다(여성주의상담 원리 I 개인적인 것은 정치적인 것이다.).

상담자30 거 봐요.[11]

내담자30 ······.

상담자31 음······.

내담자31 완벽한 성격이에요. 그런 건 몸이 안 좋았어요. ······(중략)······ 그냥 바보처럼 열심히 일하고 몸이 안 좋았어요. 몸이 안 좋은데도 끝까지 일하고 고객님한테 말씀드렸죠. 제가 몸이 안 따라주네요. 컨디션이 안 좋네요. 고객님한테 끝나고 2시 넘어서 말씀드렸어요. 그러시냐고 이렇게 대놓고 얘기해 주는 사람 처음이라고, 고맙다고 말씀드리고 몸이 그러니깐 힘들었고 몸이 안 좋아요. 지금 제가 항생제까지 챙겨 왔는데 몸이 안 따라주네요. 고맙습니다. 죄송합니다.

상담자32 주인하고 잘 끝낸 거예요.[12]

내담자32 네, 잘 끝내고.

상담자33 잘하셨어요.

내담자33 전화 드리고 말씀드렸죠. 몸이 아파서 못하니까, 거기서 너무 까다로웠죠.

상담자34 잘하셨어요.

내담자34 소개소에서 "너무 까다로웠죠."라고 물어요. 그래서 아니요, 몸이 안 좋아서 그래요. 고맙습니다 했어요. 그랬고 저번에 숙소에서 교육받을 때도 열심히 잘 들으니까 여자들끼리라도 이상하게도 ○○ 씨가 회장 맡으세요. 저보고 회장을 시키는 거예요. 명단 적어 가지고 한 사람씩 만나자고

---

11 상담자30: "딸 생각이 나서 옷을 샀군요." 내담자가 딸이 어릴 때 이혼하고 두고 온 것 때문에 가슴 아파한다. 다른 아이들의 옷을 사 주면서 과도하게 관여하는 행동의 밑부분에 딸에 대한 보고 싶은 마음이 숨어 있음을 공감해 준다.

12 상담자32: "일을 끝내려고 항생제까지 챙겨 갔군요. 너무 애쓰셨어요."라고 공감해 준다.

회장 맡는 그것도 맡기 싫고 하기 싫더라구요.

상담자35　그건 전 처음 들어요. 회장 얘기는.

내담자35　예, 그날 끝나면서 다과 같이 하면서 회장 맡으라고 종이 돌려가면서 저한테 주는 거예요. 회장이나 총무하라고, 아닙니다 했는데도 결국 다 저한테 떨어져 가지고 그렇게 된 건데 지금 상황에서 아직 하고 싶지 않아요. 하면 안 되고 어렵고 하고 싶은 맘 없고 기관에 와 있는데…….

상담자36　연계기관인데 왜 그랬을까? 그 선생님이?

내담자36　그러게요. 선생님이 안 된다고 분명히 얘기했어요. 저 바쁜 사람이에요. 못 들었는지 다른 선생님들과 같이.

상담자37　일단 그만두는 걸로 가사도우미도 안 하는 걸로 하면서 종료한거네요.

내담자37　예, 그리고 여기 계셨던 ○○ 씨가 열심히 일하고 있다고 들었어요. 팀장님이 저보고 알바 아니더라도 다른 일 잘할 수 있을 거라고.

상담자38　그러면은 ○○ 씨가 평상시에 할 수 없는 그런 것을 짧은 기간 내에 결정을 내린 거네요. 아주 저는 잘했다고 보는데 기분이 어떠세요? 거부 그런 거 잘 못하시잖아요.[13]

내담자38　거부. 그런 거 이번엔 커트해 봤어요.

상담자39　다른 사람들이 요구했을 때 거절하는 것 잘 못하시잖아요.

내담자39　앞으로 힘들지만 참아 봐야지 모든 인간관계는 그렇지만은 여기서는 끊어야 될 것은 끊어야 되겠다. 기관에 있으면서 제가 회장한다는 것도 그렇고.

---

13 상담자38: 사람들의 요청을 거절하지 못하는 내담자가 처음으로 거부한 것에 대해 칭찬을 해 주고 있다. 적절하다. 적응보다는 변화를 추구하는 여성주의상담 원리 Ⅲ 역량강화가 적용된다.

상담자40 훌륭해요.

내담자40 히히.

상담자41 많이 그만큼 변한 거예요. ○○ 씨가 이건 끊어야겠다는 생각하고 단기간 내에. 박수쳐 줘야겠네요.

내담자41 히히. 애들 생각이 많이 나 가지고, 저금도 해야 하는데…….

상담자42 잘하셨어요. 일단 여기선 저금하는 것이 주목적이지만, 그래도 저금을 다 해야 하는 건 아니에요. 몸을 일단 추스른 후에 돈도 벌고 저금도 하는 것이니까 너무 조그만한 것에 포커스를 맞추다 보니 가사도우미도 한 것 같아요. 조금 쉬시면서…….

내담자42 저금 안 하고 일하지 말라고 하셔도 일을 하고 싶고. 딸애를 낳으면서 많이 아팠었어요. 후유증도 있고. 아프다고 말도 못하고 두 번을 검사했었는데 한 군데는,

상담자43 아이 낳을 때도 아팠어요? 아이 낳고서도?

내담자43 전신랑, 친정하고 스트레스를 너무 받아 가지고 혹을 큰 것을 떼 냈거든요. 그리고 이혼하고 나서 바로 혹을 병원에서 수술했어요. ○○ 병원에서.

상담자44 혹을 떼 낸 거네요.[14]

내담자44 갑상선수술, 맹장수술, 전신마취를 몇 번 했어요.

상담자45 몸에 대해서 많이 예민하시고 염려증이 생길 만하네요.

내담자45 작년에도 아파서 검사했는데 조심하라고 하더라고요. 혹이 있대요. 한 군데는 수술하고 한 군데는 내버려 두었어요.

14 상담자44: "큰 혹이 생길 정도로 전남편과 친정 때문에 스트레스를 많이 받았군요. 어떤 점이 힘들었어요?"라고 내담자가 무슨 스트레스를 받았는지 물어본다. 친정과의 관계, 전남편과의 결혼생활과 이혼 과정, 현재 동거남과 연결되기까지의 과정을 탐색할 수 있다.

상담자46 그게 언제 얘기예요?

내담자46 작년에.

상담자47 그러면 이번에 해 보면 되겠네요. 혹이 있으면 떼 내면 되고… 조금 쉬세요. 또 일을 했더니 '내 몸이 견디지 못하는구나.' 하는 것도 경험하셨잖아요.¹⁵

내담자47 상담 같은 건 잘할 수 있어요. 아무것도 아니에요.

상담자48 그런 거는 잘할 수 있어요. 왜냐하면 몸이 안 힘든 거니까 그러니까 방향이 정해진 거예요. ○○ 씨는 그런 일로 몸으로 해서 노동하는 것 말고 상담이나 그런 쪽으로 해서 일하면 좋을 것 같아요. 직업상담도 있으니까 앞으로 계획은 그쪽으로 잡는 것이 좋아요.

내담자48 예.

상담자49 그럼 아까 계속 걸리는 것이 지금 딸이 고등학생?

내담자49 열여덟 살 고 3이에요.

상담자50 그런데 왜 다섯 살난 딸 생각이 났어요? 물어도 되요? 갑자기?

내담자50 ○○이 보면은 딸 생각이 더 났어요. 보고 싶고 사 주고 싶고 어른이고 애들이고 애들이 3명이니까 더 생각나요.

상담자51 딸 생각나고?

내담자51 애들이 3명이니까.

상담자52 어디가 3명이에요?

내담자52 전남편 애들이 3명이에요.

상담자53 그랬구나.

---

15 상담자47: 내담자의 몸 상태가 좋지 않고 그동안 과도하게 스트레스를 받고 애쓰며 살았다는 것이 드러난다. 몸과 관련한 상담자의 반응이 적절해 보인다.

내담자53   딸이 중학교 들어가면서 연합고사 보고 고등학교 들어간다고 내가 한 게 아니라 전화가 온 거예요. 공부 열심히 하고 있으니까 엄마 걱정 마시라고, 중학교 3학년쯤 되니까 엄마 목소리 듣고 싶다고 이제 와서 통화하고 싶어서 보고 싶어. 그런데 동거남 그놈이 전화통화 못하게 하고 통화하면 전화기 뺐고 만난다고 의심하고 괴롭혔어요. ……(중략)…… (용서하려고 교회를 두 군데나 다니며 노력했다.) 항상 그리워요. 교육받는 것도 좋고 성당 미사하는 것도 좋고 마음이 동요되고 안정이 되고 용서하자, 다 내 탓이요 내 탓이요. 내 탓이요.. (울음) 다 내탓인 것 같아요.

상담자54   괜찮아요. 괜찮으니까 크게 우세요.[16]

내담자54   (계속 울음)

상담자55   크게 우세요.

내담자55   얘기하려고 해도 여기가 막혀서 그래요. 경련이…….

상담자56   경련이 일어나서 그래요.

내담자56   왜 이러죠?

상담자57   신경을 쓰고 울어서 그래요.

내담자57   사람을 이 처지로, 바람을 피우지 말든지 별 생각이 다 들어요. 싫지만은 다 털어 버리고 새로 태어났다 생각하고 이제 시작하려……. 이제 맘 착하게 먹고 저를 찾아야겠더라고요. 남은 거 생각 남들도 많이 생각했어요. 남들 많이 생각했어요. 너무 바보짓을 한 거죠. 너무 챙겨주다 보니까 저렇게 되었고 아휴, 열심히 할 거예요. 서빙도 할 수 있고 조금 안정되면 제 일을 찾아야죠. 선생님 몸살 나시겠네요. 저 때문에 몸도 약하신데.

---

16 상담자54: 내담자가 억압된 감정을 드러낸다. 상담자가 더 감정을 표현하라고 격려하는 대목이 적절하다.

상담자58 …….

내담자58 몸살 나시겠네요. 이따 주물러 드릴게요.

상담자59 경직이 일어난 거예요. (내담자 팔이 경직되어 상담자가 같이 주물러 줌.)[17]

내담자59 긴장이 풀어져서 그런가 봐요. 모든 게 긴장되고 슬슬 온몸이 아팠었나 봐요.

상담자60 몸으로 온 거예요. 마음으로 알아주지 않으니까 몸으로 온 거니까 조금 쉬시면서 얘긴 나중에 해도 되니깐.

내담자60 잠이 계속 안 왔어요. 12시 30분까지 책도 보다가 제가 이번에는 성가 테이프를 샀어요. 그 테이프가 잘 안 되더라구요. 가라앉히려고 성가집도 들어 보고 했는데 며칠째 잠을 못 잤어요. 3, 4시에 잤거든요. 입원 중인 같은 방 언니도 어떠신가 걱정되었고 안 계신 뒤로 거의 3신가 4시쯤에 잤어요.

상담자61 불안하셨나 보네요.

내담자61 도우미일을 그만둬야 하는데, 어떻게 그만둬야 되겠다는…….

상담자62 큰 작업을 한 거예요. 끝내고 온 거 아주 잘하셨어요.

내담자62 고민도 많이 했고.

상담자63 그러니까요.

내담자63 금요일부터 몸이 안 좋았어요, 깔끔히 했고 이쪽저쪽 깔끔히 끝

---

[17] 상담자59: "나보다는 ○○ 씨가 더 힘들어 보여요, 저를 주물러 주기보다는 본인을 걱정할 때에요. 제 얘기가 어떻게 들리세요?" 내담자가 딸 때문에 많이 울고 지쳐서 몸에 경련이 일어나는데도 상담자를 주물러 주겠다고 제안한다. 타인 중심으로 행동하는 내담자의 패턴이 드러난다. 상담자는 내담자의 패턴이 반복된다는 것을 자각하고 생각을 말해 주는 것이 좋다(여성주의상담 원리 II 상담자와 내담자는 평등하다.).

났고 이미지도 좋다하셔서.

상담자64 그래요. 좋은 경험하셨어요. 다른 때 같으면 ○○ 씨는 내 몸이 으스러져도 질질 끌고 가셨을 텐데, 내 몸, 마음 상태 알고 딱 끊어 줘서. 이제 내가 느낀 건데 이젠 딸에 대해서 얘기가 나온 거잖아요. 계속 안 나왔잖아요. 감추고 있었잖아요. 단절하고 있다는 느낌이 있었거든요. 근데 오늘부터 지금 나오기 시작하셨어요.

내담자64 미술 치료할 때 아들, 아들 나왔어요, 아들 군대 간 얘기.

상담자65 담아는 두지 마시고 끄집어내세요. 그리고 만날 수 있는 기회가 되면 전남편이 바람피웠다는 거 아이들도 알고 있고 그쪽 집안도 다 알고 이해가 빠를 거란 생각이 들거든요.

내담자65 어제 전화했어요. 전남편한테 어떻게 전화했어요. 아들이 군대 간 것도 모르고.

상담자66 군대 갔어요?

내담자66 군대 갔어요. 제대할 때 되었어요.

상담자67 너무 속상하셨겠어요.

내담자67 그래서 아침부터, 군대에서 계좌번호로 이체해 주고 싶었는데 (울음) 난 솔직히 그 이후로 전화도 안 했어요. ……(중략)…… (몇 년간 아이들과 연락 못하고 지낸 이야기함.) 12월에 딸도 공부도 잘하고 아들도 ○○ 대서 공부 잘하고 졸업하고 군대 갔다고 하니까 학교 갈 때 솔직히…….

상담자68 그랬겠네요.

내담자68 머리가 아파서요. 선생님, 자기 아이들은 더 소중하잖아요. 솔직히 저 아이들 예뻐해요. 아무래도 벌어서 딸내미 등록금이라도 주고 싶어요. 지금 힘들지만 그래도…….

상담자69 그래요. 솔직히 시간 많은데 그동안에 몸 아픈 것 수술하고 뭐든

할 수 있는 상황이잖아요. 몸만 건강해 주면.[18]

내담자69 옛날 얘기 말씀드렸지만 전남편이 바람둥이였어요. 저 그때 43kg 나갔어요. 그 당시 저도 힘들었죠. 젊은 나이에 여섯 명 쯤 바람피우는 여자들 데려다가 아가씨들 비위 맞춰 가며 그리고 병원까지 데려다 치료해 주고 바짝바짝 말라 가고 그런 상황이었으니깐 지나간 상황이니까.

상담자70 지나간 과거니깐 ○○ 씨 탓도 아니고 여러 가지로 되돌릴 수 없는 것이 잖아요.[19]

내담자70 원장님, 저를 좀 여유를 가지고 있어야 할 것 같아요. 그래야 풀어요. 오늘부터 이젠 다 저쪽에 확실히 신경 쓸 일 다 접어야죠. 그동안에 책이나 더 읽고 마음 수양하고 제 자신을 찾을게요. 여기 솔직히 공동체잖아요. 다들 잘해 줬으면 좋은데 이 사람 욕먹을까 봐 그게 또 제 성격이니까 선생님 말씀 따라 접어야겠다. 터치 안 하고 신경을 끊고 음악을 듣든가 그래야겠다. 저를 추스려야겠다는 생각을 하고 몸을 관리를 해야겠다.

상담자71 좋은 음악 좋은 생각 많이 하고 스트레스 받지 않고 그런 걸 멈추라는 것이고.[20]

내담자71 세상에…… 주민등록 바꾸고…… 더 열심히 살고 노력해야죠.

---

[18] 상담자69: "그 마음이 이해돼요. 하지만 지금 현재 무엇이 중요한지 생각해 보았으면 해요, 무엇보다 본인의 건강이 우선되어야 하지 않겠어요?" 두고 온 딸과 아들에 대한 미안함으로 지금이라도 뒷바라지를 하고 싶은 내담자의 심정이 드러난다. 하지만 내담자가 군대까지 계좌이체를 해서 아들을 도울 필요가 있는지 점검해 봐야 한다. 현재 내담자는 건강 상태가 안 좋고 돈을 모아서 자립을 해야 하는 상황이다.

[19] 상담자70: "바람피운 여자들까지 뒷바라지하고 정말 속이 속이 아니었네요. 그런데 무슨 생각을 하면서 그렇게 남편의 외도를 다 받아 준 거예요?" 외도를 수용해 준 내담자의 인식과 가치관이 드러났다. 내담자는 남편의 외도를 수용하며 '착한 아내'가 되기 위해 노력해 왔다. 현재 동거남과의 관계에서도 이런 행동은 되풀이될 수 있다. 내담자 속의 성역할 고정관념들이 드러나도록 탐색한다(원리I 개인적인 것은 정치적인 것이다.).

상담자72 주민등록 바꾸는 것 더 알아보고.

내담자72 어렵데요. 이젠 겁나는 것 없어요. 그 인간 나타나도 이길 수 있어요. 이제는 한번 용서한다. 이제는 용서할 만큼 했어요. 사람 만들려고 했는데 이젠 안 돼요. 이 마음은 녹음이 안 돼요. 여기까지니깐 만일 나타났다 하면 경찰서 가서 고소하고 어떻게 하든 신경 안 쓰고 어떻게 되든 벌금을 내든지 말든지 제 관할 아니고 이젠 저를 위해서 살 거예요. 많이 생각했어요. ……(중략)…… (아들에게 계좌이체해 주고 싶고 딸 등록금도 대 주고 싶다. 기회가 되면 아들 면회를 가 보자고 이야기하였다.)

상담자73 어디인지 알아보시고 이제는 동거남으로 인해서 생활이 다 단절된 거잖아요. 내가 원하는 삶이 다 사려져 버리니까 그걸 내가 증명함으로 인해서 내 삶을 찾을 수 있단 말이에요. 그 기회가 온 거예요. 하나하나 살면 되세요. 내가 원하는 대로.

내담자73 선생님이 배려해 주신다면 아들 우리 아들 꼭 만날 수 있게.

상담자74 네 그럼요. 도와줄 수 있죠!

내담자74 진짜예요. 그쪽에서도 만날 수 있게 해 준다고 했었고.

상담자75 아들하고 관계가 좋잖아요. 기다릴 것 같다는 생각이 드네요. 그렇게 못하던 거 한 번씩 하고.

내담자75 열심히 공부해서 대학 입학할 때 만나자고 약속했어요. 아빠하고도 약속했기 때문에 대학 입학할 때 만나는 걸 밤잠 못 자고 기다리고, 그때

---

20 상담자71: "좋은 생각이네요, 반드시 실천에 옮겼으면 해요, 할 수 있겠어요?" 상담자에게 인정받고 싶어하는 내담자의 태도가 엿보인다. 내담자는 앞에서도 상담자가 무엇이라고 지적하면 바로 시인하며 수긍한다. 하지만 문제는 행동으로 변화하지 않는 것이다. 상담자는 내담자가 진심으로 변화를 원하는지 자기평가를 시키고 다짐할 필요가 있다(원리III 역량 강화).

며칠 같이 지내고 했거든요. 사고 싶은 것 다 옷이고 뭐고 신발이고 애기 동생 것 다 챙겨서 가져가라고. 애들 돈도 용돈도 좀 주고. 이 인간 만나면서 딱 단절되었어요. 그때 대학교 들어가고 또 한 번 전화 와 가지고 만났었거든요. 그 뒤로 못 만났거든요. 이 인간이 미행했어요. 만나나 안 만나나, ○○시까지 와서 미행을 하고.

상담자76 그럼 이 남자가 또…….

내담자76 길을 가다가도 만날 수 있고 언젠가는 맞닥트리지 않겠어요?

상담자77 그러면 그 전남편 집이랑 그런 것도 알고 하는 것 아녜요?

내담자77 알죠. 전 쉼터에 있을 때 거기까지 찾아가서 만났다고 하더라고요.

상담자78 헉!

내담자78 거기서 협박을 또 하길래, 네 딸 학교까지…….

상담자79 그러면 조금 위험한 상황이네요. 집을 다 알고 한다면.

내담자79 그래서 그때 끌려 들어갔는데요. 협박을 하길래 이름을 바꾸고부터 딸 이름이 ○○인데 바꾼 건 모르더라고요.

상담자80 딸 이름을 바꿨어요?

내담자80 네, 바꿨어요. ○○로.

상담자81 그러면 지금은 딸은 괜찮은 거예요? 그런 건 알 수가 없죠.

내담자81 알 수가 없는 거죠.

상담자82 남편하고 전화할 때 별 얘기 없죠?

내담자82 별 얘기 없었어요. 딸이 성장했어요. 그때만 해도 네 딸 예쁘더라 쌍꺼풀도 지고 키도 크고 아주 잘 컸더라. 차마 양심상 너를 만나서 해야지 않되겠더라. 너무 예쁘게 잘 컸더라. 이렇게만 얘기하더라고요. 또 ○○이 맞지, 가게 앞에서 딱 기다리고 멀찌감치 기다리고.

상담자83 그럼 현재도 가게 하고 있을 것 아녜요.

내담자83 예, 예.

상담자84 그럼 위험하지 않겠어요? 딸.

내담자84 내가 얘기했어요. 만약에 거기서 누가 전화하고 협박하고 그러면 신고하고 얘들한테 교육 잘 시키라고 얘기했어요. 그랬더니,

상담자85 딸이 고3이면 그렇게 많이 큰 건 아닌데, 자기가 그런 이상한 사람이 어떤 행동할 때 뿌리치거나 도망갈 수 있는 그런 게…….

내담자85 얘는 영특해서 그때,

상담자86 그러면 너무 다행이고요.

내담자86 그러니깐 언제야 몇 년 전이야 딸이 중학생 때 제가 도망가고 나서 ○○시에 아이들이 사니까 제가 아이들을 보러 갔다고 생각해서 거기 가서 찾았나 봐요. 빈정대듯이 딸이 많이 컸다고 했어요. 또 저를 죽인다고 해서 무서워서 제가 다시 들어갔지요.

상담자87 그럼 아들한테 가는 것도 조금 생각해 봐야겠네요. 아들이 어디가 있는지 알 것 같은데.

내담자87 어디 가 있는지 모를걸요.

상담자88 그래도 일단 여러 가지 알 수 있는 거 많은 거죠. 그래서 지금까지 잡혀 들어가고 잡혀 들어가고 그런 거잖아요. 그 사람이 가지고 있는 정보가 너무 많아서.

내담자88 저번에 말씀 드렸듯이 여동생네 그때 전화 감춰 놓은 거 그때 말씀드렸잖아요. 도청해 가지고 ○○ 경찰서에 고소 취하하러 간다고 했는데 그 시간에 거기 있다는 게 믿기지가 않아요. 도청한 게 본인 말로 술을 잔뜩 먹고 얘기하더라고요. 본인 맨 정신에 물어봤더니 도청기를 전화기에 놨다고 얘기하더라고요.

상담자89 보통사람이 아닌 거 같아요. 조금 어디 가거나 하는 거 조심해야

할 것 같고 안전할 때 가는 걸로 되어야 되겠네요. 딸을 봤다고 하니깐 조금.[21]

내담자89　소름 끼치더라고요.

상담자90　그러게요.

내담자90　협박을 엄청 했대요. 여동생한테, 동생도 같이 욕했다고 하더라고요. 가만 안 있을 거라고 신고하면 다 죽여 버린다고 제 딸한테도 만나서 얘기했다고, 그래서 더 겁나 가지고 고소 취하했죠. 다 무서워 죽겠다고 주의하는 거죠.

상담자91　고소한 건 아니니까. 그때와 상황이 다르기는 하지만

내담자91　네.

상담자92　그래요. 일단 살아온 거 얘기하자면 끝이 없고 그것 다 어떻게 보면 다 치유해야 하는 상황인 거고 많이 이야기하고 많이 우시고, 너무 파란만장하잖아요. 내 삶인 거니까 삶인 거고 다시 여기에서 ○○ 씨가 그걸 신앙으로 인해서 다 내 탓이라고 가져오면 안 돼요. 그래서 성당을 가서 미사하고 그런 과정 안에서 내가 위로는 받을 수 있지만 그건 내 탓이 아니라는 거예요.[22]

내담자92　네.

---

21 상담자89: "딸을 찾아가고 도청을 하고 동거남이 무서웠겠어요. 여기 오기까지 여러 차례 동거남에게 노출되었는데요, 그때는 어떻게 노출된 건가요?" 내담자가 노출된 과정이 드러났다. 상담자는 쉼터로 동거남이 찾아왔다는 이야기를 듣자 놀라고 계속 내담자의 아이들 안전을 걱정한다. 같이 무서워하기보다는 내담자가 어떤 부분 때문에 계속 노출되었던 것인지 차분히 탐색한다.

22 상담자92: "그래서 고소를 취하하고 다시 동거남에게로 갔군요. 앞으로도 이런 일은 반복될 수 있어요. 동거남과 분리될 수 있는 다른 방법을 같이 찾아보죠." 내담자가 동거남에게 놓여나지 못하는 이유가 드러났다. 상담자는 종교문제로 주제를 바꾸지 말고 내담자가 자기보호를 할

상담자93 ○○ 씨가 잘못한 건 없어요. 잘못됐다면 그렇게 길러졌다는 게, 키워졌다는 게 잘못인 거지. 그 잘못은 그 동거남이 잘못인 거죠. 못된 사람을 만나서 상황이 이렇게 된 거니까 절대로 자기 탓 안 했으면 좋겠고요. 잘못한 것 하나도 없으세요. 잘못된 것은 열심히 산 거밖에 없는 거잖아요. 얼마나 열심히 살았어요. (열심히 살았어요.) 그 한 사람, 사람 만들어 보려고 무던히 지금 애쓴 거잖아요. 안 되는 일인데 너무 무던히 애쓰셨던 거예요. 안 된다라는 걸 정말 명확히 알았으면 좋겠어요. 어떻게 할 수 있는 상황이 아닌 거예요. 어떻게 할 수 없는 상황이 있는데도 불구하고 그걸 다 내 탓으로 가져와 버리면 ○○ 씨 사는 데 걸림돌이 되거든요. 분명하게 ○○ 씨 탓이 아니라는 거, 이젠 용기를 갖고 아까 계속 새롭게 태어난다 했듯이 새롭게 여기서 시작했으면 좋겠다는 생각이고 그것밖에 바라는 게 없어요.

내담자93 저한테 많은 도움주시고, 노력 할게요.

10) 슈퍼비전 받고 싶은 내용

의지가 부족해서 여러 번 노출된 내담자에 대한 상담에서 관리자의 입장과 상담자의 입장을 어떻게 조율해야 하는지 알고 싶다.

11) 상담에 대한 여성주의상담 슈퍼비전 내용

➡ 단기 상담에 맞는 목표를 적절히 정하고 목표에 충실한 상담이 되어야 한다. 상담자는 상담의 목표를 '자신의 현재 상황을 직면하고 스스로를 보호한다.'로 정하고 있는데 실제 상담 내용은 공동체생활

수 있는 다양한 방법들에 대해 찾아본다. 또한 내담자가 동거남과 사실혼관계이므로 사실혼관계 해소에 따른 손해배상 청구(위자료) 및 재산분할 청구 소송도 가능하다는 것도 알려준다(원리 I 개인적인 것은 정치적인 것이다.).

규칙, 직업 문제, 딸과 아들 문제, 종교 문제 등 많은 문제들을 다루
고 있어서 자기보호라는 상담의 목표가 충분히 다뤄지지 못하고 있
다. 특히 4회기에서 자기보호와 관련된 많은 내용이 나오고 있다.
어떤 과정으로 내담자가 계속 노출된 것인지를 주의 깊게 들어 보고
내담자가 새롭게 취해야 할 보호행동과 상담자가 도울 수 있는 지점
이 무엇인지 살펴봐야 한다.

➡ 상담자이면서 관리자라는 이중역할로 인해 상담자가 갈등을 겪고
있는 것이 상담 과정에 드러난다. 상담자와 관리자 역할을 분리할
수 있는 방법을 모색해야 한다. 원칙적으로 상담과 관리는 분리되어
야 한다. 그러나 불가피할 경우 회기마다 구조화를 해서 관리자로서
의 생활상담과 상담자로서의 심리상담을 구분할 수 있고 그것이 어
려우면 다른 상담자에게 의뢰하는 것도 한 방법이다.

➡ 여성주의상담 원리 적용 부분

개인적인 것은 정치적인 것이다

여성주의상담에서는 개인심리와 행동에 영향을 미치는 사회적 조건들
을 중요시한다. 내담자는 타인과의 경계 긋기와 분리가 잘 안 되는 문제
를 갖고 있다. 이 원리는 이런 심리가 만들어지게 된 과정을 드러내 주어
내담자가 자기문제의 형성 과정을 이해하도록 한다.

내담자가 보고한 내용 중 사회에서 말하는 착한 여성이나 완벽한 여성
을 내면화한 것처럼 보이는 삶의 경험들을 찾아내어 보다 깊이 탐색해 보
면 좋다. 과도하게 남을 돌보며 자신을 지키지 못하는 내담자는 여성은
어떤 상황에서도 중요한 타인을 보살펴야 한다는 고정관념이 있을 수 있
다. 내면화된 고정관념은 충분히 그 역할을 수행하지 못했을 때 남들의

평가를 받게 되면 자기 비난이나 죄의식으로 연결될 수 있다. 이런 맥락에서 초등학교 생활기록부에 어린 시절부터 남을 배려했던 부분, 어머니가 돌아가신 후 어릴 때부터 집안일을 맡아서 한 것과 집안에서 부여된 정서적 역할을 탐색해 본다. 어린 시절 내면화된 성역할 고정관념은 성인이 돼서도 많은 영향을 주기 때문에 내담자가 폭력적인 동거남과의 관계를 유지시켜 온 데 영향을 줄 수 있다.

또한, 전남편 외도에 대한 내담자의 태도도 검토되어야 한다. 외도한 상대 여성들을 뒷바라지하며 참고 살아온 내담자의 삶은 전형적인 착한 아내의 모습이다. 이런 착한 아내의 모습을 유지함으로써 내담자는 주위에서 어떤 평가를 받았는지 살펴본다. 이런 것을 가능하게 한 친정과 시댁 문화, 전남편과의 결혼생활, 폭력 유무, 내담자의 경제적 능력 등을 탐색해야 한다.

이 과정에서 내담자가 그런 역할을 거부했을 때 남편이나 주위의 반응이 어땠는지도 검토한다. 이럴 때 내담자가 여성과 남성의 성역할을 어떻게 인식하고 내면화시켜 왔는지를 살펴볼 수 있는 성역할분석 기법을 활용하면 도움이 된다.

내담자를 둘러싼 사회적 조건 중 내담자의 문제 해결에 도움이 되는 것을 찾아서 조건을 개선하는 것도 이 원리를 적용할 수 있는 부분이다. 내담자는 동거남이 폭력적이고 집요하기 때문에 두려워한다. 내담자가 법과 제도를 활용하여 힘을 가질 수 있도록 지원이 필요하다. 사실혼관계에 있는 내담자가 동거남과 보다 확실한 분리감을 느낄 수 있도록 사실혼 해소와 관련된 법적인 소송을 알아보고 실행해 보는 것도 필요하다.

상담자와 내담자는 평등하다

이 원리는 내담자를 자기 삶의 전문가로서 존중하는 태도와 상담과정 중에 상담자가 자신의 가치관과 느낌을 개방하는 것을 말한다. 상담자는 관리자라는 이중역할 때문에 내담자를 관리하고 교육하는 입장을 많이 보이고 있다. 내담자와 관계를 평등하게 만들기 위해서는 내담자를 존중하고 수용하는 태도가 필요하다. 상담 중에 내담자가 자신이 힘든데도 상담자를 주물러 주겠다고 하는 대목이 있는데, 이럴 때 상담자가 내담자의 행동패턴이 반복된다는 것을 자각하고 상담자의 느낌을 개방해 주는 것도 좋았을 것이다.

역량강화

이 원리는 적응보다 변화를 추구하는 여성주의상담의 특성을 보여 준다. 변화란 기존에 내담자를 파괴하고 욕구 충족시키지 못했던 부분을 변화시켜 자신을 위한 삶을 선택하도록 돕는 것이다. 상담자는 전체적으로 내담자의 삶이 변화해야 한다는 여성주의상담의 가치관을 가지고 상담하고 있다. 내담자가 사람들의 요청을 처음으로 거부한 것, 3회기에서 이름 바꾸기를 시도해 본 것에 대해 지지해 준 부분이 해당된다. 이와 함께 상담자의 요구에 순응적인 내담자에게 진실로 행동에 옮길 마음이 있는 것인지 자기평가를 해 보도록 시도해 볼 필요가 있다.

여성의 시각으로 재조명하기

이 원리는 내담자의 경험 속에서 여성이기 때문에 평가절하됐던 부분들을 지지하고 재해석해 주는 것이다. 내담자는 보살핌이라는 여성의 심리 특성을 잘 보여 주는데 이를 과도하게 사용하면서 타인과의 자기경계가 허물어지는 문제를 갖고 있다. 대부분 폭력 피해 여성들은 이 내담자처럼 타인은 잘 보살피지만 자신을 보살피지 못하는 문제를 갖고 있다. 오랜 세월 타인 중심으로 살아온 생활습관 때문이다. 내담자에게 그동안 자신이 해 온 보살핌에 대해 긍정적인 면과 부정적인 측면을 평가해 보고 본인의 삶에 도움이 되도록 보살핌의 개념을 새롭게 구성해 보는 시간이 필요해 보인다.

12) 동료상담자 토의시간에 나온 내용

- 내담자에 대한 지지가 상당히 좋게 보였고 특히 내담자가 "내 탓이오."라고 자책하는 부분에 대해 상담자가 잘 다루었다.

- 같은 관리자로서 상담자가 이해된다. 화가 많이 났을 것 같은데 편안하게 상담 진행을 한 점이 좋았다. 관리자와 상담자로서 힘든 입장을 나누는 시간이 필요하다.

- 여성주의상담 원리를 적용하기가 어렵다. 상담할 때 여성주의적으로 해야 한다는 생각을 하려고 하니 불편하고 슬럼프가 느껴진다. 슈퍼비전을 통해서 다른 분들도 비슷한 고민을 한다는 걸 알았다.

- 상담하면서 내담자를 무조건 믿어 줘야 한다고 생각했다. 이 사례를 보니 이런 내담자라면 관리자이기도 한 상담자 입장에서 혼란이 오겠구나 이해가 된다. 어릴 때 성장배경으로 돌아가서 내담자의 눈으로 객관화시켜 봐야 한다는 것을 배웠다.

- 공감이 중요하고 관리자로서 놓치면 안 되겠구나 하는 자극을 받았다. 상담에 들어갈 때는 관리자 역할과 분리해서 들어가야겠다는 생각이 들었다. 나도 여성주의 의식에 대해 많이 생각을 해야겠구나 하고 느꼈다.

- 이론적 적용이나 구조에 집착하기보다 우선 현재에 초점을 두고 내 담자를 따라가면서 내담자의 말을 재질문하는 게 필요하다고 생각 된다.
- 쉼터상담을 10회기 정도 할 수 있는 여성주의상담 매뉴얼이 나왔으 면 좋겠다.

13) 슈퍼비전 이후 진행 상황 및 슈퍼바이지 총평

슈퍼비전 이후 진행 상황

슈퍼비전 후 짧게 상담을 정리하고 다른 상담자에게 내담자를 의뢰해 서 상담을 받도록 했다. 현재 내담자는 몸을 치료받고 이름을 바꿨으며 새로운 직장생활도 시작했다. 그 사이에 친정아버지의 죽음을 겪었다. 그 동안 자신이 처한 상황을 아무에게도 말을 못하던 내담자는 아버지의 죽 음을 겸허하게 겪고는 숨겨 왔던 모든 사실을 가족들에게 알리고, 자신을 보호해 줄 것을 요청했다. 내담자는 아버지 죽음으로 삶의 전환을 겪고 내적으로 많이 성숙하며 굳건해졌다. 상담 중에도 나왔듯이 심리적으로 동거남을 무서워하지 않고 있다는 것은 큰 변화라고 볼 수 있다. 하지만 아직도 공동생활 속에서 다소 걱정되는 모습을 보이기도 하는데 나아질 것으로 기대한다.

슈퍼바이지 총평

상담을 하면서 인내심을 갖고 경청하고 어떤 상황이든 이해하려고 했 다. 공동체생활을 하다 보니 일상생활 안에서 도덕적 엄격함과 맺고 끊는 것이 부족한 내담자로 인해 관리자로서 많은 스트레스를 받게 된다. 그래 서 판단 보류 및 기다려 주는 것이 부족했고 목소리 톤이 올라가며 끌고 가는 상담이 되었다. 슈퍼비전을 통해 무엇보다 구조화와 합의가 필요하다는 것을 절감했고 어떻게 상담해야 하는지 그림을 그려 보는 시간이 되었다. 무엇보다 관리자로서의 입장을 상담에서 분리하려고 노력했다. 상담자의 여성주의 정체성 발달 단계(부록3 참조)는 참여 수준인데 내담자는 수용에 머물러 있는 경우가 많아서 힘들었다. 상담자로서 내담자들의 작은 변화에도 감동을 받는다. 언젠가 내담자가 완전히 자립하는 그날이 오기를 우리는 끝없이 기다리고 있다.

제 3 부

여성주의상담자와
의식향상훈련

Feminist counseling and Supervision

사람들은 여성주의상담을 처음 접하게 될 때 '여성주의(Feminism)'라는 단어의 어감 때문에 편견과 오해를 갖는다. "무조건 여성의 편을 들어야 하나요?" "내담자 상황이 공감이 안 되는데 어떻게 상담하죠?" 여성의 편만 드는 상담일 것 같고, 이해하기도 어려우니 나와 맞지 않는다고 생각하는 것 같다. 이런 오해는 여성주의상담을 잘 모르기 때문에 발생한다. 여성주의상담은 기법보다 상담자의 가치와 철학을 중요시하고, 상담자의 정체성 발달을 중요하게 본다. 여성주의상담은 여성주의 철학을 바탕으로 형성되었기에 사회적 소수자의 권익을 우선시하는 여성주의 가치관이 상담 안에서도 녹아드는 것이 필요하다. 여성주의상담에서 말하는 상담자의 가치와 철학은 단기간에 형성되는 것은 아니다. 지식만이 아니라 이를 현실에서 실천하는 것이 중요하기 때문에 교육을 통해서 가치와 철학을 세우기란 매우 어렵다. 그래서 여성주의상담자를 어떻게 교육하고 훈련할 것인가는 항상 고민이었다. 초기부터 여성주의 의식향상을 중요시해 온 한국여성의전화는 상담, 여성학 등 관련 학문과 함께 여성주의적 실천까지 포함할 수 있는 교육과정을 만들기 위해 논의에 논의를 거쳤다. 그래서 일반상담자를 대상으로 하는 여성주의상담전문가 양성 교육과정(2005~현재)을 기획하면서 새로운 의식향상훈련을 포함시켰다. 본고에서 주요하게 다뤄질 여성주의상담전문가 양성 교육의 의식향상훈련은 상담자들이 일상 속에서 여성주의적 가치를 구체적으로 적용하고 실천하도록 돕는 데 목적이 있다.

여성주의상담에서 의식향상집단은 여성에 대한 사회적 억압의 경험을 여성학적 시각으로 분석하여 그 경험을 숨기지 않고 소리 내서 말하는 장이다. 사회적 관계 속에서 내가 느끼는 부당한 현실을 드러내고 공감받는 과정을 거치며 참여자들은 갑갑한 현실에서 벗어나기 위한 의지를 갖게 된다. 의식향상집단은 자조집단의 역할, 소통과 사회 참여를 위한 실천의 장으로서의 역할을 한다.

여성주의상담은 상담자로서의 전문성과 함께 여성인권에 대한 이해와 실천을 전제로 한다. 개인의 문제를 개인의 문제가 아니라 구조적인 문제로 인식하고, 개인의 변화를 사회구조의 변화로 이끌어 내기 위해서는 관심과 참여, 실천이 중요하다. 이것은 여성주의상담이 탄생하게 된 역사적 배경과도 연결된다. 60년대 제2의 물결로 불리는 새로운 여성운동은 기존의 상담이론, 기법, 평가도구뿐만 아니라 여성의 현실에 대해서도 의문을 갖게 한다. 이때 의식향상집단이 시작되었고 여성 문제는 개인이 아니라 사회적인 조건에서 기인한다는 문제의식을 공유하였다. 그리고 여성들은 여성에 대한 억압과 차별을 여성의 언어로 말하고, 여성주의적으로 인식할 수 있는 상담자를 필요로 하게 되었다.

성찰, 변화, 실천

이화영
(한국여성의전화 성폭력상담소 소장)

1. 한국여성의전화 의식향상[1]훈련

여성의전화 의식향상집단의 대표적인 그룹은 창립 초기부터 함께해 온 상담회원모임, 쉼터 의식향상집단과 2005년 시작된 여성주의상담전문가 양성 교육이 있다. 의식향상훈련은 구성원의 의식 변화와 재사회화를 목표로 하고 있다. 의식향상집단과 훈련과정을 소개함으로써 여성주의상담에서 각 집단별로 의식향상훈련이 어떤 의미를 갖고, 어떻게 이루어지는지를 살펴보겠다.

---

1 의식향상은 Consciousness Raising이라고 하며 약자로 'CR훈련'으로도 부른다. 그룹으로 구성했을 경우는 의식향상집단, 프로그램일 경우는 의식향상훈련이라고 한다.

1) 상담회원모임의 의식향상집단

여성의전화에서 의식향상집단은 1983년부터 상담자들을 위한 프로그램으로 먼저 시작되었다. 초기에는 여성의전화를 개원하면서 상담원교육을 받고 활동 중인 상담원들의 자질 향상을 위해 몇 개의 소그룹 공부모임을 만드는 형태였다. 사례연구모임으로 전문가들이 지도하고, 모임의 리더를 뽑아서 운영하였다. 모임은 시간을 거치면서 구성원들이 달라졌고, 모임의 내용과 방식 또한 내부의 합의에 따라 다양하게 변화되었다. 오랜 기간 운영을 통해 정리된 형태는 기수별 상담회원모임, 전화상담회원모임, 주제별 상담회원모임, 면접상담회원모임 등이다. 각 모임은 여성학과 상담에 관련된 책을 선정하여 학습하고, 상담 사례 토론, 여성운동과 시민운동의 이슈에 대해 토론하고 참여하며, 여성의전화 조직운영과 관련된 회의 및 활동에 참여한다. 또한 상담활동을 하면서 바꿔야 할 일상의 성차별적인 문화 때문에 느끼는 어려움을 나누면서 자매애를 다지고, 서로 연대하게 된다. 각 모임은 개별적으로 진행하기도 하지만 슈퍼비전이나 상담회원 월례회의, 상담회원 재교육 등과 상담회원들의 제안을 통해서 전체 모임으로 진행하기도 한다. 그중 면접상담회원모임은 여성주의상담전문가로서의 역량을 높이고, 회원 리더로 성장하는 장으로서의 역할을 한다.

상담회원들은 많은 경우 자기문제에서 시작하여 교육이나 활동에 참여하기도 하고, 상담을 하면서 자신이 처한 문제를 새롭게 발견하기도 한다. 상담원들은 일상에서 마주하게 되는 문제가 개인의 문제가 아닌 사회의 구조적인 문제임을 상담과정과 상담회원모임에서 확인하게 된다. 가장 가까운 곳에서부터 바꾸지 않으면 구조적인 문제를 바꿀 수 없기 때문에 제일 먼저 가족을 변화시키려는 노력을 한다. 가족을 변화시키는 것이 쉽지는 않지만 그것만으로는 부족하다는 것도 깨닫게 된다. 가족이 건강하려면 사회가 건강해야 하기 때문에 나와 가족, 사회가 하나로 연결되어 있다는 의식이 형성되고 사회변화를 꿈꾸면 자연스럽게 활동에 참여하게 된다. 내담자를 위한 법적 구명활동, 거리서명전, 법 개정을 요구하면서 시위를 하는 등 사회참여가 이루어진다.

2) 쉼터[2] '의식향상집단'

한국여성의전화 소식지를 개원 당시부터 엮은 '베틀'[3]에 따르면, 첫 피해자집단은 1986년 8월 위기여성모임으로 외부에서 사람들을 모집하여 시작하였다. 평균 월 1회씩 모임을 진행하여 남편의 구타로 인해 상처 입은 여성들이 만남의 과정을 통해 고립감을 해소하고, 폭력에 대한 두려움을 극복하여 자신감을 기르고 아내 구타 추방운동에 참여하도록 하는 데 목적을 두었다고 한다. 위기여성모임은 서구에서 강간당한 여성들의 모임이 강간추방운동으로까지 발전한 것처럼 피해 여성들이 상호 간의 활동으로 비판의식, 문제의 객관화 능력, 여성으로서 자신의 고통이 여성

---

2 쉼터는 폭력 피해 여성을 위한 일시 피난처를 말하며, 한국 최초의 쉼터는 1987년 여성의전화가 만들었다. 외국의 'shelter house'를 여성의전화 '쉼터'라는 고유명사로 만들었다. 『쉼터 매뉴얼』에는 폭력 피해 여성들이 편안히 쉴 수 있는 넉넉하고 좋은 공간이길 바라는 마음에서 쉼터라는 이름을 붙였다고 했다. 전국에 가정폭력 피해자들을 위한 보호시설들이 생겨나면서 간단하게 쉼터라고도 부르지만 이 명칭은 여성의전화 폭력 피해 여성을 위한 긴급피난처의 고유명사였다(정춘숙 외, 2008: 21).

3 베틀은 창간호부터 1995년까지 발행된 한국여성의전화 소식지를 엮은 책 이름이기도 하며, 쉼터의 퇴소자 모임 이름이기도 하다.

공통의 문제임을 인식하게 되며 여성끼리의 연대의식이 공고해지도록 하는 것에 의미가 있다고 정리하고 있다. 또한 상담과 여성운동을 통일적으로 보도록 하기 위한 방법도 모색하고 있다고 한다(한국여성의전화, 1987: 6-7).

쉼터 내담자 집단은 현재 쉼터에 거주하고 있는 그룹과 퇴소자 그룹인 베틀여성모임으로 구분된다. 초기에는 폭력 피해 여성들의 의식강화를 위해 외부에서 모집하였으나 1987년 쉼터를 개소하면서부터는 쉼터 피해자집단에 집중하였다.

쉼터 의식향상집단은 5~8회기(주 1회 2시간)로 진행하고 있으며 사례는 『여성주의적 가정폭력 쉼터 운영의 실제』(2008)에서 소개한 바 있다. 쉼터에서는 의식향상집단 외에도 여러 가지 여성주의 집단프로그램과 개인상담이 있다. 쉼터 거주 기간이 넓은 의미로는 의식향상의 과정으로 볼 수 있으나 여기서는 의식향상집단 프로그램으로만 한정하겠다.

쉼터 의식향상집단 프로그램은 쉼터 거주자를 대상으로 내담자의 성장을 목표로 진행한다. 집단에서 다루는 내용은 진행자마다 차이가 있으나 폭력의 종류, 주기, 잘못된 통념, 폭력이 자녀에게 미치는 영향, 분노, 가장 폭력적인 경험 나누기(정춘숙, 2008: 211-231) 등으로 폭력 상황을 피하는 것은 정당한 일이며 내담자가 죄책감을 갖지 않도록 하는 내용으로 구성되어 있다. 피해자라는 공통점을 토대로 문제에 대처해 가는 방식, 심리 상태, 해결 의지 등을 나눔으로써 서로가 서로에 대한 모델이 되고, 앞으로의 삶을 안전하게 살아갈 계획을 세우는 데 도움이 된다.

쉼터 내담자들은 퇴소 후에는 '베틀여성모임'에 참여하여 쉼터를 떠난 이후에 겪는 고립감 등을 나누고, 자립 이후 새롭게 겪는 어려움을 의논한다. 베틀모임은 쉼터를 떠나는 불안감을 감소시켜 주며, 친정의 역할을 한다. 그리고 현재 입소자와 퇴소자가 만나기 때문에 미래에 대한 불안감과 자립에 대한 고민을 하는 입소자에게는 먼저 경험을 한 선배로서 자신의 경험을 조언해 주기도 한다.

피해자집단은 남성 중심적인 문화로 인해 친정에서도 도움을 받지 못하는 여성들에게 친정의 역할을 하며, 지지집단이 되어 주었다. 피해자집단을 경험한 내담자들은 후원행사에서 피해 경험을 증언하기도 했고, 가정폭력방지법 제정을 위한 공청회에서 자기 목소리를 내서 정책에 반영되도록 하였다.

3) 여성주의상담전문가 양성 교육 의식향상집단

여성의전화는 창립 초기 여성운동과 상담 속에 실천의 관계를 놓고 끊임없는 고민을 해 왔다. 여성의전화의 여성인권운동과 맞는 상담이론이 없어서 고민하면서도 상담원을 교육하고 훈련시키는 과정, 상담소인가 여성운동단체인가를 놓고 정체성을 고민하는 과정을 거쳐 여성주의상담은 현재의 모습을 갖추게 되었다.

한국여성의전화 내부에는 여성주의상담의 내용을 외부 전문가가 담아내지 못하는 것에 대한 끊임없는 문제제기가 있어 왔다. 그중 큰 의미를 지닌 변화는 98년 외부 전문가로 구성되었던 상담 슈퍼바이저를 내부 전문가로 교체한 것이다. 또한 상담원 교육의 강사 역시 외부 전문가 중심에서, 여성운동과 상담에 대한 이해가 깊고, 긴밀하게 교류해 온 내부 전문가들이 대폭 참여하게 된다. 이런 흐름 속에서 여성주의상담 관련 연구소 설립에 대한 논의의 기초가 마련되었고, 그동안 축적해 온 여성주의상담의 내용을 정리하고 교육과정을 체계화하고, 확산하자는 요구는 본격화되었다.

한국여성의전화 여성주의상담 슈퍼바이저들이 주축이 되어 발간한 『왜 여성주의상담인가』(2005)는 여성운동과 여성주의상담의 경험의 역사로서 의미를 갖는다. 여성의전화는 여성주의상담을 쉽게 전달하고, 체계화, 확산하는 것에 대해 고민해 왔기에 『왜 여성주의상담인가』(2005) 발간을 시작으로 체계적인 교육과정을 고민하게 된다. 그동안 진행된 여성주의상담 교육을 검토하여 여성주의상담자 양성을 위한 전문가 교육과정을 만들고, 연구소 설립에 대한 논의도 집중하였다. 그간의 여성주의상담 교육에 관한 연구와 논문들은 공통적으로 기존 교육에서 여성주의상담자로서 자기정체성 강화, 실천, 여성심리에 대한 교육이 부족하다고 지적하였다(김민예숙, 2004: 1). 이런 논의 결과 2005년 여성주의상담전문가 양성 교육을 실시하면서, 실천을 강화하기 위한 부분에 초점을 두고 5단계의 교육을 기획하게 되었다(부록 5 참조). 각 단계마다 의식향상집단을 필수적으로 포함시켰고, 실천을 교육 속에서 구현하고자 시도하였다. 교육생 역시 내부 상담원뿐 아니라 여성폭력 문제를 다루는 외부기관 상담자까지 확장하여 대상을 넓혔다.

기초교육에서 의식향상집단은 주제와 형식을 주지 않는 비구조화된 형식으로 진행되었다. 교육생들은 여성주의를 얘기할 준비가 되지 않았지만 가정과 직장의 일로 고민들이 넘쳐났다. 참가자들의 활동연차와 지역, 경험에 따라 편차가 있었고, 그중 많은 경우는 여성폭력이나 여성주의를 잘 이해하지 못한 상태에서 단체활동을 시작해서 힘든 시기였다. 말할 기회가 없어서 힘든 경험을 홀로 감당하는 교육생들이 많았다. 참가자들은 조직에서 해소하지 못한 어려움을 집단에서 풀어내자니 소문이 날까 봐 걱정스러워하기도 했다. 하지만 여성주의 의식향상집단의 첫 시작이 비구조화 집단에서 여성들이 모여서 얘기했던 것처럼, 모여서 얘기하는 것만으로도 힘이 됐고, 참가자들 스스로도 자기 문제를 드러내고, 정리해 나갔다. 이 과정에서 참가자들이 여성주의상담에 대한 전혀 다른 이해와 해석을 하고 있음을 알게 된 것이 소득이었다.

6개월 후 기초실습교육에서는 의식향상집단을 위해 '여성주의실천 성공사례 자기보고서'의 형식을 주었다. 기초교육 이후 6개월간의 여성주의상담을 체화하는 시간을 가진 참가자들은 가정과 직장, 주변 사람과의 관계에서 오는 어려움들을 여성주의적으로 풀고 해결하려고 했던 자신의 경험을 나누었다. 교육생들은 이런 과정을 거치면서 여성주의상담을 어떻게 실천할 것인가를 고민하고 다른 사람의 성공담을 들으면서 여성주의적 지혜를 습득하는 시간을 갖게 되었다.

여성주의상담전문가 양성 교육의 의식향상훈련은 가족에서 나의 위치와 역할, 가족구성원과의 관계, 가사노동, 직장생활, 대인관계, 상담원으로서의 고민, 진로 등 여성의 삶 전반에 대해 동일한 집단 내에서 다양한 주제를 다룬다. 여성주의상담자의 정체성에 기반을 두어 현재 자신이 하고 있는 고민을 나누고, 집단 구성원으로 참가한 상담자는 여성으로 겪고 있거나 경험했던 문제를 다른 구성원(상담자)들과 만나는 과정에서 다시 성찰하게 된다. 이것은 내담자들을 더 이해하고, 상담자로서 자기를 돌아보는 기회가 되며, 자기성찰을 통한 변화와 참여의 기회가 된다. 한국여성의전화는 여성주의상담의 효과를 상담자와 내담자의 변화로 보고 상담 매뉴얼 상담자 수칙에 "상담자는 여성주의적 삶의 모델이 되어야 한다."고 명시하였다. 여성주의상담자의 변화를 위해서는 체계화된 교육과정과 함께 상담자의 끊임없는 성찰과 노력이 필요하다.

2. 여성주의상담자의 의식성장 과정

여성주의상담자는 의식향상훈련이나 집단활동을 통해 의식성장을 경험한다. 여성주의상담전문가 양성 교육과정(2005~2011)에서 드러난 상담자들의 의식성장 과정을 의식향상집단을 통해 ① 불편한 감정 드러내기, ② 여성으로서의 연대감, ③ 비판적 시각으로 돌아보기, ④ 여성주의 정체성 발달이라는 4가지 측면으로 나누어 살펴보겠다. 의식성장의 과정과 분류는 여성주의정체성 발달단계와 연결 지어 생각하면 쉽게 이해할수 있다. 의식성장의 정도는 단계별 교육과정에 따른 내용 구성, 교육생의 활동 경력, 여성주의상담의 체화 정도 등에 따라 다를 수 있다.

1) 불편한 감정 드러내기

누워서 텔레비전만 보는 남편이 혼자 집안일하고 있는 나한테 이것저것 시킬 때, 동서들과 시집 행사를 의논하는 데 최종 결정은 남편이 할때, 오늘까지 꼭 처리할 회사일 때문에 야근 중인데 집에서는 아이들이 아빠가 아직도 안 왔다며 언제 오냐고 전화할 때, 하루 종일 집안일 하느라 동동거렸는데 당신이 집에서 하는 일이 뭐냐는 소리를 들었을 때…….

여성주의상담전문가 양성 교육과정 의식향상집단에서 교육생들이 보고한 불편한 일상들이다. 이런 일이 일어날 때 여성의 마음은 결코 편안하지 않다. 그렇다고 편치 않은 감정을 잘 표출할 수 있는 것도 아니다. 감정 표현을 하지 못하는 이유를 보면 여성은 자신에게 주어졌던 아내, 엄마, 며느리의 역할에 대해 당연한 것으로 배워 왔기에 불만을 표현하면 당연한 것을 거부하는 '나쁜 여자'가 되고 분위기가 불편해지기 때문이다.

현남숙은 감정은 가치가 동반되며, 사상(thought)이나 생각(thinking)과 연계를 갖고, 서로 간의 연속작용이 있는 현재적인 것으로 보고, '실천적 의식(practical consciousness)'이라고 정의하였다(현남숙, 2007: 196). 여러 가지 감정 중에 여성들이 가장 표현하지 못하는 것은 불편함이다. 전통적 규범이나 관습은 여성 자신을 위해 살도록 허락하지 않아 왔다. 자신을 위해 살 수 있다는 것을 알았으나 막상 그렇게 살고 있지 않은 모습을 알아차릴 때 혼란과 갈등은 깊어지고, 우울이나 무기력 등 심리적인 문제를 겪게 된다. 여성이 정서적 문제를 갖는 이유는 불편함을 표출할 기회조차 없거나, 불편함을 느끼지 않는 것이 미덕이라고 배워 왔기 때문이다. 의식향상집단 참가자들의 사례를 통해 불편한 감정을 드러내는 과정을 살펴보고, 이것이 가지는 힘에 대해서도 살펴보고자 한다.

사례 1

13년간 양자 문제로 시달림 받고, 아들 없다고 22년을 스트레스 받았지만, 참으며 살아왔어요. 아무 역할도 하지 않는 남편에게는 이혼하자고 하고, 앞으로 시집 행사에 가지 않겠다고 했구요. 시부모는 '네 나이에 어디 재혼이라도 할 것 같으냐!'며 노발대발했지만 그 이후 6~7번의 시집 행사가 있었는데 모두 가지 않았어요. 남편이 못 해내는 일을 내가 나서 줬으니 내 편이 돼 주겠다고 생각을 했는데 내 행동은 분란만 일으킨다며 나를 비난했고 이혼하자고도 했어요. 남편과의 다툼이 계속되었어요. 하지만 시간이 지나면서 전보다 남편과 덜 싸우고 있음을 알게 됐어요. 당장 이혼을 불사할 것 같던 남편의 태도가 조금씩 달라지고 있는 걸 알았어요. 말은 안 했지만 남편 역시 부모님의 완강한 태도 때문에 스트레스를 받고 있었던 것 같아요. 시집에 반대의견을 표현하면 정말 끝이 나는 줄 알았는데……. 그 후의 삶은 상상할 수도 없었어요. 법을 어기는 것도 아닌데 가부장제의 위력이란 참 대단해요! 용기를 내서 한 것뿐인데 결과가 좋았어요. 나 자신한테 참 잘했다, 태어나서 가장 잘했다고 칭찬해 줬어요. 아직 다 끝난 상태는 아니지만 두렵지 않아요. 시작했으니 두려움 없이…….

-2011년 기초실습교육-

사례 1은 아들이 없으니 양자를 들이라는 시부모의 무리한 요구를 수십 년간 받았고, 인격적인 모독까지도 참으며 살아왔다. 불편함을 억압하는 기간이 길어지면서 불편함은 분노의 형태로 표출된다. 분노는 사례 1의 참가자에게 현재 처한 문제를 해결하기 위한 변화의 힘이 되었다. 시집에 반하는 것은 '끝' '상상할 수 없는 것'으로 생각될 정도의 엄청난 것이었음에도 더 이상 부당한 요구를 용납하지 않겠다고 선언한다. 그동안 '내 편'일 거라고 믿었던 남편이 내 편이 아니라는 것을 확인한 것도 실천의 동기가 되었다. 성공의 경험은 작은 것이라도 실천적 의식을 더욱 확장시키고, 당사자를 성장하게 한다. 의식향상집단은 당연시해 오던 가족 안에서 여성의 성역할에 대해 고민하게 만들었으며, 잘 인식하지 못했거나 당연한 것으로 여겨져 드러내지 못했던 불편함을 일깨우고, 드러내는 기회가 되었다.

사례 2

1999년부터 여성의전화 활동을 하면서부터 바깥 활동을 하기엔 아이들이 어리지 않느냐는 말을 들었어요. 애들이 초등학생이라 충분히 가능하다고 생각했죠. 활동이 조금씩 늘어났고, 그러다가 시댁 근처로 이사를 가게 됐는데 시부모님들이 제 활동에 대해 불만을 나타내시는 거예요. 그러다가 여성의전화에서 여행을 가게 됐는데 남편과 아이들을 두고 어딜 가냐며 가지 말라고 하고, 봉사활동도 할 일 없는 여자들이나 하는 거라면서 강하게 반대를 해요. 남편은 중간에서 가정의 화합과 나의 활동을 타협하라면서 우리가 양보해야 한대요. 그래서 남편한테 당신은 어떤 것을 양보할 건지, 나를 위해 무엇을 해 줄 수 있는지 물어봤어요. 지금까지 애써 왔는데 안 되겠다 싶어서 여성의전화 활동을 선택하기로 했어요. 자신도 없었지만 가족의 반대 때문에 못한다고 생각했는데 제가 강하게 결정한 것이 오히려 제 활동을 보장해 주는 기회가 됐어요. 가족을 위한다는 미명 아래 희생해 왔는데 그러지 않은 게 잘한 것 같아요. 결정하기 어려운 순간 저는 '내 딸이라면 어떻게 하기를 바랄 것인가?'를 생각했어요. 그게 올바른 결정을 할 수 있는 힘이 됐어요.

-2006년 기초실습교육-

사례 2의 참가자는 가족을 위해 양보하고, 희생해 왔다. 아이들이 커서 외부활동이 가능하다고 판단할 수 있는 때를 기다려 활동을 하려고 했지만 시집의 강력한 반대에 부딪힌다. 또한 가정의 화합을 위하자는 명목으로 또다시 양보를 강요받게 된다. 양보는 자발적인 것이지 강제되어야 할 것이 아님에도 불구하고 양보해야 하는 사람에 나만 해당된다. 나는 며느리기 때문에 당연히 양보해야 하고, 남편은 아들이기 때문에 항상 열외의 대상이 되어 왔다. 남성들의 자기주장은 '진취적이다' '소신 있다'는 긍정적인 의미로, 여성들의 자기주장은 '공격적이다' '드세다'라는 부정적인 의미로 해석되어 왔다. 같은 자기주장임에도 이중적인 의미를 갖게 하는 현실이 여성의 운신의 폭을 더욱 좁힌다. 그럼에도 불구하고 여성이 자기주장을 펼치면 그나마 지금껏 해 왔던 가족을 위한 헌신까지도 없었던 일처럼 치부된다. 초등학생 자녀의 양육 때문에 반대하는 시부모와 일 방적으로 양보를 강요하는 남편의 요구는 심한 불편함을 주지만 거스르 기 힘든 요구이다. 그러나 그것은 현재의 불편함으로 끝나지 않고 딸의 미 래까지 영향을 주기 때문에 사례 2의 참가자는 결정을 내린 것이다. 현재 초등학생인 딸의 미래를 상상하며 내린 결정은 개인적인 것을 넘어선, 작 은 정치적 실천이다.

사례 3

13년 전에 자원활동으로 시작해서 현재 여성단체에서 8년째 상근하고 있는 데 일하기 시작하면서 남편과 갈등이 있었어요. 가사와 당시에 초등학생, 중학 생이던 자녀 양육문제에서 항상 부딪혀 왔거든요. 남편은 자신이 원하면 언제 든 야근에 밤샘을 할 수 있었지만 나는 저녁식사에 대한 부담으로 하던 일을 덮고 허둥지둥 집으로 와야 했어요. 집은 또 다른 일의 시작이었기 때문에 시 간이 갈수록 몸은 지쳤어요. 내 일도 출장이 많았기 때문에 남편이나 가족의 눈치를 보게 됐어요. 남편이 내 직장을 인정하지 않았고, 자원봉사로 여겼기 때문에 보이지 않는 압력과 스트레스를 견뎌야 했어요. 그러던 어느 날 남편한 테 출장이 있다고 알렸더니 남편은 자신과 상의 없이 결정했다며 버럭 화를 내 요. 알고 보니 남편도 같은 날 출장이 겹쳤던 거예요. 우리 부부는 내가 직장생 활하는 문제로 긴장이 극에 달했기 때문에 시한폭탄을 안고 있는 상황이었고 당연히 폭발할 수밖에 없었죠. "내가 출장 가는 것을 왜 당신과 상의해야 하 냐? 당신은 출장을 나에게 상의해 본 적이 있냐? 직장에서 출장이 결정 나는데 남편에게 상의해서 결정하겠다고 하냐? 왜 똑같이 직장생활하면서 당신은 괜 찮고 나는 안 되냐?" 그동안 직장생활하면서 가족에게 피해가 가지 않게 하려 고 노력하면서 힘들고 억울했던 모든 것이 봇물처럼 터져 나왔어요. 그 사건

이후 나는 가사와 직장생활 모두를 완벽하게 해야 한다고 생각했던 슈퍼우먼 콤플렉스에서 벗어났고, 남편 또한 직장생활 특히 출장에 더 이상 간섭을 하지 않았어요. 지금은 누구보다 직장생활에 지지를 해 주는 조력자예요. 이 계기를 통해서 여성주의상담을 하면서 실천이 중요하다는 다짐을 하는 계기가 됐고, 표현의 중요성을 깨달았어요. 나의 권리를 찾는 것에 적극적으로 하게 됐어요.

-2006년 기초실습교육-

사례 3의 참가자는 8년을 가사노동과 일을 병행하면서 제대로 된 휴식조차 취하지 못했다. 직장에서는 쫓기듯 일하고, 자녀들의 저녁식사를 챙겨 줘야 하는 가정은 제2의 일터였기 때문이다. 여성에게 부과된 성역할로 인해 여성이 직업을 가질 경우 다른 가족들에게 양해를 구해야 하고 일과 가정 양립을 위해 두 가지 모두 완벽하게 해야 하는 이중책임이 따른다. 반대로 남성의 경우 직장 일은 당연한 것으로, 모든 가족들이 배려해야 할 것으로 생각한다. 시기와 장소, 가족구성원의 배려를 받아야만 여성이 일할 수 있는 조건이 갖춰진다. 여성의 일에 대해 배우자와 같은 선상에서 배려받지 못하는 것, 나의 일을 동일한 조건으로 양해 얻기 위해서는 가사노동까지 완벽하게 수행해야 했던 상황, 그 상황을 참가자는 시한폭탄을 안고 있는 것으로 표현했다. 언제, 어떤 크기로 터질지 모르는 불안한 상황에서 폭탄은 출장 문제가 도화선이 되어 억울함과 분노의 형태로 터져 나왔다. 사례 3의 참가자는 불편한 감정을 드러냄으로써 슈퍼우먼 콤플렉스에서 벗어났고, 남편을 조력자로 얻게 되었다. 불편한 감정을 표현하는 것은 내가 처한 상황을 알리는 작은 실천이고, 주변 사람들의 변화를 촉구하는 또 다른 실천이다.

사례 4

설거지하던 남편이 손님이 오자 거실로 나왔어요. 나는 손님만 맞고 설거지를 하려나 했는데 아예 할 생각이 없었던 거예요. 싱크대는 엉망이고, 손님 대접은 해야겠고, 짜증이 났어요. 손님이 간 후에 남편에게 "평상심이어야지 아무도 없을 때만 하는 설거지는 살림을 나누는 것이 아니다."라고 했어요. 그 후로 남편은 사위가 와도 부엌에서 할 일을 해요. 요즘에는 아침밥도 남편이 차려 주는 것을 먹고 나오기도 해요. 같이 사는 공간에서 '이거는 네가 하고, 이거는 내가 하고'가 아니라 할 수 있는 사람이 하면 서로가 편해져요. 이걸 깨닫고 실천에 옮기는 데 7년이 걸렸어요. 여성의전화에서 가정폭력전문상담원 교육을 받은 것이 2005년도였으니까. 전에는 내가 바빠서 식구들을 못 챙기면 미안한 거에 죄책감까지 있었는데, 내 삶에서 찜찜한 것이 불평등 때문이란 것을 알고부터는 나 스스로 너무 편해졌어요. 인간이 할 수 있는 일은 한계가 있어요. 나는 없고 식구들만 있는 세상을 살게 되면 그 상처는 너무 커요.

－2011년 기초교육－

'가사노동=여성의 일'로 간주돼 왔다. 최근 남성들도 가사노동을 함께 하려는 분위기가 확산되고 있으나 현실적으로 보면 아직도 남성은 여전히 보조 역할에 머물러 있다. 가사노동은 여성의 몫이라는 인식으로 인해 남성이 가사노동을 돕는 것만으로도 평등한 관계로 보이기도 한다. 사례 4의 남편도 가사노동을 나눴으나 손님이 오자 자연스럽게 그 상황을 빠져나간다. 그 후 참가자는 가사노동의 전적인 역할이 자신에게 주어진 상황에 대해 불편한 감정이 들었고, 가사노동을 나누기로 했던 남편에게 약속의 내용을 다시 각인시킨다. 여성주의를 알기 전까지는 가족들을 챙기는 것은 오로지 자신의 몫으로 인식해서 죄책감까지 가졌다. 사례 4의 참가자는 여성주의를 알면서 나와 가족, 가사노동의 의미에 대해 생각하게 되고, 불편한 감정이 불평등에서 기인한 것이라는 것을 깨닫게 되었다. 나는 없고, 가족들이 중심인 삶은 상처였기 때문에 나의 존재를 인정하면서 상처받지 않고 사는 방법을 택하게 되었다. 가사노동을 분담하는 데 소요된 7년은 불편함을 반복적으로 드러내는 과정이 있었고, 그 과정이 있었기 때문에 실현될 수 있었다.

2) 여성으로서의 연대감

여성의 삶은 '여성 개인의 삶'으로 이름 붙여지더라도 개인의 어려움은 내용적인 면에서 다른 여성들의 어려움과 공통점을 갖는다. 이것은 의식향상집단에서 개인의 관심사와 주제를 다루지만 혼자만의 문제가 아니라는 것을 인식하게 되는 과정과 같다. 여성의 삶에서 엄마와 아내의 역할은 가족에 대한 끊임없는 헌신과 희생을 요구한다. 정상과 비정상의 구분이 무의미할 정도로 여성의 역할 헌신은 가족의 행복을 위해 시스템화되어 왔다. 그리고 가족에 대한 잘못된 신념으로 인해 가족은 깨졌는데 이름뿐인 가족이라도 지켜 보고자 발버둥 치게 하고 그 과정에서 또 다른 부작용을 낳는다.

가족 내에서 약자의 위치에 처한 여성에 대하여 여성주의상담전문가 양성 교육을 받은 참가자들은 어떻게 관계하고, 여성으로서의 연대감을 발휘하고 있는지 살펴보고자 한다.

사례 5

여성주의를 알면서 우리 가족에 대해서 다시 한 번 생각해 보게 됐어요. 집이 넉넉하지 않아서 엄마는 제가 어릴 때부터 지금까지 계속 일을 하고 계세요. 대학생 때 학생운동을 하던 저는 가정에서 무슨 일이 있던 무관심한 편이었어요. 2003년도 무렵, 독립생활을 접고 집으로 들어와서 살면서 엄마를 통해 여성들한테 요구되는 역할에 대해 생각하게 됐죠. 나이 차이가 많이 나는 남동생이랑 아빠가 일하고 오신 엄마한테 식사나 청소를 너무나 자연스럽게 요구하는 거예요. 저는 하나둘씩 문제제기를 했죠. 이런 모습이 처음에는 가족의 화목을 깨는 모습으로 보일 때도 많았어요. "밥도 한번 못 차려 주냐?" "집에 일할 사람 많은데 아빠가 이런 것까지 해야 하냐?"라는 소리를 듣고, 조리 있게 말하기보다 욱하는 마음에 "자기 일은 자기가 해야지 엄마의 노동을 착취하면 안 된다."라고 말해서 조용한 집안에 평지풍파를 일으키는 건 아닌지 여러 번 고민했어요. 하지만 제 생각이 옳다고 생각해요. 우리집 남자들이 자기 일을 척척 해내는 수준까지 된 건 아니지만 그래도 제가 있는 데서 엄마한테 이런 거 요구하면 피곤한 상황이 될까 봐 조심하는 수준이에요. 우리집을 보면서 가족에 대한 여성주의 고민과 실천은 놓치면 안 되겠다고 생각했어요.

-2006년 기초교육-

사례 5의 참가자는 가족에 대해 무관심했으나 여성주의를 알게 되면서 가족에 대해 생각하게 된다. 그 안에서 '엄마'라는 이름으로 희생을 당연시하는 가족의 이기적인 모습을 발견한다. 엄마는 가족 모두에게 밥 차려주는 사람이고, 아빠는 집안일을 하는 사람의 목록에서 제외되는 것이 그것이다. 사례 5의 참가자는 '무엇이, 어떻게 변해야 하는가?'를 묻고 엄마에게 당연하게 요구되는 이중노동에 대해 문제제기를 한다. 보통은 딸이 엄마의 가사노동을 대신하거나 일을 나누는 모습이지만 사례 5는 기존 가족과 사뭇 다르다. 참가자가 학생운동을 했고, 여성학을 공부한 경험이 있기 때문에 다르게 나타나는 것으로 보인다. 다시 집으로 돌아와서 엄마를 대하는 다른 가족들의 모습을 객관적 시선으로 보고, 가족구성원의 편리를 위해 희생을 요구하는 것에 대해 강하게 문제제기를 한다. 결과적으로 참가자의 관점 확장은 어머니를 같은 여성의 입장에서 바라보고, 어머니·아내의 이름으로 당연시해 온 희생에 제동을 걸었다. 딸이 엄마와 '여자로서' 연대감을 느낀 결과는 가족구성원의 행동을 조금씩 변하게 했다.

사례 6

조카는 누나와 동생들과 갈등이 깊어지면서 주식과 로또에 손을 댔고, 조카며느리가 못하게 하니까 다 가난한 부모님 탓이라고 책임지라고 억지를 부려요. 하던 일도 그만두고 아르바이트를 하며 주식을 해야 한다고 했어요. 대화를 시도하면 무시하거나 화를 부른다고 하고, 아이들이 보는 앞에서 폭력을 휘두르기도 했어요. 어느 날은 자기 말을 듣지 않았다면서 칼을 가지고 조카며느리를 위협하는 일이 일어났어요. 하루하루가 삶의 지옥이라면서 조카며느리는 그래도 가정을 지켜야 한다며 시집의 작은어머니인 나와 이야기를 끊임없이 했고, 저는 여성의전화와 다른 기관에 상담을 의뢰해서 받게 했어요. 그래도 남편의 변화를 계속 기다리더라고요. 현재는 재판이혼소송을 신청해 놓은 상태예요. 조카며느리는 소송을 냈으면서도 남편이 성실히 일하면서 살아갈 수 있는 마음의 자세가 있다면 이혼소송을 새 출발을 위한 충격요법으로 쓰고 싶은가 봐요. 가망도 없고, 아이들한테 함부로 하는 모습을 보면 이혼을 해야 한다는 생각이 들기도 하고 마음이 왔다 갔다 확신이 없는 상황이에요. 제가 그래도 여성의전화 활동을 했기 때문에 끊임없이 들어줄 수 있었던 것 같아요. 저도 작년에 남편과 갈등이 있으면서 언니한테 얘기를 했는데 언니는 대놓고 이제는 즐

겁지 않은 이야기는 듣고 싶지 않다는 선언을 했어요. 가족이라고 해도 힘든 이야기를 듣는 것은 어렵다는 것을 알았어요. 지금도 어려운 상황이 되면 조카며느리는 나를 찾아요. 전화 받느라 겨드랑이에서 땀이 줄줄 떨어질 때도 여러 번이었지만 내가 남편한테 느꼈던 가부장성, 며느리와 여성이라는 입장, 그리고 여성주의상담이 아니었다면 과연 이토록 긴 여정에 함께할 수 있었을까요? 홀대받는 자리에 과감히 가지 않겠다고 선언한 조카며느리를 보면서 며느리의 역할을 문제의식 없이 받아들였던 나도 변화하게 되었어요. 조카며느리가 어떠한 선택을 하더라도 지지하고 옆에 함께 있을 수 있다는 생각을 해요.

-2011년 기초실습교육-

사례 7

아침부터 투정을 부리던 조카에게 올케언니가 신경질적인 말투로 뭐라했더니 오빠가 화를 내면서 언니 뺨을 때리고 구타를 했어요. 자기 분에 못 이겼는지 오빠가 생활비카드를 들고 나가서는 집에 안 들어온다는 올케언니의 전화를 받고 올케 집으로 달려갔어요. 머리를 맞아서 아파하는 올케를 병원에 입원시키고, 3일간 휴가를 내서 조카들 학교 보내고, 밥하고, 청소했죠. 그때 가사노동이 티는 안 나면서 얼마나 힘든지 알았어요. 부모님한테는 오빠 잘못이니까 올케 뜻에 따라야 하고, 오빠가 다시는 이러지 못하게 해야 한다고 했어요. 오빠한테는 어릴 적 아버지 모습과 똑같아서 싫다, 언니한테 사과하고 다시는 이런 일이 없어야 한다고 말했어요. 언니가 퇴원하고 집에 왔는데 오빠는 다시 집을 나갔어요. 그래서 생활비에 보태라고 10만 원을 쥐어 주고 왔죠. 그날 저녁에 오빠가 들어와서 며칠을 말이 없더니 사과했다고 해요.

-2011년 기초실습교육-

　　가정폭력이 발생할 때 내담자들이 제일 먼저 도움을 요청하는 곳은 시집이다. 그러나 적절한 도움을 받지 못하고, 상처받게 되는 경우가 더 많다. 사례 6과 사례 7 모두 가정폭력이 발생한 상황이며, 참가자 모두 시집 쪽의 구성원이었지만 피해자를 지지하고, 문제해결 과정을 적극적으로 도와주었다. 한국 사회가 가진 가족의 특수성으로 인해 가족 내에서 문제가 발생했을 때 혈연가족과 결혼으로 맺어진 가족원 간에 갈등이 생기면 대부분 혈연가족이 더 큰 힘을 발휘한다. "팔은 안으로 굽는다."라는 속담이 실감난다. 사례 6에서 등장하는 조카며느리와 올케는 결혼을 통해 형성된 가족으로 심리적으로도 멀게 느낄 수 있는 사이다. 두 사례의 당사자는 시집이나 친정 같은 가족과의 관계가 소원해질 걱정에도 불구하고 약자의 편에서 연대정신을 발휘하였다. 가족 안에서 연대정신을 발휘할 수 있는 것은 가족을 객관적으로 봤기 때문에 가능한 것이다. 사례 6은 시작은 어머니의 입장이지만 폭력이 일어난 상황에 대해 조카며느리를 지원해 줄 기관을 연계하고 오랜 기간 지지해 준다. 조카며느리를 도와주면서도 스스로를 성찰하는 기회로 삼았다. 사례 7의 참가자도 시누이의 입장임에도 불구하고 가정폭력에 심각성과 부당함에 대해 가해행위를 했던 오빠에게 사태의 심각성을 인지시키고, 폭력이 재발되지 않도록 다짐을 받는다. 사례 6, 7처럼 가족의 가정폭력 상황에 대한 개입과 문제제기에서 객관성을 유지하는 것은 쉽지 않다. 어쩌면 가족구성원 한 사람 한 사람의 인권이 보장되는 가족이 진정한 가족의 모습이라는 여성주의적 가치관이 있었기에 약자의 편에서 여성으로서의 연대감 또한 발휘될 수 있었을 것이다.

3) 비판적 시각으로 돌아보기

어린아이의 "왜?"는 넓은 세상을 이해하는 호기심으로 받아들인다. 어린아이가 아니더라도 세상에 대해 호기심을 갖고 되묻는 일은 필요하다. 기존의 것을 그대로 받아들이는 것이 아니라 "왜?"라는 물음을 통해 기존의 관습이나 질서가 여성의 삶에 어떻게 적용되고 어떤 영향을 주는지 알 필요가 있다. 오래전부터 자연스럽게 해 왔던 일상이나 습관을 여성인 나는 어떻게 느끼는지, 사회적 나를 구성하는 데 어떤 역할을 했는지를 알아 가는 과정에서 비판적 시각은 필요하다.

사례 8

A: 저희 딸이 몇 년째 분석을 받고 있어요. 아까도 ○○○○이론에 대해 거북하게 표현했어요. 왜냐하면 자책, 죄의식을 생기게 하더라고요. ……(중략)…… 딸은 ○○○○이론을 모르는데 딸이 보낸 편지의 내용은 딱 ○○○○이론이에요. 엄마 노릇을 못하고, 자기는 약한데 엄마가 자기를 자꾸 밀쳐 낼까 봐 아직도 걱정이래요. 걔 나이가 스물일곱 살이에요. 자기를 아기로 봐 달래요……. 공부를 하면서 공부하면서 이런 얘기 많이 했어요. 죄책감을 벗어나기 힘들었어요.

제가 최근에 자녀문제를 심하게 겪으면서 내가 하고자 하는 일이 너무 혼란스럽고, 끝도 없는 것 같았어요. 처음엔 주변에 말하기 어려웠는데 지금은 얘기할 수 있게 됐어요.

B: 죄책감 느낀다고 했는데 저도 나의 일을 하느라 우리 아이를 희생시켰구나 생각을 했어요. 그렇지 않던 아이가 학교 친구를 때렸어요. 단체 일도 하고, 공부도 하고 이런 저런 여러 가지 일들을 하느라 애를 돌보지 못한 미안한 마

음이 들었고요. 선생님이 가진 죄책감이 어떤 건지 잘은 모르겠지만 저는 미안한 마음이 많이 들었어요. ……(생략)……

A: ○○○○이론은 아이의 5세 이하 때를 중요시하잖아요. 제가 그때 굉장히 우울했었거든요. 남편 직장 따라서 지방에서 신혼을 시작했는데, 도시에서 태어났던 사람이 친구도 없고, 내가 귀향살이 가는 느낌이었어요. 그때 나를 케어해 줄 수 있는 사람은 남편밖에 없는데 남편이 안 그랬거든요. 가정보다 일이 우선인 사람이에요. 그런 갈등이 있었던 시기가 있어서 내가 우울했고 아이에게도 그게 영향을 주지 않았나 생각도 들어요. 아이의 어린 시절이 중요하고 엄마가 책임이 있다는 이론이 어떤 부분은 일리가 있지만 어떤 부분은 그렇게 보고 싶지 않아요. 우울한 여성의 입장은 설명이 되지 않아서요…….

C: 양육은 어머니만 하는 게 아니잖아요. 아버지가 아이한테 어떤 부분을 했고, 어떤 눈맞춤을 했고, 그런 것들이 양육 환경 속에서 감안돼야 해요. 그런데 ○○○○이론을 잘못 적용하면 다 어머니 탓으로 돌아가게 돼요. 어머니가 아이의 양육을 주로 많이 하지만 그 환경은 여성만 만든다고 볼 수는 없어요.

-2006년 중급교육-

아이를 향한 모든 부모의 마음은 똑같다고들 한다. 그런데 함께 낳고, 키우지만 부와 모가 느끼는 무게감은 동일하지 않다. 위의 사례에서 A, B 모두 자녀를 잘 돌보지 못한 것에 대한 죄책감을 호소한다. 기존 상담이론은 여성들을 '모성'의 틀 안에 가두면서 자녀들의 문제의 원인을 여성에게 두고 있다. 양육에 대한 책임을 여성에게 전적으로 돌리는 사회에서 엄마의 역할은 잘되든 못되든 죄의식을 갖게 된다. 위의 사례 A도 딸이 어렸을 때 남편과 갈등으로 인해 현재까지도 딸에게 문제가 있다고 생각한다. 그리고 혼란을 넘어서 죄책감을 느끼고 있다. B의 경우도 일로 인해 아이를 희생시켰다는 생각 때문에 미안한 마음을 갖고 있다. A의 경우 기존 상담이론과 연결시켜서 죄책감을 강화했으며, 여성주의를 만나면서 기존의 틀에서 벗어나려고 노력했다. 그러나 A와 B의 얘기에서 공통적인 것은 남편이 어떻게 했는지는 말하지 않는다. 의식향상집단에 참여했던 C는 기존 상담이론에서 얘기하는 양육자의 역할이 어머니에게만 국한되는 것이 아니라 아버지까지 포함된 부모의 양육 환경에서 감안되어야 한다고 한다.

대부분의 여성들은 기존의 상담이론을 맹신하거나 성역할을 더 충실히 수행하는 것으로 대안을 찾지만, 그럴수록 내면의 자신과 갈등하고, 고립은 점점 더 깊어지게 된다. 기존의 것을 여성의 삶에 비추어 재조명하고, 적용할 필요가 있다. 여성주의상담의 원리 중에서 여성의 시각으로 재조명하기가 바로 그것이다. "왜?"라는 물음을 통해 기존 사회가 갖고 있던 질서를 새로운 눈으로 바라봐야 한다.

4) 여성주의정체성 발달

여성폭력을 상담하면서 '나는 여성주의상담자인가?'라는 물음을 스스로에게 자주 던지게 될 것이다. 여성주의상담에서 여성주의상담자로 스스로를 명명하고, 정체화하는 데 있어서 여성주의정체성 발달단계는 점검의 좋은 지표가 된다. 여성주의상담은 실천을 통해 사회 변화에 참여하고, 참여를 통한 통합단계에 이르는 것을 목표로 한다. 그중 의식향상집단은 남성 중심의 사회에서 여성에게 정형화되어 온 환경을 새롭게 인식하고, 새로운 행동으로 여성이 삶에 직면할 수 있는 연습과 실천의 장을 제공한다. 나의 경험을 다른 사람들과 나누는 과정에서 스스로를 자각하고 의식성장을 이루며 여성주의정체성 발달도 이루어지게 된다.

사례 9

사회복지학과 다닐 때 심리상담사 교육과정에서 강의를 듣고 충격을 받았어요. '여성주의' '여성학'을 처음 알게 됐고, "개인적인 것은 정치적인 것이다."라는 말을 처음 들었어요. 저는 그 말이 강사분의 어록인 줄 알았어요. 강의를 통해 가정폭력은 사회적으로 근절되어야 한다는 생각을 갖게 됐고 가정폭력 쉼터에 지원을 해서 일하게 됐어요. 저는 우리 집도 폭력가정이었다는 사실을 잊고 지냈어요. 나중에서야 우리 집이 폭력가정이고, 제 안에 억압된 분노가 있다는 걸 알았죠. 그때는 제 일로 받아들이지 못했고, 아직도 완전히 마음은 못 연 상태예요. 미술치유 선생님이 같이 해 보자고 하는데 색조차도 못 고르고 있더라고요. 나중에야 우리 집이 폭력가정이었고, 엄마는 피해자였고, 엄마를 못 지켰다는 무기력한 아동의 모습이 회상이 되더라고요. 의도해서 여기까지 온 건 아닌데 내 안으로 깊이 들어가 보니 제가 어느새 이 절차를 밟고 있더라고요. 그리고 제가 제일 두려운 건 제가 아빠의 모습을 닮을까 봐, 내가 아빠처럼 될까 봐 겁이 나요. 그런 부분이 화가 나기도 하고, 답답하기도 해요.

-2010년 기초교육-

사례 10

결혼 준비 과정에서의 혼수 때문에 시댁과 갈등하고 괴로워하는 친구에게 남자친구와 직접 얘기해 보라고 했어요. 예전처럼 어른들의 손에 이끌려 결혼하는 시대는 아니거든요. 저는 "개인적인 것은 정치적인 것이다."라는 말을 무척 좋아하는데 내가 힘들다는 것, 누군가 힘들다는 것은 나뿐만이 아니라 모두에게 해당될 수 있다는 걸 알아요. 혼자서 삭히는 친구를 보며 안쓰럽기도 하

고 그걸 당연하다는 듯 지켜보는 주변 사람들도 답답했어요. 친구를 지지하는
저를 보며 일상에서 조금씩 달라지고 있는 걸 느끼게 되었어요.

-2011년 기초실습교육-

사례 9와 10은 동일한 참여자의 의식향상훈련 참여과정의 사례로 2010년
10월 기초교육을 받고, 2011년 4월 기초실습교육까지 6개월의 시간을 통
해 체화할 수 있는 시간을 두었다. 위 사례의 참여자는 가정폭력상담원
교육을 통해서 여성학, 여성주의를 처음 접하게 되었고, 그것을 계기로
가정폭력 쉼터에서 일하고, 여성주의상담전문가 양성 교육까지 듣게 되
었다. 처음에는 받아들이지 못했고 마음을 열지 못했다지만 6개월 후에
는 결혼문제로 힘들어하는 친구를 지지하고 있는 자신의 모습과 변화하
고 있는 모습을 발견하게 된다.

여성주의상담전문가 양성 교육의 의식향상집단은 참여자에게 자기 자
각의 폭을 더욱 넓히고, 구체화된 실천과 성공 경험을 갖도록 요구함으로
써 스스로 성장의 기회를 만들어 가도록 한다. 기초교육 당시에는 눈뜸의
단계(부록 3 참조)에 있었다면 기초실습교육에는 새겨둠(부록 3 참조)의 단
계로 변화한 것을 분명하게 볼 수 있다. 여성주의 실천 성공 사례를 준비
하는 과정에서 여성주의를 나의 삶에서 어떤 방식으로 구현할지 생각하
고, 친구와 주변 사람들의 삶을 통해 여성으로 사는 것은 어떤 것인지 보
게 된다. 또 그 삶이 자기의 것이 될 수도 있다는 것을 알고, 친구를 지지
한다. 결혼을 앞두고 예비 시부모와 갈등을 겪고 있는 친구는 참여자의
위로와 지지로 도움 받고, 참여자가 소속되어 있는 단체가 사회적 자원이
된다.

여성폭력 상담 현장의 활동가는 업무의 특성상 곧바로 여성주의정체성

발달단계 중 '통합과 참여'(부록 3 참조)의 단계를 요구받는다. 그 이유는 활동가로서 여성폭력을 만드는 사회환경에 문제를 제기하고 앞장서는 역할이 많기 때문이다. 상담소에서 일하는 상담원 중 상담이나 사회복지를 전공한 후 상담원교육을 받고 채용되는 사람들이 매해 늘고 있고 여성학이나 여성운동의 경험은 상대적으로 줄고 있다. 여성폭력 문제를 상담하는 것은 상담과 더불어 사회 변화를 위한 활동과 연결되어야 하고 최소한 상담자는 여성으로서의 삶과 가치가 일치되어 있어야 한다. 그리고 본인의 여성주의정체성 발달단계를 알고 인정할 수 있어야 내담자와 소통하는 과정에서도 오해를 줄일 수 있다. 그렇지 않으면 상담을 하는 과정에서 스스로 딜레마에 빠지게 되거나 오류를 범할 수 있다. 여성폭력의 상황을 매일 듣고 상담하는 것은 어렵기 때문에 보수가 넉넉지 않은 근무환경에서 빨리 소진되므로, 이직을 준비하지 않으려면 상담자 스스로도 많은 준비와 노력이 필요하다. 여성주의상담자는 자신의 여성주의정체성 발달단계가 어느 단계에 위치해 있는지 아는 것이 필요하다. 여성주의정체성 발달은 연습과 성찰을 통해 이룰 수 있어서 교육과정에서 실천의 기회, 성공의 경험을 갖도록 6개월 이상의 시간을 두고 있다. '여성주의상담자는 어때야 하지?'의 물음은 여성주의상담전문가 양성 교육을 통해 답을 얻을 수 있고, 의식향상집단으로 함께 나누고 실천하는 과정에서 여성주의정체성 발달을 기대할 수 있다.

나가며

여성주의상담자들의 의식성장 과정을 여성주의상담전문가 양성 교육

과정 의식향상집단에서 나타난 불편한 감정 드러내기, 여성으로서의 연대감, 비판적 시각으로 돌아보기, 여성주의정체성 발달 4가지로 나누어 살펴보았다.

'불편한 감정 드러내기'에서는 여성에게 당연하게 요구되는 아내, 엄마, 며느리의 역할에서 불편함을 드러내는 사례를 살펴보았다. 남성에 비해 여성에게 과도하게 성역할의 부담이 주어지는 현실과, 과거부터 현재까지 누적된 불편한 감정은 현재의 단계에서는 분노의 모습으로 나타난 경우도 많았다. 여성의 분노가 변화의 원동력이 되는 것처럼 불편함을 드러내는 행위는 문제해결로 연결되어 실천의 경험되기도 했다.

'여성으로서의 연대감'은 가족 안에서 여성이라는 성역할과 힘없음에 주목하고 이를 객관적으로 보는 과정에서 가족을 넘어서는 연대감으로 발휘된다. 연대감은 혈연가족 중심의 결속에 대한 문제제기로도 보인다. 기존 가족에서 연대는 강자의 기준에 맞춰졌거나 여성의 성역할을 고정화하는 방식이었기 때문에 가부장제가 유지될 수 있었다. 참가자들은 여성의 성역할을 무너뜨리고, 객관적인 시선으로 가족문제에 접근하여 여성으로서의 연대감을 발휘하였다. 연대의 과정은 여성으로서의 자기 인식을 더 강화하였다.

'비판적 시각으로 돌아보기'는 기존의 관습이나 질서에 여전히 여성의 경험은 제외되어 온 것에 대한 문제제기에서 시작한다. 기존의 관습이나 질서가 여성의 삶에 어떻게 적용되고 어떤 영향을 주는지를 다시 확인하고, 여성의 모성을 자극하여 성역할을 더 충실히 수행하는 것으로 기존 질서를 유지하려는 것은 아닌지 여성의 경험으로 꼼꼼히 살펴봐야 한다.

'여성주의정체성 발달'은 참가자 한 명의 6개월 전과 후의 변화를 살펴보았다. 참가자는 여성주의를 나의 삶에서 어떤 방식으로 구현할지 생각하고, 친구와 주변 사람들의 삶을 통해 여성으로 사는 것은 어떤 것인지 알게 되었다. 여성주의상담을 이해하고, 자신의 삶을 성찰하고, 친구의 지지자 역할을 하는 가운데 변화하고 있는 자신의 모습을 발견한다. 사회 속의 나를 인식하게 될수록 사람들과의 관계, 역할의 변화가 일어나고 실천하게 되며 이런 과정에서 여성주의정체성은 발달하게 된다.

Rawling와 Carter(1977)는 상담자 자신이 남녀차별의 억압적 사회에서 여성 문제를 이해하기 위하여 반드시 CR 훈련을 거칠 필요가 있기 때문에 CR 집단의 참여 경험이 없으면 여성 중심 상담을 할 자격이 없다고 주장한다. 남녀성차별 상담(nonsexist counseling)을 하기 위해서도 상담자 스스로가 자신이 가진 남녀차별주의적 태도와 행동 혹은 성역할 고정관념을 충분히 인식하고 그것을 극복하는 데 좋은 방법이 CR 훈련(의식향상)이라고 하였다(정소영, 1996, 재인용). 여성주의상담전문가 양성 교육의 의식향상집단 과정을 통해 의식성장이 일어나는 과정을 살펴보았다. 여성주의상담은 자기 삶에 대한 통찰과 변화가 실천적 행동으로 연결되어야 한다. 의식향상집단은 내 삶을 돌아보고 다른 여성들의 삶을 만날 수 있으며, 또 다른 나를 만나는 시간이 된다. 한국 사회에서 여성으로 살고, 여성주의상담자로 사는 과정에서 어려움을 함께 나누며 과거의 경험에서 성공 사례를 찾기도 하고, 새로운 실천을 계획하기도 한다. 의식향상훈련은 여성주의상담자의 의식성장을 위해 성찰, 변화, 실천을 집중하는 시간이며, 여성주의정체성 발달을 위한 머무름, 변화를 위한 발돋움의 시간이 된다.

제 4 부

여성주의상담과
데이트폭력

Feminist counseling and Supervision

성관계 경험이 알려지는 것에 대한 두려움, 강간 피해를 입고도 순결 상실감이 더 커 관계를 유지해 왔던 자신에 대한 자책감, 자신에게 폭력을 휘두르는 사람을 '사랑'하기 때문에 '더' 힘들어하는 사람들이 있다. 그들의 수보다 더 많은 고통의 경험들을 상담 과정에서 듣게 된다.

데이트상대로부터 폭언과 욕설, 정신적 괴롭힘, 성관계 사실과 데이트비용을 빌미로 만남 강요와 협박, 성적 · 신체적 침해를 겪는 피해들이 있다. 바로 데이트폭력이다. 그러나 우리에게는 데이트성폭력이라는 용어가 더 익숙하기는 하다. 이 용어는 데이트관계 내에서도 성폭력이 발생한다는 사실을 드러내는 데는 유용하나, 데이트관계 내의 폭력을 성적인 폭력(sexual violence)으로만 환원하는 즉, '피해'를 성적인 침해의 범주로만 한정해 버린다. 한국여성의전화는 2000년부터 데이트성폭력이라 이름 붙여 왔으나, 2006년부터는 '데이트폭력'으로 명명하고 있다.

용어는 그 문제에 대한 관점을 제시하고, 원인을 분석하고, 해결 방안을 모색하는 데 매우 중요한 역할을 차지한다. 한국여성의전화가 데이트폭력으로 명명하고, 주목한 데에는 몇 가지 이유가 있다. 첫째 피해자들은 데이트상대로부터 성적인 폭력 외에도 다양한 폭력—감시 · 통제 · 폭언 · 갈취 · 협박 · 폭행 · 상해 · 감금 · 납치 · 살인미수 등—피해를 겪고 있다는 것, 둘째 상담소나 제도적 지원체계 안에서는 성폭력 피해자를 중심으로 한 상담과 의료적, 법적 지원만 가능하게 되는 결과를 낳음으로써, 성폭력 피해가 아닐 경우 적극적으로 상담을 진행하지 않는 경향성을 띠고 있다는 것, 셋째 데이트관계 내의 폭력 문제가 가부장제 사회의 성별 권력관계에서 발생하는 여성에 대한 폭력(gender violence)으로 인식되지 못하고 지극히 사적인 문제로 치부되는 것에 문제의식을 가졌기 때문이다.

한국여성의전화에서는 데이트폭력 예방을 위해 2006년에 '즐거운 데이트를 원하세요?'라는 제목의 브로슈어를 만들어 캠페인과 함께 서울, 경기 지역의 대학에 배포하였다. 2007년에는 데이트폭력근절캠페인의 하나로 4종의 포스터와 4종의 엽서를 만들어 서울지역 고등학교와 대학교, 전국의 상담소와 시민단체에 배포하였다. 또한 '안녕데이트공작소(www.sogoodbye.org)'라는 이름의 데이트폭력 관련 상담 및 대처법 등의 정보 제공을 주로 하는 홈페이지를 개설하였다. 2008년에는 데이트폭력 실태 및 인식조사 준비를 위해 데이트폭력 연구팀을 구성했다. 2009년에는 서울지역 11개 대학의 800여 명을 대상으로 '데이트폭력 경험 실태조사'를 하고, 데이트폭력 토론회를 개최하였다. 또한 20대 여성을 대상으로 한 데이트강좌 '사랑에도 공부가 필요하다'를 통해 자신의 데이트관계를 성찰해 보고, 새로운 관계를 상상해 보는 강좌를 진행하였다. 2010년에는 20대를 위한 데이트강좌 진행과 더불어 40~50대 여성을 대상으로 한 성/연애 강좌, '경험담·진담·농담·덕담' 강좌를 열었다. 12월 말에는 '데이트폭력가해자 천태만상 어워드'를 실시하여 데이트폭력 가해자의 행태를 널리 알리기 위해 '진상·화상·궁상'을 선정하여 발표한 바 있다. 2011년 3월에는 '데이트UP데이트'라는 이름의 데이트폭력 예방 어플리케이션을 개발하여 배포하였다. 한국여성의전화는 데이트폭력 근절을 위해 피해자 상담과 지원, 법적·제도적 장치를 마련하기 위한 노력과 데이트폭력 예방을 위한 다양한 활동들을 계속해 나가고 있다.

내가 너 많이 사랑하는 거, 알지

문채수연
(한국여성의전화 교육조직국 국장)

1. 상담과 실태조사를 통해 본 데이트폭력[1]의 이해

1) 데이트폭력 경험 실태와 경향[2]

한국여성의전화 성폭력상담소의 지난 4년간(2007~2010)의 상담을 들

---

1 데이트관계에서 발생하는 언어적·정서적·경제적·성적·신체적 폭력을 말한다. 이 글에서 데이트관계란 좁게는 데이트 또는 연애를 목적으로 만나고 있거나 만난 적이 있는 관계와 넓게는 맞선·부킹·채팅을 통해 그 가능성을 인정하고 만나는 관계까지로 포괄한다.
2 현재 한국 사회에서 데이트폭력이 어느 정도 발생하는지에 대한 공식적인 통계는 물론이고, 상담 건수조차 알기 어렵다. 전국의 성폭력상담소들은 여성가족부에 상담통계를 제출할 때 '피해자와 가해자의 관계' 항목에 따라 '애인'에 의한 피해상담 건수를 기입하지만, 여성가족부는 전국 통계 집계 시 '애인/동급생/선후배' 항목으로 뭉뚱그려 집계하기에 결과적으로 어느 정도 상담이 되는지조차 알 수 없게 된 것이다. 그러므로 데이트폭력에 대해 오랫동안 관심을 갖고 상담을 지원해 온 한국여성의전화의 자료를 중심으로 살펴본다.

여다보면, 성폭력상담³의 30.8%(1,904명 중 586명)가 데이트폭력 상담⁴이
었다.

(1) 신체적 폭력—"내가 때리지 않게 잘해라."

데이트폭력 유형에서도 신체적 폭력 피해만 호소한 경우는 총 110명
(18.8%)으로 피해자들은 여러 가지 형태의 신체적 폭력⁵을 복합적으로 겪
었고, 피해 양상은 아내(가정)폭력의 피해 유형을 띠었다.

어떤 폭력도 경미한 폭력으로 다루어져서는 안 되지만, 피해자들은 뺨
한 대로 시작하여 심각한 수준의 폭력 피해까지 겪는다. 자동차에 앉아
있는데 휘발유를 뿌려 전신 35%의 화상을 입은 경우, 지속적인 스토킹
때문에 자신의 집을 떠나 다른 지방에서 숨어 살다 1년 만에 집으로 돌아
오는 길에 집 앞에서 기다리고 있던 가해자의 납치 시도에 저항하다 턱
탈골 및 갈비뼈가 부러진 경우, 큐(당구봉)로 맞아 온몸에 멍이 들고 머리
가 찢어져서 수술을 한 경우, 며칠 동안 가해자 집에 감금당한 채 실신할

---

3 한국여성의전화 성폭력상담소는 성폭력을 여성에 대한 폭력(gender violence)으로 규정하면
서 데이트폭력을 성폭력의 범주 안에서 분류하고 있다. 예를 들어, 성적인 폭력 외에 신체적
폭력 피해만 입은 경우에도 성폭력상담의 범주에서 다루고 있다.

4 〈표 1〉 데이트폭력 상담과 피해 유형   (단위: 명, %)

유형 계	강간	성추행	스토킹	카메라 등 이용 촬영	통신매체 이용 음란	신체적 폭력
586 (100.0)	130 (22.2)	28 (4.8)	297 (50.7)	12 (2.0)	9 (1.5)	110 (18.8)

자료: 한국여성의전화 성폭력상담소 2007~2010년 데이트폭력 상담통계.

5 피해 사례들을 통해 알 수 있는 신체적 폭력의 형태들은 다양하게 나타났다. 뺨 때리기, 밀치
기, 구타하기, 임신 중 구타하기, 머리채를 잡아 흔들거나 끌고 다니기, 팔 부러뜨리기, 담뱃
불로 지지기, 목 조르기, 발로 차기, 흉기(칼, 가위, 망치 등)로 위협, 흉기로 상해하기, 감금
또는 납치하기 등이었다.

정도로 구타당하고 손가락 등의 심한 골절 피해를 입은 경우 등 심각한
수준의 신체적 폭력 피해 사례들도 많이 있었다.

'데이트폭력 피해 경험 실태조사'[6](이하, 실태조사) 결과를 통해 여성의
신체적 폭력 피해를 살펴보면, 상대방이 '집에 못 가게 막은 적이 있다'
87건, '발로 문을 차거나 주먹으로 벽을 친 적이 있다' 40건, '세게 밀친
적이 있다' 23건, '손발로 때린 적이 있다' 13건, '자해하겠다고 하거나,
실제로 자해를 한 적이 있다' 8건, '흉기로 위협한 적이 있다' 4건, '물건
으로 때린 적이 있다' 3건, '목을 조른 적이 있다'가 3건으로 나타났다.

상담을 통해서 알게 된 것은 피해자들이 뺨을 맞는 등 한 번의 폭력으
로 상담을 청해 온 경우는 없다는 사실이다. "다시는 안 그러겠다, 용서
해 달라."는 가해자의 말을 믿고 싶고, '아직은 상대에 대한 애정이 있고,
내가 잘하면 상대가 변할 것'이라는 기대 때문에 피해자들은 관계 단절은
고사하고, 상담조차도 주저한다.[7]

---

6 본회는 2009년 9월 29일부터 10월 29일까지 '데이트폭력 피해 경험 실태조사'(이하, 실태조
사)를 하였다. 실태조사는 데이트관계에서 상대방으로부터 폭력을 경험했는지 알아보기 위
해 정서적/언어적/성적/신체적 폭력으로 유형을 구분하여 각 유형의 세부 문항을 체크하는
자기기입식 설문조사로 이루어졌다. 서울지역의 4년제 대학 11개교 학생을 대상으로 이루어
졌으며, 796명(여학생 492명/남학생 304명)의 응답 내용을 분석하였다.

7 '상대방이 신체적 폭력 행동을 한 이후에도 한동안 관계를 유지한 이유'를 살펴보는 것을 통
해 폭력이 지속적·반복적으로 나타나고 있음을 유추할 수 있다.

〈표 2〉 신체적 폭력의 관계 유지 이유(복수 응답, 여성 응답자)

	문 항	건수(비율)
1	헤어질 만큼 심하지 않아서	66(60.0)
2	나도 잘못한 부분이 있어서	29(26.4)
3	참고 견디면 좋게 변할 것이라고 생각해서	19(17.3)
4	헤어지면 인간관계 등 많은 것을 잃게 되니까	4(3.6)
5	좋을 때는 잘해 주니까	13(11.8)

그러나 이후에도 반복해서 폭력이 발생한다. 피해자가 "헤어지자."라고 하거나 연락을 단절하면, 가해자들은 다시 폭력을 행사한다. 지속적·반복적·점진적으로 폭력이 진행되는 과정에서 심한 폭력을 당하거나, 협박이나 스토킹 등의 피해를 겪는다. 이미 폭력을 행사하기 시작한 가해자를 피해자의 개인적인 노력으로 변화시킨다거나 폭력을 중지시키는 것이 불가능하다는 것을 깨닫고, 대처방안을 찾기 위해 상담 요청을 하는 것이다.

데이트폭력의 경우 성폭력 피해가 있다고 하더라도 차마 그 사실에 대해 말하지 못해, 상해 부분만 기소되기도 하는데, 데이트관계의 폭행이나 상해는 데이트성폭력과 별개로 다루어져 무료법률구조의 대상이 되지 못한다. 즉 성적인 폭력이 없을 경우, 피해자들은 의료지원과 법률구조를 지원받기 어려운 상황이다. 아이러니한 것은 사회 전반적 인식이 배우자 관계의 경우 폭력의 초점을 아내강간에 대해서는 묵인하고, 신체적 폭력에 두고 있다면, 데이트관계의 경우 반대 입장을 취하고 있다는 것이다. 결혼관계 안에서는 성폭력이 있을 수 없다는 시각, 데이트관계에서는 신체적 폭력이 발생하지 않는다는 시각을 근본적으로 갖고 있다. 이는 피해자와 가해자의 '관계'에 따라 폭력과 폭력이 아닌 것으로 구분되고 있음을 여실히 보여 주고 있다.

6	그 사람을 사랑했기 때문에	17(15.5)
7	성관계 사실을 알리겠다고 해서	2(1.8)
8	사진이나 동영상을 유포하겠다고 해서	1(0.9)
9	헤어지자고 했을 때 더 심한 폭력을 당해서	2(1.8)
10	기타	6(5.5)
	합계	159(144.5)

자료: 한국여성의전화 2009년 데이트폭력 피해경험 실태조사.

(2) 스토킹[8]—"내가 너 못 찾아낼 줄 알았지."

2007~2010년까지 한국여성의전화 성폭력상담소의 스토킹 상담은 총 393명으로, 그중 데이트관계의 경우에는 총 297명이었고, 이는 전체 스토킹 상담의 75.5%를 차지한다. 스토킹 가해자의 대부분은 피해자의 전 애인이거나 데이트상대자로서 "결코 떠나보낼 수 없다."라는 집착과 소유욕을 보인다. 피해자의 학교나 직장에 자주 나타남, 지속적으로 쫓아다님, 밤낮을 가리지 않고 수시로 수십 혹은 수백 통의 전화를 하거나 문자전송, 통신매체를 통해 피해자와의 관계 및 사생활을 의도적으로 노출시키는 등 피해자를 괴롭히면서 계속해서 만날 것을 강요하는 형태로 나타난다. 그래서 차츰 방문, 협박, 감시, 밀착 미행에서 폭행, 살인미수로까지 발전하는 형태로 범죄 양상이 진화한다.

스토킹은 지속적·반복적으로 상대방을 괴롭히는 특성을 갖고 있는데, 상담사례의 경우 일회에 걸친 피해로 상담을 요청한 사람은 단 한 명도 없었다. 스토킹 피해율을 집계하지는 못했으나, 여성가족부(2008: 259)의 '2007년 전국 성폭력 실태조사' 결과는, 여성 인구 1,000명당 21.4명이 113.1건(1명당 4.71건)의 피해를 당한 것으로 추정된다고 보고하고 있다. 그러나 상담을 요청한 피해자들의 피해 횟수는 이 수치를 훨씬 넘어서고

---

8 스토킹은 영어의 stalk(적이나 먹이에 슬며시 다가가다, 흔적을 남기다, 사냥감을 찾아 돌아다니다)라는 단어에서 유래하여, 스토킹(stalking)으로 명사화된 것으로, 스토커는 자신이 점찍은 상대에게 일방적이며 병적으로 집착해 따라다니는 사람을 지칭한다. 아직까지 우리 사회에서는 스토킹의 개념에 대해 합의한 바는 없다. 여성가족부(2008: 219)의 '2007년 전국 성폭력 실태조사' 결과 자료집에는 "스토킹이란 상대방의 싫다는 의사표시에도 불구하고 자신의 일방적인 호감만을 이유로 상대방의 감정을 자신이 원하는 대로 변화시키려는 의도로 병적으로 집요하게 쫓아다니며 정신적, 신체적으로 괴롭히는 행위"라고 쓰여 있다. 이 글에서 스토킹은 '상대의 의사와 상관없이 쫓아다니거나 괴롭히는 행위'를 말한다.

있다.

피해자들은 친밀한 관계였던 사람으로부터 위협받거나, 안전을 걱정하게 만들고, 가해자들의 집요한 집착으로 인해 다양한 형태의 피해를 입기 때문에 심각한 정신적 후유증을 겪는다. 피해자들의 대부분은 심한 불안과 공포를 호소한다. 가해자들이 과도하게 피해자의 정보를 많이 알고 있어 사생활 침해를 여러 차례 경험하면서, "창살 없는 감옥에서 생활하는 기분"이라고 말하기도 한다. 또한 가해자들은 집·학교·직장 등에 찾아와서 행패를 부리거나, 가족·친구·애인 등을 지속적으로 괴롭히고, 협박하는 등 일상생활 및 사회생활에도 심각한 피해를 입히고 있다.

2010년 7월의 사건을 두고 언론에서는 가해자의 말을 여과 없이 인용하며 '(여자친구 부모의)결혼 반대에 앙심을 품어 일어난 사건'쯤으로 보도하였지만, 그 이면에는 '스토킹'이 있었다. 계속 만날 것을 강요하는 상대를 피해 이사도 하고 직장도 그만두었지만 결국 찾아내어 전애인의 어머니를 살해하고, 10시간의 인질극을 벌인 사건이었다. 사회로부터 보호받을 길이 없기에 대부분의 피해자들은 학교나 직장생활을 그만두거나 이사를 하거나, 연락처를 바꾸거나 외출을 자제하거나, 가해자로부터 지인들을 보호하기 위해 관계를 단절하는 등 일상생활 전반에서 위축된 삶을 살았고, 학업이나 취업 등 삶의 전반에 타격을 입고 있는 상황이다.

짧게는 수개월간, 길게는 수십 년간 지속적으로 가해지는 것이 스토킹 범죄의 특성이기 때문에, 피해자들의 대부분은 '당해 보지 않은 사람들은 절대 알 수 없을 것'이라고 괴로움을 호소한다. 몇 번을 신고해도 훈방조치되고, 다음 날이면 버젓이 집 앞에서 기다리고 있는 가해자를 보면서, 폭행으로라도 처벌하고 싶은 심정으로 "차라리 맞았으면 좋겠어요."

라는 말로 자신의 '고통'을 드러낸다. 우리 사회가 정신적, 심리적 피해는 '폭력'으로 인식하지 않기에, 피해자의 고통은 우리가 알고 있는 것보다 훨씬 더 크다.

(3) 데이트성폭력―"너도 동의했잖아."

이 글에서 데이트관계에서의 성폭력, 특히 강간(130명, 22.2%)은 현행 성폭력 관련법 체계에서 상대방의 저항을 심히 곤란하게 할 정도의 폭행과 협박을 통하여 부녀를 간음한 행위와 성관계(동거, 임신, 낙태 등) 사실을 주위에 알리겠다고 협박한 경우, 그리고 확실하게 거부의사 표시를 했으나 강제가 드러난 경우로 한정한 건수다.

실태조사 결과를 보면, 여성의 경우 상대방이 '나의 기분에 관계없이 키스를 한 적이 있다'가 86건(23.2%), '싸우고 난 후 키스나 성관계 같은 신체적 접촉을 통해 무마하려고 한 적이 있다'가 59건(15.9%), '내가 원하지 않는데 가슴과 성기 등 몸을 만진 적이 있다'가 54건(15.6%), '내가 원하지 않는데 성관계를 강요한 적이 있다'가 43건(11.6%)의 순으로 나타났다. 특히 '애무를 하도록 강요한 적이 있다'가 29건(7.8%), '강제로 성기 삽입을 하려다 삽입 직전에 그만둔 적이 있다'가 18건(4.9%), '강압적으로 성기 삽입을 한 적이 있다'가 10건(2.7%)으로 나타났다. 여성들의 성폭력 피해 경험의 체크 항목은 평균 2.6건으로 나타났는데, 이것으로 보아 피해를 여러 번 경험하고 있음을 알 수 있다. 실태조사 결과에서, 여성 응답자들이 성적 폭력에 대해 '다시는 그러지 말라고 했다'(30.5%)와 '상대방이 사과하여 용서했다'(20.5%)로 답하는 것을 보면, 피해자 자신도 성관계와 성폭력의 차이를 이해하지 못하는 경우가 많음을 알 수 있다(한국여성의전화, 2009).

특히 데이트강간의 경우 가해자와 피해자가 이것을 성폭력으로 인식하지 못하고 윤리적인 잘못 혹은 난폭한 성관계쯤으로 여기는 경우가 많아, 고소를 하는 경우는 매우 적다. 간혹 고소를 하는 경우에 가해자가 자신의 성폭력을 동의된 성관계라고 주장하면서 피해자를 무고죄나 명예훼손죄로 역고소하는 일도 있다. 데이트성폭력은 사법절차상 2차 피해 호소가 가장 많은 피해 유형이다. 사법기관에서는 동의·저항·구조요청·합의 여부 및 고소 시기 등에 대하여 동의된 성관계가 아님을 밝혀야 하는 책임을 피해자에게 집요하게 묻는다. 따라서 데이트성폭력의 경우 피해 맥락과 관계를 세심하게 재정리하는 것이 필요하다. 사례들을 보면 데이트강간은 상대에게 완력이나 폭행이나 협박을 사용하거나 상대가 잠자고 있거나 술이나 기타 약물에 취해 잠들어 있는 등 성적인 행동에 대한 의사를 밝힐 수 없는 상황에서, 나중에 해를 입히겠다고 협박하거나 상대방이 성행위를 동의할 때까지 집요하게 강제하는 과정에서 발생한다.

데이트강간의 경우, 피해 장소가 숙박업소나 가해자의 집인 경우가 많은데 이 경우 여성의 "동의(同意)가 있었다."는 오해를 받게 되어 고소에 어려움을 겪기도 한다. 피해자가 숙박업소나 가해자 집에 간 것을 성관계를 허용한 것으로 생각하는 사회적 통념과 가해자의 논리로 인해 사법기관에서도 '동의된 성관계'로 보는 경향이 강하며, 무엇보다도 데이트관계라는 것 때문에 피해자는 신고나 고소도 어려워한다. 그리고 여성의 거부(원하지 않음)를 내숭이나 성적 행위에 대한 수동적인 태도라고 받아들이는 등 남녀의 성적 의사소통의 문제도 크게 작용한다.

한국여성의전화(2009)의 '데이트폭력 피해 경험 실태조사'를 통해 주목할 점이 있다. 성적 폭력이 있었지만 관계를 유지한 이유에 대해 여성 응답자의 50.0%는 '항상 그러는 것은 아니어서'라고 답한 반면,[9] 남성들의 45.9%는 '사귀는 사이에서 자연스러운 일이므로'라고 답했다. 이는 여성의 27.7%보다 훨씬 더 높은 비율인데, 남성의 경우 데이트관계에서의 성적 행동은 사귀는 사이에서의 '당연한 일'로 여기고 있음을 알 수 있다. 여성이 원치 않았다고 할지라도 사귀는 사이에서 자연스러운 일로 받아들이고 그런 접촉이 남성 자신에게 별다른 문제가 되지 않는 것이다. 여성들은 '항상 그러는 것이 아니므로' 용인한 반면, 남성들은 '사귀는 사이에서 자연스러운 일'이라고 생각하는 것이다.

데이트관계라는 특성상, 법에서 요구하는 상대방의 저항을 심히 곤란하게 할 정도의 폭행이나 협박 등이 잘 드러나지 않기 때문에 성폭력이 아니라 성관계라고 여기기 쉽다. 그런 의미에서 데이트성폭력은 상당히

---

9 아래의 〈표 3〉을 통해 여성 응답자의 경우, 상대방의 성적 폭력이 있었으나 한동안 관계를 유지한 이유를 살펴보면 다음과 같다.

〈표 3〉 성적 폭력의 관계 유지 이유(복수 응답, 여성 응답자)

	문 항	건수(비율)
1	사귀는 사이에서 자연스러운 일이므로	36(27.7)
2	항상 그러는 것이 아니어서	65(50.0)
3	헤어질 만큼 심하지 않아서	49(37.7)
4	헤어지면 인간관계 등 많은 것을 잃게 되니까	7(5.4)
5	결혼할 사이이기 때문에	3(2.3)
6	그 사람을 사랑했기 때문에	32(24.6)
7	성관계 사실을 알리겠다고 해서	2(1.5)
8	사진이나 동영상을 유포하겠다고 해서	0
9	헤어지자고 했을 때 더 심한 폭력을 당해서	1(0.8)
10	기타	15(11.5)
	합계	210(161.5)

자료: 한국여성의전화 2009년 데이트폭력 피해경험 실태조사.

논쟁적이며, 성과 폭력, 자발적인 동의와 강제의 미묘한 차이를 주의 깊게 들여다볼 필요가 있다.

2) 데이트폭력이 지속 가능한 이유

(1) 이중적 성의식─"성관계했다고 너네 부모에게 알릴 거야."

데이트폭력 피해자들이 어렵게나마 가족이나 친구에게 폭력 피해 사실을 이야기하면 사람들은 "헤어지면 될 것 아니냐." "경찰에 신고하면 되지 않느냐."라고 반문하지만 그렇게 하지 못하는 데에는 그만한 이유가 있다. 가해자의 협박 때문이다. "네가 원하는 대로 헤어져 줄 테니 돈을 달라." "동거했다는 사실을 부모에게 알리겠다." "네가 성관계했다는 사실을 회사와 가족에게 알리겠다."라는 말들을 한다. 이 말이 피해자에게 두려움과 공포를 주는 것은 협박으로 작용할 수 있는 사회적 맥락 때문이다.

성에 대한 고정관념 중의 하나는 '남성과 여성의 성은 본능적으로 서로 다르고, 남성의 성은 공격적이고 적극적이지만 여성의 성은 소극적, 수동적이며, 혼인 여부와 상관없이 남성의 성은 자연스러운 것이고, 여성은 혼전순결(?)이나 결혼 후 정조를 지켜야 한다.'는 이중적 성의식이 깔려 있기 때문이다.[10] 남성의 성은 늘 자연스럽고, 오히려 성관계 경험 없

---

10 여성가족부(2008: 301)의 '2007년 전국 성폭력 피해 실태조사'에서 이중적 성의식은 네 가지 문항으로 측정되었다. '여자는 혼인할 때까지 순결을 지켜야 한다'에 대해서는 54.3%가 그렇다에 응답하였고, '결혼한 여자가 남편 아닌 다른 남자와 성관계를 갖는 것은 용납할 수 없다'에 대해서 86.4%가 그렇다고 응답하였다. 반면 '성관계는 여성이 주도하는 것이 자연스럽다'와 '남자는 혼인할 때까지 순결을 지켜야 한다'에 대해서는 각각 69.8%와 31.2%가 그렇지 않다고 응답하였다.

음이 남성다움에 치명적인 결함이 되지만, 여성의 성은 수시로 남성에 의해 요구되지만 때로는 성관계 경험이 알려지면 큰일 날 일이 되거나 수치심을 느껴야 하고 비난받아야 한다는 이중적 성의식이 작용하기 때문인 것이다. 성적 이중 잣대는 우리가 생각하는 것보다 훨씬 더 강력하고도 광범위하게 피해자를 위협하고 있다.

(2) 데이트 '폭력' 과 '사랑' — "내가 너 많이 사랑하는 거, 알지."

Wood(2006: 387)의 연구에서 전국적 규모의 조사에 의하면 여성의 25%, 남성의 30%가량은 (친밀한 관계에서) 폭력은 있을 수 있는 일이고, 심지어 결혼 생활의 현실적인 부분으로 여긴다고 답했다. 이는 결혼 등 친밀한 관계에서 폭력이 허용되고, 상당 부분 받아들여지고 있음을 보여 준다.

우리 사회에서도 부부관계나 데이트관계에서의 폭력은 마치 관행이나 상식처럼 통용되고 있다. 이것이 통용된다는 것은 연인과 가족 등 기존의 친밀한 관계의 본질에 폭력이 스며 있다는 것을 사람들이 이미 알고 있다는 이야기이기도 하다. 부부나 연인 등 친밀한 관계 속에서 간과하고 있는 폭력의 문제를 보여 주는 장면이 있다. 길거리를 지나가다가 여자를 때리는 상황을 목격하고, 말릴 때면 '부부'거나 '연인'이라며 남녀 할 것 없이 다른 사람의 개입에 오히려 분노한다. 아니면 지나가던 사람들조차 개입하기 꺼려하는 모습을 보게 된다. 부부나 연인이라는 관계 안에는 애초에 둘 사이에 경계가 없다는 의식이 숨어 있다. 우리가 흔히 말하는 '내 것'이라거나 '자기'라는 말에는 나 아닌 타인을 다른 주체로 보지 않고, 자기 자신의 확장으로 생각하고 있는 것이다.

어떤 피해자들은 "사랑하기에 헤어지고 싶지 않고, 결혼도 고려 중이다." "사랑해서 폭력을 견디어 왔다" "나를 때렸지만 아직도 많이 좋아하고 헤어지고 싶지 않다." "맞고 있는 것을 동네 주민이 경찰에 신고했는데 경찰에게는 '맞지 않았다.'고 말했어요. 사랑했으니까요."라고 말한다.

어떤 가해자들은 "너무 사랑해서 헤어질 수 없다." "사랑해서 때린 것이다." 구타해 놓고 상처를 찜질해 주면서 "결혼하면 찜질도 편히 해 줄 수 있는데……." "경찰에라도 신고해서 나의 사랑을 입증해야겠어." 폭력을 피해 도망치다 하반신 마비가 된 피해자에게 "숨쉬는 날까지 함께하겠다."라고 말한다.

"나는 누구를 사랑한다."라고 할 때 일차적으로 감정을 나타내지만, 그 진술은 사랑의 행위를 한다는 뜻을 내포하기도 하고, 누구와 사랑하는 사이라는 관계에 대한 진술이기도 하다. 사랑을 감정만이 아니라 행위와 관계도 포함하는 용어로 보려는 것은 사랑을 단지 마음에 속한 문제가 아니라 인간관계의 맥락에서 이해해야 한다는 것인데(이박혜경 외, 2007: 147), 이는 '사랑'하는 감정과 폭력과 강제를 통해 유지되는 관계를 구분하여 사고할 것을 요구한다. 그러므로 '폭력'과 '사랑'을 연결하는 것은 위험 천만한 일이다. 데이트폭력이 진행 중인 상황에서 그들의 관계는 너무나 치명적이다. 폭력은 나 아닌 다른 사람의 영역, 경계를 침범하는 권력의 문제이자, 타인의 몸과 마음에 기억되고 각인되는 고통을 준다. 그것이 누구의 말이든 '폭력'을 '사랑'이라 말하는 것은 폭력을 정당화하며, 합리화하는 것이다. 이로 인해 폭력 행위는 지속적이고 반복적으로 나타날 수밖에 없다.

(3) 데이트비용[11]의 정치학 — "내가 준 거, 다 내놔."

데이트관계에서 여성의 성적인 몸은 남성이 가진 것과 교환할 수 있는 자원이 된다. 여성이 줄 수 있는 것으로서의 성은 많은 경우 보상으로 작동하기도 한다(변혜정, 2008: 29). 이때 남성의 데이트비용 부담은 여성의 몸에 대한 접근권과 맞닿아 있다. 남성이 데이트비용을 전적으로 부담하거나 여성의 환심을 사기 위해 지나치게 비싼 선물 공세를 하는 경우가 있다. 특히 남성이 여성에게 돈을 쓰는 행위가 의도적으로 진행되거나 때로는 그것을 빌미로 관계를 강제하는 경우도 있다. 경제적으로 취약해 보이는 혹은 실제로 취약한 상대일 경우 가해자는 데이트비용의 전적인 부담과 금전적 지원 등 경제적 부양자나 후원자와 같은 행동을 한다. 그러한 데이트관계에서 남성이 데이트비용이나 선물, 금전적인 지원을 하게 되면, 여성은 남성에게 무언가 보상해야 할 것 같다는 생각을 갖게 된다. 남성은 자연스럽게 여성의 몸에 대한 접촉을 시도한다. 여성은 성적 접촉을 원하지 않는 경우에도 상대에 대한 호감이나 남성이 자신에게 잘해 주는 것에 대한 고마움과 미안함 때문에 성적 제안을 거절하기 어렵다.

반대로, 성은 자원임과 동시에 여성에게 수치심으로 작동하기 때문에 처음의 관계가 (그 이후 원하지 않더라도) 계속 이어지게 되거나 (돈을 갈취

---

11 데이트관계에서 데이트비용 사용에 대한 의미는 상당히 복잡하며, 다양한 측면을 내포하고 있다. 남성이 여성에게 돈을 쓰는 행위는 상대 여성에 대한 호감을 의미하며, 여성의 생계 부양자이자 사회적 보호자라는 성역할을 의미하며 즉 남성다움으로 이해된다. 그 과정에서 남성의 경제력은 본인이 의도하지 않더라도 권력으로 작용한다. 반면, 여성이 남성에게 돈을 쓰는 행위는 상대 남성에게 관심이 없는 것으로 여겨지거나, 남성성을 의심하고 여성 자신이 데이트관계에서의 주도권을 가지려는 행동으로 비춰진다. 데이트비용을 남성이 전적으로 부담하는 경향에서 많이 탈피하기는 했지만, 이런 맥락에서 데이트비용의 공정한 분담은 이루어지기 어려운 것 같다.

하는) 협박의 대상이 되기도 한다(변혜정, 2008: 29). 여성이 헤어질 것을
요구할 경우, 성관계(임신·낙태·동거) 사실을 알리겠다고 하면서 협박
을 통해 관계를 유지하는 경우도 많다. 때로는 그간 여성에게 준 돈을 다
내놓지 않으면 사기죄로 고소하겠다고 하면서 계속 만날 것을 강요하거
나 그동안 데이트하면서 들어간 비용을 다 내놓으라고 하기도 한다. 갚아
야 할 이유도 없지만, 피해자들이 남성이 사용한 자원(돈)에 대한 대가로
여성의 자원(몸)이 주어지지 않았냐고 항변하기 힘들다. 우리 사회는 남
성이 돈을 쓰게 된 맥락을 전혀 문제 삼지 않는다. 오히려 여성을 '그런
여자'로 낙인 찍는다. 이러한 관계에서 일어나는 성폭력이나 강요된 성적
행동의 경우, 강간이나 추행이기보다 사기나 폭행으로 간주되며, 피해 여
성이 이를 문제 삼을 경우 동의된 성관계나 돈을 노린 여성으로 몰려 오
히려 역고소를 당하기도 한다.

현행법의 차원에서는 구별되어야 하겠지만, 보다 넓은 시각에서 보면
여성의 성폭력 피해나 남성의 '꽃뱀 피해(?)' 모두, 성의 주체는 남성으
로 간주된다는 점에서 근본적인 공통점이 있다. 가부장제 사회에서 여성
의 성은 여성의 것이 아니라 남성과의 관계에서 폭력, 매매, 협상의 대상
이 된다. 그러나 남성의 성은 이러한 의미를 갖고 있지 않다(정희진, 2005:
157).

(4) 데이트폭력과 '결혼' ― "다시는 안 그럴게."

데이트폭력에 대한 연구는, Makepeace(1981)가 부부 사이의 폭력이
데이트 단계에서 이미 존재했다는 것에 관심을 두고, 데이트폭력에 주
목하면서 시작되었다. 202명의 대학생을 대상으로 조사한 연구에서 데
이트상대방으로부터 폭력을 경험한 사람이 61%였을 정도로 데이트폭력

이 만연한 것으로 나타났다. 낭만적인 시기로 여겨지는 데이트관계에서 폭력이 발생한다는 사실은 충격적으로 받아들여졌으며, 이후 많은 연구자들이 데이트폭력을 가정폭력과 구별해 연구하기 시작한 것이다(Makepeace, 1981: 정윤주, 2008: 20-21에서 재인용).

한국 사회의 경우, 데이트폭력에서 아내폭력으로 이어진 결과들은 아내폭력 피해자들을 통해 살펴볼 수 있을 것이다. 2004년 1월 8일 기준으로 청주여자교도소에 수용된 여성 재소자 531명 중 133명(30.5%)이 남편을 살해[12]했는데, 심층면담에 응한 여성들을 대상으로 한 설문조사 결과 '매월 1회 이상 폭행당했다.'는 응답자가 66.6%, '결혼 전에도 폭행에 시달렸다.'는 응답자가 25%에 달하는 것으로 나타났다(김영희, 2004: 39). 한국여성의전화에서 운영하는 피해자보호시설 '쉼터'의 입소자(2006~2007년) 57명 중 22.8%, 2008년 본회 면접 상담 설문지에 응답한 아내폭력 피해 여성 84명 중 17.3%가 "결혼 전부터 구타가 있었다."라고 답했다. 폭력이 있었음에도 불구하고 "배우자의 협박, 순결 상실감, 임신 등으로 결혼을 선택할 수밖에 없었다."가 응답자의 56.9%를 차지했다.

데이트폭력 피해자들은 가해자로부터 무시와 모욕을 당하고, 폭력 피해를 입었음에도 불구하고, 관계에서 벗어나지 못하거나 심지어 결혼을 선택하기도 한다. 특히 성에 대한 이중규범이 강한 한국 사회에서 어떤

---

12 미국의 경우 1995년, 모든 여성 살인 희생자의 26%가 남편이나 남자친구에게 죽임을 당한 반면, 남성 살인 희생자의 3%만이 부인이나 여자친구가 저지른 사건이었다(Wood, 2004: 388). 한국여성의전화가 2009~2011년까지 지난 3년간 언론에 보도된 살인사건을 분석한 결과, 남편이나 애인에 의해 살해된 여성은 최소 209명으로 나타났다. 실제로 언론에 보도되지 않은 사건을 포함하면 남편이나 애인에 의해 살해된 여성은 훨씬 많을 것으로 예상된다. 불행히도 한국에는 아직까지 아내 살해, 애인 살해에 대한 공식 통계가 없다.

상황에서 발생하였건, 성관계는 곧 결혼을 의미한다는 생각이 강한 사람일수록 폭력 그 자체보다 결혼이 더 중요한 문제로 여겨지기도 한다. 한편으로는 성관계 사실에 대한 자포자기의 심정으로, 다른 한편으로는 결혼하면, 자식을 낳으면 변할 것이라는 기대와 함께 "다시는 안 그럴게."라는 말을 몇 번이나 믿으며, 결혼을 하게 된다. 데이트폭력 관계의 고리가 단절되지 않고, '결혼'으로 이어질 경우, 결혼을 준비하는 과정은 물론이고, 혼인관계 내에서 폭력은 자명하다. 폭력이 개입되었던 관계는 회복되기 어렵기 때문이다.

(5) 폭력의 비범죄화 — "애인 사이니 둘이 알아서 합의하세요."

우리 사회에서 데이트폭력은 많은 경우, '폭력'으로 이해되지 않는다. 신체적 폭력이 발생했다고 해도 '데이트관계'라는 이유로 사법기관에서는 '폭력'으로 인식하지 않으려는 경향이 강하다. 특히 스토킹처럼 물리적 폭력이 없는 경우에는 '처벌'은 고사하고 '보호'를 기대하기 더욱 어려운 실정이다. 데이트폭력의 경우 보복 때문에, 더 심한 폭행을 당할까봐 두려워 신고조차 하지 못하는 경우가 대부분이다. 상담 사례의 경우 고소한 사건은 극히 적다. 그나마도 신고나 고소를 하려고 하면 사법기관에서는 "좋아서 만날 때는 언제고 이제 와서 헤어지겠다고 하면 안 때릴 남자가 어디 있나?" "몇 번이나 성관계는 했느냐?" "남편이 알아도 되면 신고해라." "애인 사이니 둘이 알아서 합의하라." "외상이 없으면 고소가 어려우니 증거를 가져와라." "현행범으로 고소 불가능하다." "가해자도 다쳤으니 고소하지 마라." "사랑싸움이니 둘이 알아서 해결하라." "애인을 고소하고 싶냐?"라고 하는 말을 들을 때가 많다.

피해자들의 고통과 피해는 이렇게 사법기관의 문턱에서 쉽게 외면당한다. 법을 집행하는 기관이 여전히 가정폭력을 '부부싸움'쯤으로 이해하고 대응하듯이, 데이트폭력 문제 역시 '둘 사이에 해결해야 할 애정문제'쯤으로 여기며, 범죄로 인식하지 않는 경우가 다반사이기에 가해자들은 "신고해 봐라. 내가 눈 하나 깜빡할 줄 아냐."는 식으로 행동한다. 피해자들은 피해를 인정받지 못한다는 사실 때문에, 처벌을 요구해도 받아들여지지 않는다는 절망감 때문에 피해를 겪고도 더 이상 법적 호소를 하지 못한다. 지속적인 폭력에도 무방비 상태이거나 개인적인 차원에서 대응하거나 자포자기의 심정으로 관계를 유지하기에 이른다.

2. 여성주의상담과 데이트폭력

데이트폭력 피해자를 상담하는 상담자에게 중요하게 요구되는 것은 데이트폭력을 성폭력, 가정폭력과 마찬가지로 남성 중심 사회의 성별 권력관계의 문제로 바라보는 여성주의 시각이다. 남성의 권력은 성, 사랑, 연애, 육아 등 가장 '개인적인' 것에 의해 강화되어 공적 영역에서와 마찬가지로 데이트관계에서도 힘의 역학관계가 작용한다. 그러므로 여성주의 시각을 갖지 않는다면 데이트폭력은 성별 권력관계의 문제로 보이지 않는다. 또한 폭력의 맥락과 사회구조적 영향을 간과함으로써 여성에 대한 폭력을 비가시화하고, 가해자에게는 면죄부를, 피해자에게는 폭력 발생에 대한 책임을 묻는 결과를 낳게 된다.

1) '데이트폭력'으로 이름 붙이기 – "사귀는 사람으로부터 맞았어요."

'데이트관계' 혹은 '연인관계'와 '폭력'은 나란히 두고 설명할 수 없는 것처럼 보이지만, 데이트관계에서도 폭력은 발생한다. 문제는 데이트관계라는 이유로 '폭력'을 '폭력'으로 인식하지 않는다는 점, 반복적·지속적·점진적으로 폭력이 발생해도 '관계'가 깨어지지 않고 유지된다는 점, 더 나아가 '폭력'을 수단으로 하여 관계 유지가 '강화'된다는 데에 있다.

데이트폭력은 예전부터 발생하던 문제였으나, 그것을 사회문제로 인식하고 '데이트폭력'으로 명명한 것은 비교적 최근[13]의 일이다. 그렇기에 지금도 많은 피해자들은 자신의 경험을 설명할 언어가 없어 혼란스러워하기도 하고 답답해한다. 여성주의상담의 원리I인 '개인적인 것은 정치적인 것이다.'는 사적 영역으로만 여겨졌던 '데이트관계'의 '폭력' 문제를 새롭게 바라볼 것을 요구한다. 이는 피해자들이 겪는 문제가 '개인적 문제'로 보이지만, 개인을 둘러싼 사회적 조건 속에서 형성된 문제이기에 사회적 인식의 변화가 필요함을 말해 준다. 그러므로 상담자는 피해 당사자가 자신의 경험을 '데이트폭력'으로 인식하게 하고, 그 피해를 '데이트폭력'이라 이름 붙여 주고, 자신이 데이트폭력의 피해자임을 자각하도록 도와야 한다. 또한 데이트폭력이 아내(가정)폭력 문제처럼 성별 권력관계

---

13 한국에서는 1990년대 후반부터 학계—심리학, 상담학, 가정관리학, 사회복지학 등—를 중심으로 데이트폭력에 관심을 갖고 연구나 실태조사가 이루어진 것으로 파악된다. 선행 연구 자료들은 신체적 폭력 실태조사와 연구, 고교생과 대학생을 대상으로 신체적 폭력 경험 설문조사, 음주와 데이트폭력의 관계, 가정폭력 피해 경험과 데이트폭력의 연관성 등에 대해 연구 및 조사를 중심으로 이루어져 왔다. 특이할 만한 점은 이들 연구와 조사들은 신체적 폭력에만 한정한 경우가 대부분이었으며, 10대 고등학생을 대상으로 한 연구 자료도 있지만, 20대·미혼·대학생을 대상으로 한 연구 및 자기기입식 설문조사가 대부분이었다.

에서 발생하는 여성에 대한 폭력의 문제임을 드러내기 위해 사회적 여론을 형성해야 한다.

한국여성의전화 성폭력상담소로 오는 전화 상담이나 이메일 상담을 보면, 자신의 피해에 대한 명명 없이 자신의 피해 내용을 호소하는 경우도 있다. 하지만 최근에는 인터넷 검색이나, 본회의 '안녕데이트공작소' 홈페이지나, 데이트폭력 예방 '데이트UP데이트' 어플리케이션을 통해 자신이 겪고 있는 이 상황이 무엇인지를 적극적으로 찾아본 후 상담 요청을 하기도 한다. 피해 당사자들이 자신의 피해를 '데이트폭력'이라고 정확하게 명명하는 것을 볼 때, 데이트폭력에 대한 대중들의 인식이 높아지고 있음을 알 수 있다.

명명(naming)은 명명되는 것의 질과 가치를 정의하며, 또한 명명되지 않은 것에 대하여 실체와 가치를 거부한다. 명칭이 없는 것, 그에 대한 용어나 개념이 없는 것은 들리지도 않고 보이지도 않는다(Du Bois, 1983: 안수진, 2002: 122에서 재인용). 자신의 경험이 '데이트폭력'임을 이름 붙이면서부터 자신이 겪고 있는 억압이 보이고, 이러한 피해를 줄여 나가거나 그것으로부터 '탈출'할 수 있는 힘이 생기는 것이다. 즉 상담자는 '데이트폭력'으로의 이름 붙이기를 통해 피해자가 현재의 상황이나 관계에 적응하기보다는 변화를 지향하도록 '역량강화'(여성주의상담 원리III)를 도와야 한다.

데이트폭력 피해 당사자가 자신의 피해 경험을 이야기하고, 피해 상황과 맥락을 드러냄으로써 수동적인 피해자로만 머물러 있는 것이 아니라 자신의 피해를 적극적으로 해석하고, 극복해 나아가는 '생존자'로서 성장할 수 있을 것이다. 그러나 정희진(2001: 50-51)이 지적하듯이, 모든 여성폭력의 희생자가 저절로 생존자가 되는 것은 아니다. 여성폭력은 분명 정치적 사건이지만 동시에 그것은 개인적인 경험이다. 개인의 상처가 정치적 사건이 되기 위해서는 정치적 투쟁이 매개되어야 한다는 것이다. 희생자가 생존자가 되기 위해서는 치열하고 고통스런 자기 극복 과정을 거쳐야 하는데, 어떤 의미에서 그 과정은 지극히 개인적인 작업이다. 피해를 드러내고, 그것에 이름을 붙이고, 피해자에게 힘을 북돋아 주는 (empowerment) 과정에서 피해자는 자신의 내적인 힘과 외부적 지지를 통해 생존자가 되는 것이다. 그런 의미에서 여성주의상담자는 이 과정에 함께하면서 피해 당사자가 자신의 경험을 제대로 인식하고, 해석할 수 있도록 역량강화시켜야 한다.

2) 가해자임을 분명히하기 – "오빠가 그랬잖아, 용서해 달라고."

4년 전의 일이다. 부킹 상대자로부터 강간 피해를 입은 피해자를 지원하는 과정에서 (경찰수사 단계에) 가해자와의 대질신문에 신뢰관계에 있는 자로서 동석한 적이 있었다. 가해자는 형사의 질문에 처음에는 '동의하에 한 것'이라고 항변했고, 저항의 과정에서 생긴 상처를 증거로 보여주자 '난폭한 성관계를 즐긴 것'이라고 강변했다. 이에 피해자는 "오빠가 아까 말했잖아, 미안하다고 용서해 달라고. 그리고 합의하자고 했잖아. 그런데 왜 (형사 앞에서는) 말을 바꿔?"라고 하며 분노했다. 그때 나를 놀라게 한 것은 가해자의 별로 새로울 것도 없는 변명 따위가 아니라, 피해자의 입에서 반사적으로 튀어나온, '오빠'라는 단어였다.

상담 장면을 떠올려 보았다. 그녀가 상대를 뭐라고 불렀었지? 그렇게 불렀던가? 내가 기억하는 바로는 '그 사람'이라고 했던 것 같은데. 왜 그녀는 상대를 이렇게 부르고 있을까? 만난 지 채 10시간도 안 되어 사건이 발생했고, 나이 차이도 한 살, 딱 한 번 본 사람인데, '이 사람'도 아니고 '이 놈'도 아니고 '오빠'라니. 대질신문 과정에서 동석자는 어떤 개입도 할 수 없기에, 난 그녀에게 문자를 보냈다. "형사에게 잠시 쉬었다 하자고 말하세요."라고. 쉬는 시간을 얻었고, 그녀와 이야기를 나누었다. 오빠라는 말을 쓰지 말 것과 더불어 그 사람은 당신에게 피해를 준 가해자라고. 상대를 뭐라 불러야 할지 몰라서, 그리고 자신도 모르게 그런 호칭을 사용한 것인데 내가 불쑥 그런 제안을 해서 그녀는 당황스러워했다. 이후 조사 과정에서는 '니가' 또는 '이 사람이'라고 가해자를 지칭한 것으로 기억한다.

여성주의상담은 상담자와 내담자 사이에서 발생할 수 있는 권력관계를 줄이는 데 초점을 둔다. '상담자와 내담자는 평등하다'(여성주의상담 원리 II)는 상담자의 가치관을 내담자에게 숨기지 않고 개방하는 것에 있다. 즉, 상담자는 내담자의 가치관이 뚜렷해지도록 용기를 북돋아 주어야 한다. 그것을 통해서 전통적인 사회규범에 의해 야기되어 내담자의 개인적인 경험에 영향을 끼쳐 온 문제들을 해결할 수 있는 방법을 탐색하도록 한다.

데이트폭력은 친밀한 관계에서 발생하기 때문에 '폭력'으로 인지하기 어렵다. 사귀는 사이였고, 때로는 성적 친밀성도 있었던 관계였기에, 데이트상대가 가해자라는 것을 깨닫거나 그 사람에게 '가해자'라는 이름을 붙이는 일이 어려울 것이다. 데이트폭력 피해자들은 폭력 피해 이후에도 관계를 지속하는 경우가 많은데, 상담을 하다 보면 피해자들은 가해자를 '제 애인이' '남자친구가' '오빠가'라는 말을 별 생각 없이 쓴다. 우리 사회가 여성 자신보다 나이 많은 애인을 '오빠'라고 부르는 것을 당연히 여기는 사회의(남성은 연애관계에 돌입하면 자신보다 나이 많은 애인을 '누나'라고 거의 부르지 않는다. 어느 가수의 "너라고 부를게, 누난 내 여자니까"라는 노

랫말처럼) 영향 때문일 여지가 많다. 아니면 어떤 이름으로 부르는 것과
이 문제를 바라보는 것이 연관이 있을 것이라고 생각하지 못할 수도 있
다. 아니면 나에 대한 정보나 비밀을 많이 알고 있고, 혹시 이 일로 인해
상대방이 보복할 것 같은 두려움 때문에, 나의 안전을 확신할 수 없기에,
자신을 데이트폭력 피해자로 인정하면서 갖게 되는 자책감과 수치심 때
문에, 이러저러한 이유로 자신의 처지와 상황과 맥락을 고려하여 상대를
무어라 불러야 할지 혼란스러워할 수도 있다.

　그러나 폭력을 행사한 남자친구나 애인을 '가해자'라고 명명해 보는
일은 매우 중요하며 꼭 필요한 일이다. 가해자라는 이름을 붙임으로써 비
로소 가해자가 나에게 저지른 폭력의 성질이 확실히 보이고 상황을 객관
적으로 바라볼 수 있게 되기 때문이다. 또한 새로운 관계를 규정짓지 못
하고 지금까지 맺어 온 연인관계에 집착한다면, 앞으로도 가해자의 뜻대
로 끌려갈 위험이 있다(한국성폭력상담소, 2011: 158).

　상담자는 폭력이 발생하였다면 피해를 입은 사람과 폭력을 행사한 사
람이 있다는 것, 바로 그 지점을 명확히 해 줄 필요가 있다. 상대방 앞에
서 '네가 가해자'라고 소리치지는 못해도, 생각과 마음속에는 그 사람이
누구인지를 명확히 해 놓는 것이 중요하다는 것을 말해 줄 필요가 있다.
그러므로 상담자는 상대가 피해자의 의사를 무시하고 폭력을 행사한 순
간에 이미 관계에 문제가 발생한 것이고 연애를 파탄에 이르게 한 책임은
폭력의 가해자인 상대방에게 있음을 명확히 하면서, 가해자와의 거리 두
기를 시도할 때 저항과 대응할 수 있는 힘이 생긴다는 것을 인지하도록
상담해야 한다.

3) 폭력의 성별성 – "맞다가 나도 때렸어요."

여성주의상담자가 내담자 개인의 변화와 사회적 변화를 위해 상담 과정에 적극적으로 개입하고 참여하는 것은 중요하다.

> 1년 6개월가량 사귀는 동안 수차례의 폭행이 있었다. 2008년 5월 피해자의 집으로 찾아와 감금과 폭행을 하고, 강간을 한 후 돈을 갈취한 가해자를 상대로 피해자가 고소한 사건이었다. 피해자는 무고죄를 염려하여, 성폭력 부분을 누락시키는 등 피해를 축소하여 고소하였다. 피해자는 사건 당일 폭력에 맞서 저항하기도 하고, 그 과정에서 핸드백으로 가해자를 쳐 상처를 남겼다. 가해자는 상해와 공갈로 기소되어 1심에서 징역 8개월에 집행유예 2년을 선고받았으나, 항소를 했고, 재판 과정에서 불리해지자 피해자를 상해로 맞고소하였다. 그 과정에서 항소는 기각되었으나, 피해자인 여성은 가해자 상해에 대해 검찰에서 벌금 20만 원을 처분받았기에 정식재판을 청구하였고, 1심에서 선고유예[14]가 내려지면서 사건은 종결되었다.

위의 사례에서처럼, 일부 연구들에서 남성도 데이트폭력 피해를 경험한다거나 남성들이 더 많이 피해를 받는다는 보고도 있다. 어떤 여성은 데이트폭력의 가해자인 경우도 있다. 하지만 '피해 남성'이 있다고 하여,

---

14 형사소송에서 피고인이 죄가 있음을 인정하지만 정상을 참작하여 피고인에 대한 형의 선고를 미루는 것을 선고유예라고 한다. 선고유예 기간 중에 자격정지 이상의 형을 받은 적이 있다는 것이 밝혀지거나 자격정지 이상의 확정판결을 받으면 유예했던 형을 선고하지만 선고유예 후 2년 동안 이상 없이 지내면 소를 면제받을 수 있다.

데이트폭력이 말해져서도 안 되고, 없는 것처럼 여겨져서도 안 된다. 누구의 피해든, 차별과 폭력의 문제는 심각하게 다루어져야 한다. 실제 상담 현장에서는 대부분의 경우 데이트폭력 피해자들은 여성이다. 즉 데이트폭력은 피해자와 가해자의 성별뿐 아니라 폭력의 과정과 맥락을 통해서도 상당히 성별적으로 나타난다. 한국여성의전화(2009)의 '데이트폭력 경험 실태조사'에서도 신체적 폭력의 경우 여성이 경험하는 비율이 남성의 비율보다 더 높을 것이라고 예측했으나 12개 문항 중 8개 문항에 대해 남성이 신체적 폭력을 경험했다고 응답한 비율이 높았다. 이는 남성은 실제적인 위협이나 공포감을 주지 않는 여성의 때리거나 꼬집는 행위 전부를 맥락적 고려 없이 '폭력'으로 보고한 반면, 여성은 그 행동이 자신에게 위협적인 경우만 '폭력'으로 보고했기 때문일 수 있다. 또한 성폭력 피해 경험을 보고한 여성이 많음을 고려할 때, 여성의 행위는 남성의 원치 않는 성행위 요구나 폭력에 대한 저항의 과정에서 이루어진 것일 수 있다. 실제로 상담 사례를 보면 여성이 경험하는 폭력의 정도가 남성이 경험하는 폭력보다 더 심각하고, 피해자로 하여금 안전에 대한 두려움과 공포감의 수치도 더 높게 나타난다. 특히, 여성이 남성에게 저항했을 경우 남성은 그것을 '쌍방폭행'으로 주장하는 경우도 많다. 이를 고려하면, 통계수치 결과만을 놓고 데이트관계에서 남성이 더 많은 폭력을 당한다고 단정할 수 없다. 설문조사만으로는 상대방과 어떤 상호작용 속에서 폭력이 일어났는지, 폭력이 주는 위협감의 정도가 어땠는지를 알 수 없기 때문이다.

남녀가 행하는 폭력은 서로 성격이 다르며, 남성들의 폭력이 공격적 성향이 강하다면 여성들이 사용하는 폭력은 상대방의 공격행동에 대응하기 위한 수단으로 행해지는 경우가 많았다. 이렇듯 성별성과 폭력의 맥락을 무시한 채 똑같은 기준과 단일한 방식으로 데이트폭력을 해석하는 경우 피해자들의 피해 경험이 왜곡될 수 있다. 그러므로 상담자는 여성이 무기력한 피해자가 아니라 행위자로서 존재한다는 사실을 인지해야 하고, 데이트폭력을 성별 권력관계와 무관한 것으로 여기면서, 여성의 저항을 가해행위로 읽어 내어서는 안 된다.

위의 사건을 지원하면서 상담소는 한편으로는 데이트폭력의 피해 상황과 맥락을 드러내었고, 다른 한편으로는 쌍방폭행이 아니라 정당방위임을 적극적으로 피력하는 내용의 의견서를 법원에 제출하였다. 피해자는 자꾸 재판에 나서는 게 힘들다며 벌금을 내고 말겠다는 의사를 보인 적도 있지만, 벌금을 낸다는 것 자체가 정당방위가 아니라 쌍방폭행임을 인정하는 것[15]이 되기에 용기를 낼 것을 제안하기도 했다. 법원에서 선고유예 처분이 내려진 것은 무척 억울한 일이었지만, 데이트폭력의 상황과 맥락을 적극적으로 드러내고 대응했던 의미 있는 사건으로 기억한다.

4) 성관계와 성폭력 – "성관계했는데, 이제 와서 헤어지재요. 그러면 성폭력 아닌가요?"

우리 사회에서 성폭력 피해의 의미로 인정받기 어려운 지점들이 데이

---

15 2011년 3월, 경찰청은 '폭력 사건 쌍방 입건 관행 개선 지침'을 일선 경찰서에 전달했고, 어떤 경우 비록 상대방에 대한 폭행이 부분적으로 이뤄졌다 하더라도 자신을 보호하기 위한 조치였다는 점을 인정받는 '정당방위'로 처리를 하도록 하였다. '맞는 게 상책' '싸움은 말리지도 참견하지도 말아야 한다'는 우리 사회에 뿌리 깊이 박힌 인식을 바꾸기 위해서는 제도적인 개선이 필요하다고 판단해 무분별한 쌍방폭행 피해 입건을 자제하는 제도를 시행하게 된 것이다. 데이트폭력 피해자를 상담하고 지원하는 단체로서는 쌍방폭행을 운운하는 가해자나 사법경찰관의 행태를 바로잡고, 가해자 처벌을 적극 요청할 수 있는 단초가 마련되었기에, 이를 적극 활용하는 것도 좋을 것이다.

트 관계에서 발생한다. 데이트관계에서 남성이 여성에게 성관계를 요구하여 이에 참여했지만 무언가 불편한 관계, 확실하게 거부의사를 표하지 않았지만 그렇다고 동의라고 말하기에는 불편한 동의들이 있다(변혜정, 2004: 53).

몇 년 전의 일이다. 30대 초반의 여성이 사귀는 사람으로부터 '강간' 피해를 입었고, 상대를 고소하고 싶다며 상담을 청한 일이 있었다. 취업을 위해서 같은 학원을 다녔고, 자연스레 인사하고 지내고, 상대 남성의 제안으로 연애가 시작되었던 것이다. 얼마 후 그 사람은 회사에 취직을 했고, 여성은 홀로 남겨지게 되었다. 연애 과정에서 여성은 상대에 대한 호감도 있었고, 무엇보다 상대 남성이 자신을 사랑하는 것 같아 성관계도 하게 된 것이었다. 그러나 남성은 취직한 지 얼마 되지 않아 직장에서 사귀게 된 여자가 있다고 하면서, 헤어지자고 통보해 왔다. 다른 여자가 생겨 헤어지자고 하는 남성에 대한 분노와 함께 지속적인 관계 유지를 원하는 양가감정으로 인해 그녀는 심각할 정도로 혼란스러워했다. 내담자가 이런 모습을 보일 때 상담자는 어떻게 해야 할까? 그리고 무엇보다 그녀가 최종적으로 원한 것은 '결혼'이었다. 자신을 '불쌍하고 무력한 피해자'로 자처하면서 자신에게 동조하지 않는 상담자에게 격렬한 저항감을 드러냈다. 성폭력 피해자로 인정받지 못하는 것에 대한 강한 분노가 상담시간마다 차고도 넘쳤다. 허나 상담자였던 나는, 그녀가 성폭력 피해자이기보다는 '성관계'를 한 사람과 헤어졌다는 사실 때문에 힘들어하는 내담자이길 바랐다. "성관계를 선택한 사람은 바로, 당신 자신이었다."고 말했다. 그래서, 상담은 난항의 연속이었다. 아니 상담이기보다는 둘 다에게 고통의 시간이었다. 내담자의 의식 변화를 기다려 주기보다 상담자인 내가 처음부터 너무 앞서 갔던 것이다. 지금이라면 어떻게 했을까?

그녀가 상대에게 가지는 감정이나 생각에 대해 충분히 들어 주고, 관계는 두 사람이 만들어 가는 것이지, 누군가의 일방적인 '원함'으로 인해서 유지되는 게 아님을 재확인해야 한다. 만일 내담자가 원하는 대로 관계 유지가 된다고 하더라도 상대에게 잘 보이기 위한, 상대에게 선택받기 위한, 상대의 비위를 맞추기 위한 상황에 자신을 놓이게 하고 싶은지에 대해 짚어 볼 필요가 있다.

그리고 그녀를 정작 힘들게 하는 것이 무엇인지를 탐색해 봐야 한다. 그와 헤어지는 것에 대한 슬픔보다 '성관계 했음'이 그녀의 고통의 핵심이다. 첫 성관계였고, 결혼을 하자고 해서 용기를 내었던 성관계였다. 다른 사례들을 접해 보면, 성관계 이후 태도가 달라진 상대 남성을 보면서, 자신의 경험을 성폭력으로 규정할지 고민하는 내담자를 만나게 된다. 왜 성폭력이라는 생각이 드는지 물어보니 자신이 원해서 한 게 아니라 상대가 원해서 성관계한 것이기에 성폭력이 아니냐고 반문한다. 그러면서도 상대가 나와 결혼한다면, 다시 만나 준다면 괜찮다고 할 때, 상담자는 혼란스러울 수 있다. 그러나 데이트관계에서의 성폭력은 성폭력 '개념'보다는 어떤 경험을 '성폭력'으로 문제화할 수 있는 여성 개인의 조건과 사회적 조건을 살펴볼 필요가 있다. 해당 사례의 내담자는 법적으로는 성폭력 피해자의 범주로 포함되지 않지만, 개인적·사회적 조건으로는 성폭력 피해자일 수 있다.

우리 사회가 가부장적 사회이기 때문에 여성의 성은 단지 자신이 만든 각본에 따른 것이 아니라 가부장적 각본에 따른 것이어서 구애를 기다리고, 남성의 성적 접근을 기다리는 등 수동적인 배역을 맡는다. 이러한 각본은 데이트, 구애, 결혼 등의 장면에 모두 존재한다(이박혜경 외, 2007: 157). 그녀는 성(관계)-사랑-결혼이라는 각본 속에서 살아왔다. 그러므로 상담자는 성적 이중의식이 강한 우리 사회에서 '성관계 경험 없음'을 자존감으로 생각했던 그녀에게 '성관계 경험'은 치명적인 경험이 되었던 것임을 충분히 공감하고, 이해해야 한다. 여성주의상담자는 여성 개인의 특성을 인정하고 경험을 수용하는 데서 출발하며 여성 자신의 시각에서 세계를 바라보면서 여성으로서의 경험을 긍정하고 재평가하도록 촉진해야 한다(여성주의상담 원리Ⅳ).

상담자였던 나는 그녀의 고통을 제대로 들어주지 못했다. 듣지 못하니, 공감조차 되지 않았다. 그녀 자신이 성관계에 대한 행위성과 선택에 대해 책임지지 않으려 한다는 생각이 강하게 들었고, 서로의 성에 대한 가치관의 충돌로 인해 오히려 내담자를 더 힘들게 했던 것이다. 상담이 아니었다.

상담자는 데이트관계 맥락에서, 성관계의 선택과 행위성을 고려하면서 '성폭력'으로 명명하는 것에 대해 혼란스러울 수 있다. 그녀가 결혼을 전제로 성관계를 선택하는 행위성을 보였다고 해도 이를 이용한 상대 남성의 나쁨이 없어지는 것은 아니다.

우리 사회가 여성의 순결을 강요하는 사회이기에, 어떤 여성들은 상대와 헤어진 것보다는 순결을 상실(?)했다는 부분을 더욱 문제시하게 된다. 순결을 상실한 여성, 즉 성관계 경험이 있는 여성은 문제가 있거나 결함이 있는 것으로 보면서, 내담자도 자신을 그렇게 판단한다. 이러한 사회적 통념이 강한 여성일수록, 자기 비난만큼이나 상대방에 대한 분노가 클 수 있다. 그러기에 상담자는 내담자가 성에 대한 어떤 가치관을 갖고 있는지 잘 알아차려야 한다. 설령 상담자와 가치관이 다를지라도, 강요할 것이 아니라 자기 스스로 체화할 수 있도록 시간을 두고 상담을 진행해야 한다. 여성의 순결 여부가 여성으로서의 가치를 결정한다고 생각하는 것은 잘못된 통념이지만, 성역할 사회화를 통해 사회 구성원에게 자연스럽게 학습된 이러한 가치관들이 내담자에게 작동한다는 사실을 상담자는 잊지 말아야 한다.

나가며

데이트폭력 피해자들이 갖는 가장 위험한 생각 중의 하나는 '내가 잘하면 상대방을 변화시킬 수 있다.'는 것이다. 이미 폭력을 행사하기 시작한 가해자를 피해자의 노력으로 변화시킨다는 것은 너무나 불가능한 임무이자 역할이다. 가해자에게 피해자는 이미 '내가 함부로 해도 되는 대상'이기 때문이다. 폭력이 반복되고 있다는 건 이전에 피해자가 가해자의 폭력을 용인한 적이 있다는 전제를 깔고 있으므로 현실적으로 이제와서 가해자를 통제하기는 어려운 일이다. 그러므로 상담자는 현재의 관계를 자신이 통제할 수 있는지를 내담자에게 생각해 보게 하고, 말해 보도록 하며, 자기가 어떻게 하고 싶은지를 기획하고, 실천하도록 조력해야 한다.

또한 여성주의 의식으로 체화된 상담자는 피해자로 하여금 '데이트폭력'임을 분명히 하고, 상대방은 '데이트폭력 가해자'이며, '폭력' 행동이 '사랑'이 아님을 인식하도록 도와야 한다. 더 나아가 공포와 두려움을 최소화시켜 주고, 주변의 지지자를 찾아보게 하거나 상담소에서 조력할 것임을 환기시켜 안전(감)을 확보할 수 있도록 해야 하며, 무엇보다 상담자는 피해 당사자가 폭력적 관계로부터 벗어날 수 있다는 확신을 갖도록 해야 한다.

여성주의상담자는 내담자 개인의 변화뿐 아니라 사회적 변화를 만들어 나가기 위해 한편으로 데이트폭력이 개인적 문제가 아니라 사회구조적 문제임을 드러내고 문제해결을 위한 법, 제도적 장치를 마련하는 데도 함께하며, 다른 한편으로는 우리 사회의 성문화와 성인식을 바꾸기 위한 개인적, 사회적 변화를 위한 실천에도 적극적으로 참여할 필요가 있다.

부 록

Feminist counseling and Supervision

부록 1. 성역할분석

1. 성역할 목록 만들기

1. 여자는 _____ 해야 한다.

2. 남자는 _____ 해야 한다.

3. 엄마는 _____ 해야 한다.

4. 아빠는 _____ 해야 한다.

5. 아내는 _____ 해야 한다.

6. 남편은 _____ 해야 한다.

7. 딸은 _____ 해야 한다.

8. 아들은 _____ 해야 한다.

2. 위 목록 중 현재 나를 불편하게 하는 성역할 메시지 찾기

3. 성역할 메시지를 언제, 어디서, 누구에게서 배웠나

예) 가정, 학교, 교회, 친구, 텔레비전, 영화, 책 등

4. 위의 성역할 메시지가 어떻게 내면화되었나(과거)

메시지를 지켰을 때 받은 보상과 어겼을 때 받았던 처벌 찾아보기

보상 :

처벌 :

5. 손익분석(그 메시지를 지켰을 때와 어겼을 때 현재 나에게 미치는 손해와 이익분석)

지켰을 때 이익:

지켰을 때 손해:

어겼을 때 이익:

어겼을 때 손해:

6. 변화의 결심

7. 자기 향상적이며 덜 제한적인 성역할 메시지 재구성

8. 새로운 메시지 수행의 전략 세우기, 지지자원 찾기(사람 및 자원, 도움 방법)

수행전략 :

지지자원 :

출처: 서울여성의전화 여성주의상담전문가교육 자료(2006) 재구성.

부록 2. 권력분석

구체적 권력을 얻기 위해 시도한 사례 (예: 돈, 지위 등)		
	시도 이전	시도 이후
내면화된 고정관념의 변화 (성차별, 성역할 고정관념, 사회의 통념)		
지지집단		
자존감		
행동력 개발		
기타		

출처: 서울여성의전화 여성주의상담연구모임(2007).

부록 3. 여성주의정체성 발달단계

워렐	여성주의정체성 발달단계
1단계/ 소극적 수용 (Passive Acceptance)	자신에 대한 개인적, 제도적, 문화적 편견과 차별을 자각하지 못하고 사회의 성차별적인 통념이나 고정관념을 수용한다. 이 단계의 여성은 남성과의 관계에서 종속적인 위치를 수용하기 쉽고 사회에서 요구하는 바람직한 여성, 착한 여성이 되기 위해 노력한다. 충분히 그 역할을 수행하지 못할 때 죄책감을 느낀다.
2단계/ 눈뜸 (Revelation)	개인적인 차별을 경험하거나, 교육이나 책을 통해 여성주의 가치체계를 알게 되면서 여성은 의식화되고 수용에서 눈뜸의 단계로 넘어가게 된다. 이 단계에서 여성은 자신에 대한 억압을 깨닫고 분노하고 가부장적 권력구조와 협력한 자신의 역할에 죄책감을 느낀다. 한편, 이 단계의 여성은 자신의 가치를 인정하게 되면서 남성을 과소평가하고 남성과 여성을 양극화시켜 이해하기 쉽다.
3단계/ 새겨둠 (Embeddedness- Emanation)	여성의 문화에 빠져 있고 다른 여성과의 사회적이고 정서적인 관계를 넓히기 위해 노력한다. 하지만 일상에서 가부장적인 사회구조 안에서 생활하기 때문에 이미 의식화되어 눈뜸을 경험한 여성들이 여성주의 의식을 지켜 나가기는 쉽지 않다. 이 단계에서 지지집단이 필요하다. 여성들이 이 단계를 빠져나옴에 따라 그들은 양극화된 입장을 포기하고 자신을 새 인격으로 재통합하기 시작한다.
4단계/ 적극적 참여 (Active Commitment)	여성은 유연하고 긍정적인 여성주의 정체성에 이르고 점차 자신의 여성 자기(Female self)의 가치를 인정한다. 여성은 여전히 사회적 억압을 자각하지만 '전통적 성역할'을 초월할 수 있고 잘 정의된 개인적 가치를 토대로 선택할 수 있으며 남성을 고정관념으로서가 아니라 개인으로 평가할 수 있다. 또한 사회적 변화에 대한 적극적 참여의 입장을 갖게 된다. 여성은 자신의 권리를 위해서 활동하며 성평등한 사회를 만들기 위해 참여 활동을 하게 된다.

출처: 김민예숙, 강김문숙 역(2004). 여성주의상담의 이론과 실제, pp. 452-455 재구성.

부록 4. 여성주의상담 슈퍼비전 형식

1. 내담자의 인적 사항	

2. 호소 내용 요약	

3. 내담자가 본 자신의 문제	

4. 상담자가 본 내담자의 강점 및 문제	
강점–	
문제–	

5. 상담 목표 및 전략	
목표–	
전략–	

6. 여성주의상담 원리 적용

원리I: 개인적인 것은 정치적인 것이다

원리II: 상담자와 내담자는 평등하다

원리III 역량강화

원리IV: 여성의 시각으로 재조명하기

7. 상담축어록 (20××년 ○월 상담시간: ○○분)

상담자1 :

내담자1 :

상담자2 :

내담자2 :

상담자3 :

내담자3 :

8. 슈퍼비전 받고 싶은 내용

9. 슈퍼바이지 총평

*이 형식은 일반적으로 여성주의상담 슈퍼비전을 할 때 쓰는 형식이다. 본 서에서는 상담에 대한 여성주의상담 슈퍼비전 내용, 동료상담자 토의시간에 나온 내용, 슈퍼비전 이후 회기 진행을 추가해서 정리했다.

부록 5. 여성주의상담전문가 양성 교육과정(기초~고급, 2005~2011)

■ 기초교육

2005년

	10월 13일 (목)	10월 14일 (금)	10월 15일 (토)
07:30~08:30		아침식사	아침식사
08:30~09:00		아는 여자 만들기1	차 한 잔의 여유
09:00~12:00		여성주의상담의 인간이해 (김민예숙)	여성심리 (조혜자)
12:00~13:00		점심식사	점심식사
13:00~14:00	등록, 오리엔테이션	상담의 이해와 기법 (이미혜)	평가 및 다음 교육 안내
14:00~16:00	의식향상집단훈련 I	상담의 이해와 공감, 경청 훈련 (그룹별 실습)	
16:00~18:00	여성주의상담의 원리와 역사 (정춘숙)	의식향상집단훈련 II	
18:00~19:00	저녁식사	저녁식사	
19:00~20:00	여성주의 이론의 여러 흐름 (민경자)	아는 여자 만들기2	
20:00~22:00		동작치료 (이정명)	

2010년

	10월 28일	10월 29일	10월 30일
07:30~09:00		아침식사	아침식사
09:00~10:00		상담이해강의(김영자)	상담과 여성주체성 (노성숙)
10:00~11:00			
11:00~12:00		점심식사	
12:00~13:00	등록, 오리엔테이션 여성정체성발달 사전 설문	여성주의상담(이미혜)	점심식사
13:00~14:00	얼굴익히기, 풀기 (전체)		슈퍼비전 교육(배인숙)
14:00~15:00			여성정체성발달 사후설문 및 평가 실습안내 및 수료식
15:00~16:00	여성학(정희진)	휴식	
16:00~17:00		공감실습 (슈퍼바이저, 그룹별 진행)	
17:00~18:00			
18:00~19:00	저녁식사	저녁식사	
19:00~20:00	의식향상집단 (슈퍼바이저, 그룹별 진행)	여성의전화와 여성주의상담 (정춘숙)	
20:00~21:00			
21:00~22:00			

2011년

	10월 20일	10월 21일	10월 22일
07:30~09:00		아침식사	아침식사
09:00~10:00		상담원리와 기법의 이해 (김영자)	여성주의상담과 철학상담의 여성주체성 이해 (노성숙)
10:00~11:00			
11:00~12:00			
12:00~13:00	등록, 오리엔테이션 여성정체성 발달 사전 설문	점심식사	점심식사
13:00~14:00		여성주의상담 (이미혜)	여성주의상담 슈퍼비전의 이해 (배인숙)
14:00~15:00	얼굴 익히기, 풀기(전체)		
15:00~16:00	여성주의 이해 (전희경)		여성정체성 발달 사후설문 및 평가 실습안내 및 수료식
16:00~17:00		휴식	
17:00~18:00		공감실습 (슈퍼바이저, 그룹별 진행)	
18:00~19:00	저녁식사	저녁식사	
19:00~20:00	의식향상집단 (슈퍼바이저, 그룹별 진행)	여성운동과 여성주의상담 (정춘숙)	
20:00~21:00			
21:00~22:00			

■ **기초실습교육**

2006년

	7월 6일	7월 7일
07:30~08:30		아침식사
08:30~09:00		차 한 잔의 여유
09:00~12:00		여성주의상담 슈퍼비전 (그룹별 실습3)
12:00~13:00		점심식사
13:00~14:00	등록, 오리엔테이션	평가 및 다음 교육 안내
14:00~15:30	여성과 가족 (김혜경)	
15:30~18:00	강의시연, 필독서 토론 (그룹별 실습1)	
18:00~19:00	저녁식사	
19:00~22:00	의식향상집단 : 여성주의 실천 (그룹별 실습2)	
22:00~23:00	수기운동 (문순자)	

▌ 과제 : 1. 여성주의 실천 사례 보고서
  2. 여성주의상담 강의 2회 실시 (강의 원고와 보고서, 참가자 의견서 제출)
  3. 상담 사례 (상담 녹음 테이프, 축어록 제출)
  4. 필독서 요약 및 보고서 (『왜 여성주의상담인가』, 「새 여성학 강의」)

2011년

	4월 29일	4월 30일
07:30~09:00		아침식사, 차 한잔의 여유로움
09:00~10:00		〈왜 여성주의상담인가〉 소감 나누기(이미혜)
10:00~11:00		실습 2 상담축어록 집단 슈퍼비전 (한국여성주의상담 슈퍼바이저)
11:00~12:00		
12:00~13:00		평가 및 점심식사
13:00~14:00	등록 및 오리엔테이션	
14:00~15:00	뒷 풀이(이은주)	
15:00~16:00	실습 1 (의식향상집단) –여성주의 실천 사례를 중심으로– (한국여성주의상담 슈퍼바이저)	
16:00~17:00		
17:00~18:00		
18:00~19:00	저녁식사	
19:00~20:00	결혼과 해혼에 대한 여성주의 정치학(김순남)	
20:00~21:00		
21:00~22:00	마음나누기–같이의 가치–	
22:00~23:00		

▌과제 : 1. 여성주의 실천 사례보고서
　　　 2. 상담 사례 (상담 녹음 테이프, 축어록 제출)
　　　 3. 『왜 여성주의상담인가』 소감문

■ **중급교육**

2006년

	11월 2일	11월 3일	11월 4일
08:00~09:00		아침식사	아침식사
09:00~10:00		여성주의상담의 원리 (김민예숙)	산책하며, 대화하며
10:00~11:00			권력과 젠더 (전희경)
11:00~13:00		여성주의상담의 원리 (그룹별 실습1)	
13:00~14:00	인사 나누기	점심식사	점심식사
14:00~15:00	상담심리 I : 대상관계 이론 (김진숙)	상담심리 II : 인지행동 (김희수)	평가, 다음 교육 안내
15:00~17:00			
17:00~18:00	자연을 느끼며 몸풀기	명상의 시간	
18:00~19:00	저녁식사	저녁식사	
19:00~21:00	의식향상집단	여성주의상담의 기법: 권력분석 (이미혜)	
20:00~22:00		여성주의상담의 기법: 권력분석 (그룹별 실습2)	

■ 중급실습교육

2007년

	6월 21일	6월 22일
08:00~09:00		아침식사
09:00~12:00		여성주의상담 슈퍼비전 (그룹별 실습3)
12:00~13:00		점심식사
13:00~13:30	등록, 오리엔테이션	권력과 임파워먼트2 (이미혜)
13:30~14:00	가부장제 (문현아)	대화하며, 한숨 돌리기
14:00~15:30		여성주의상담의 기법: 권력분석 (그룹별 실습4)
15:30~16:00	필독서 발제 및 토론 (그룹별 실습1)	
16:00~17:00		평가, 다음 교육 안내
17:00~18:00		
18:00~19:00	저녁식사	
19:00~21:00	여성주의 실천 사례 나누기 (그룹별 실습2)	
21:00~21:30	권력과 임파워먼트1 (이미혜)	

■ 고급교육

2007년

	12월 5일	12월 6일	12월 7일
07:30~08:30		아침식사	아침식사
08:30~09:00		아침식사	아침식사
09:00~12:00		상담심리 : 교류분석 (배인숙)	여성주의상담의 원리, 기법, 여성심리 (김민예숙)
12:00~13:00		점심식사	점심식사
13:00~13:30		여성주의상담 슈퍼비전 (그룹별 실습1)	평가, 소감나누기
13:30~14:00	인사 나누기		
14:00~15:00	몸과 마음 풀기		
15:00~16:00	여성심리: 여성의 자아발달 (이명숙)		
16:00~17:00		여성주의상담의 기법: 성역할분석 (정춘숙)	
17:00~18:00		저녁식사	
18:00~18:40	저녁식사	여성주의상담의 기법: 성역할분석 (그룹별 실습2)	
18:40~20:00	가부장제 사회에서의 성역할 (이나영)		
20:00~21:40		토의 : 여성주의상담 가로서 나는 앞으로	
21:40~		못 다한 이야기 나누기	

▌ 과제: 상담 사례 (상담 녹음 테이프, 축어록 제출)

참고문헌

강문순(2003). 여성주의상담의 원리와 전망. 계명대학교 여성학과대학원 석사학
위 논문.

강소영(2007, 미간행). 형사사법 단계별 성폭력 피해자의 2차 피해자화 방지대책.
동국대학교 석사학위 청구논문.

권해수, 김소라(2006). 성폭력 상담자의 대리외상 경험에 대한 질적 연구. 한국심
리학회지: 상담 및 심리치료, 18(3), 496.

김계현, 김동일, 김봉환, 김창대, 김혜숙, 남상인, 조한익(2007). 학교상담과 생활
지도. 학지사.

김민예숙(2011). 미국과 한국의 여성주의상담의 역사비교분석. 한국심리학회지:
여성, 16(2) 197-218.

김민예숙(2011). 여성주의상담모델워크샵 자료집. 김민예숙여성주의상담연구실.

김민예숙(2012). 한국여성주의 상담의 역사. 한국여성심리학회 춘계 학술대회 주
제 발표.

김민예숙, 강문순(2004). 여성주의상담자교육모델에 관한 고찰. 한국심리학회지:
여성, 9(3), 1-25.

김민예숙, 김혜경, 배인숙, 이문자, 이미혜, 정춘숙, 황경숙(2005). 왜 여성주의상

담인가. 한울아카데미.

김민예숙, 손연주(2009). 여성주의와 상담. 한울아카데미.

김성자, 허민숙(2009). 충남 가정·성폭력 등 권익증진시설 상담원 교육프로그램 개발, 중간보고서.

김영희(1999). 여성의 심리적 건강을 위한 의식향상훈련프로그램 개발 연구. 경기교육논총, 8(8), 5-17.

김영희(2004). 가정폭력 피해여성의 살인 vs 정당방위, 여성에게 생존의 권리는 없는가?. 서울여성의전화.

노성숙(2009). 철학상담과 여성주의상담. 한국여성연구원 여성학논집, 26(1), 3-39.

문채수연(2009). 데이트폭력 실태 및 대처방안. 2009 아시아여성 네트워크포럼자료집. 한국여성의전화.

박외숙, 고향자(2007). 비성적 이중관계의 윤리. 한국심리학회지: 상담 및 심리치료, 19(4), 864.

박지영(2008). 여성폭력관련 상담소 및 시설 종사자의 업무로 인한 스트레스 및 관련 요인 연구. 한국사회복지조사연구, 18, 141.

배인숙(2007). 쉼터이용자의 보호문제와 대안. 가정폭력문제 제2차 열린포럼, p. 3. 한국여성의전화연합주최, 여성가족부후원.

변혜정(2004). '성폭력' 피해 구성과 그 의미에 관한 연구-친밀한 이성애 관계에서 성(폭력) 경험에 대한 여성의 목소리를 중심으로. 이화여자대학교 대학원 여성학 박사학위 논문.

변혜정(2008). 섹슈얼리티로 바라 본 세상. 한국양성평등교육진흥원 창립 제5주년 기념자료집.

송주연(2007). 가정폭력피해자 중장기 보호시설의 의의와 운영에 관한 보고. 가정폭력문제 제2차 열린포럼, p. 23. 한국여성의전화연합주최, 여성가족부후원.

안수진(2002). 성별화된 폭력으로서의 스토킹 연구-구애형 스토킹 피해자의 경험을 중심으로. 이화여자대학교 대학원 여성학 석사학위 논문.

여성부(2008). 2007년 전국 성폭력피해실태조사 결과 자료집.

윤아랑, 정남운(2011). 상담자 소진개관. 한국심리학회 상담 및 심리치료, 23(2), 244.

이미혜(2012, 미간행). 가정폭력상담사례에 대한 여성주의적 개입. 한국상담심리학회 3월월례회 발표자료.

이재경, 조영미, 민가영, 박홍주, 이박혜경(2007). 여성학. 미래M&B.

이지연(2004). 여성주의 상담의 적용실제와 방향. 한국심리학회지: 상담 및 심리치료, 16(4), 773-791.

이혜성(1997). 상담의 여성성과 여성상담. 한국심리학회지: 여성, 2(1), 1-13.

일본여성주의상담학회(2009, 미간행). 심포지움: 여성주의상담은 사회를 변화시킬 수 있는가 (한국여성주의상담실천연구소 역), 분과회자료.

장미정(2004, 미간행). 성폭력 피해자 조사 시 2차 피해 유발 질문의 사용과 수사관의 성역할 고정관념 및 강간통념과의 관계. 한림대학교 석사학위 청구논문.

장희숙(2002). 폭력가정의아이들: 청소년상담문제연구보고서, 47. 한국청소년상담원.

정소영(1996). 의식향상(CR)-여성 상담의 집단적 접근. 신학과선교, 21, 293-315.

정윤주(2008). '데이트폭력' 구성과 대응에 관한 연구-20대 여성의 피해 경험을 중심으로. 부산대학교 대학원 여성학 석사학위 논문.

정춘숙, 이문자, 이미혜, 배인숙, 박영란, 황경숙(2008). 여성주의적 가정폭력 쉼터 운영의 실제. 한울아카데미.

정희진(2001). 저는 오늘 꽃을 받았어요. 또 하나의 문화.

정희진(2005). 페미니즘의 도전. 교양인.

조혜자(2002). 여성 존재인가 과정인가. 철학과현실사.

최대헌(2010). 아동/청소년 성폭력 피해자의 후유증상과 상담과정. 여성·아동대책자문회의 주제발표. 서울경찰청.

최해림(1989). 여성상담의 과정 및 기술. 인간이해, 10, 49-56.

한국성폭력상담소(2011). 보통의 경험. 이매진.

한국여성의전화(1987). 베틀, 23, 6-7.

한국여성의전화(2009). 서울지역 대학생의 이성간 데이트폭력실태조사. 2009 아시아여성 네트워크포럼 자료집.

허복옥(2006, 미간행). 성폭력 피해여성의 2차 피해 경험연구-형사법 절차 과정을 중심으로. 계명대학교 석사학위 청구논문.

현남숙(2007). 여성주의 문화에서 감정의 중요성. 한국여성철학, 7, 196.

Engels, F. (1987). 가족 · 사유재산 · 국가의 기원 (김대웅 역). 도서출판아침.

Enns, C. Z. (2009). 여성주의와 상담 (김민예숙, 손연주 역). 한울아카데미.

Greenspan, M. (1995). 우리 속에 숨어 있는 힘 (고석주 역). 또하나의문화.

Makepeace, J. M. (1981). Courtship violence among college students. *Family Relations, 30*, 97.

Seligman, M. (1983). 무기력의 심리 (윤진, 조금호 역). 탐구당.

Wood, J. T. (2006). 젠더에 갇힌 삶 (한희정 역). 커뮤니케이션북스.

Worell, J., & Remer, P. (2004). 여성주의 상담의 이론과 실제 (김민예숙, 강김문순 역). 한울아카데미.

＊기타 자료

한국여성의전화 성폭력상담소 2007-2010 상담통계 자료.

한국여성주의상담실천연구소 소개

■ 설립 목적

한국여성주의상담실천연구소는 여성주의상담을 통해 개인의 변화와 사회의 변화를 추구하며, 여성주의상담의 심화, 여성주의상담가의 양성과 여성주의상담의 확산을 통한 성평등사회 구현을 목적으로 한다.

■ 소개

한국여성주의상담실천연구소는 1983년부터 여성인권운동의 현장에서 여성주의상담을 펼쳐 온 여성의전화와 역사를 같이합니다.

여성주의상담은 기존의 상담 접근과는 달리 여성 문제가 사회제도적인 구조와 연결되어 있다는 인식하에 개인의 변화와 사회의 변화를 동시에 추구합니다. 또한 치료를 강조하기보다는 개인의 역량강화를 통해 자기 삶을 새롭게 개척해 나가는 변화에 초점을 둡니다. 여성주의상담은 4가지 기본 원리 '개인적인 것은 정치적인 것이다' '내담자와 상담자는 평등하다' '역량강화' '여성의 시각으로 재조명하기'를 기반으로 어떻게 사회 안의 억압 구조가 개인에게 내면화되며 그 과정에서 형성된 독특한 여성심리의 다양한 측면들을 이해하고자 합니다.

■ 주요 활동

[교육]

- 여성주의상담 전문가 교육과정 : 여성주의상담 전문가를 양성하기 위한 3년간 5단계의 교육(기초 ⇒ 기초실습 ⇒ 중급 ⇒ 중급실습 ⇒고급)
- 여성주의상담 슈퍼비전 그룹
- 여성주의상담 슈퍼바이저 양성
- 여성주의상담 공개 슈퍼비전
- 여성주의상담 관련 논문 발표

[출판]

- 여성주의상담과 사례 슈퍼비전(20012, 학지사)
- 왜 여성주의상담인가(2005, 한울아카데미)
- 여성주의적 가정폭력 쉼터 운영의 실제(2008, 한울아카데미)
- 일본여성주의상담학회 심포지움 분과회 자료집(2010)

[연구]

- 여성주의상담과 역량강화 관련 연구
- 여성운동, 상담, 사회복지 현장에서 활용될 수 있는 여성주의상담 방법론 개발 등

[확산]

- 여성주의상담전문가를 배출하여 다양한 분야, 영역에서 활동하도록 지원
- 여성운동, 상담, 사회복지, 사회학 등 국내외 관련 분야와 인적, 내용적 네트워킹 구축과 연대
- 국내외 여성주의상담 관련 단체 및 조직과의 연대

■ 연혁

- 2003년 여성주의상담 연구모임 결성
  (1998년 서울여성의전화 여성주의상담 슈퍼바이저 모임이 모태)
- 2005년 『왜 여성주의상담인가』(한울아카데미) 발간
  여성주의상담전문가 기초 교육
- 2006년 여성주의상담전문가 기초실습 교육
  여성주의상담전문가 중급 교육
- 2007년 여성주의상담전문가 중급실습 교육
  여성주의상담전문가 고급 교육
- 2008년 『여성주의적 쉼터운영의 이론과 실제』(한울아카데미) 발간

제1회 여성주의상담 공개 슈퍼비전
· 2009년 여성주의상담실천연구소 준비위원회 설립 계획 확정
제2회 여성주의상담 공개 슈퍼비전
여성주의상담 관련 논문발표회 2회 개최(10, 11월)
제1기 여성주의상담 슈퍼비전 그룹 진행
· 2010년 제1기 여성주의상담 슈퍼비전 그룹 수료
여성주의상담전문가 기초교육
여성주의상담 관련 논문발표회 3회 개최(2,4,7월)
일본여성주의상담학회(2009) 심포지움 분과회 자료집 번역 발간
한국여성주의상담실천연구소 개소
제3회 여성주의상담 공개 슈퍼비전
· 2011년 여성주의상담 전문가 기초 교육
여성주의상담전문가 기초실습 교육
제2기 여성주의상담 슈퍼비전 그룹 진행 및 수료
여성주의상담 관련 논문발표회 3회 개최(4, 6, 11월)
여성주의상담지원단체 간담회 개최
제4회 여성주의상담 공개 슈퍼비전

부설 한국여성주의상담실천연구소
Korean Institute of Feminist Counseling Theory and Practice

주소: 서울시 은평구 녹번동 1-15
전화: 02-3156-5400 / 팩스: 02-3156-5499
E-mail: kfc@hotline.or.kr

한국여성의전화 소개

한국여성의전화는 폭력 없는 세상, 성 평등한 사회를 위해 1983년 첫발을 내딛었습니다. 가정폭력, 성폭력, 성매매 등 여성에 대한 모든 폭력으로부터 여성인권을 보호하고 지원하는 활동을 하고, 시민들의 후원과 참여로 운영됩니다. 여성들이 사회 구성원으로 주체적이고 당당하게 참여하는 날, 여성이 살기 좋은 마을이 만들어지는 날, 여성이라서 행복한 세상이 되는 날까지 여성의전화의 여성인권운동은 계속됩니다.

■ 주요 활동

한국여성의전화는 폭력 없는 사회를 꿈꿉니다

가정폭력, 성폭력, 성매매 등 여성에 대한 폭력을 추방하고 성평등 사회, 평화로운 세상을 만들기 위한 일을 합니다.

여성에 대한 폭력이 인권 침해이며, 사회적 범죄임을 알리고, 폭력에 관대한 문화와 성차별 의식을 변화시키기 위해 노력합니다.

- 폭력피해자 상담 및 인권 지원
- 가정폭력피해자보호시설 '쉼터' 운영
- 데이트폭력 근절 사업
- 지역사회 폭력예방교육
- 정부정책 모니터링과 개입활동
- 법·제도 개선활동
- 폭력예방을 위한 대중캠페인
  - 5월 가정 폭력 없는 평화의 달
  - 11월 세계 여성폭력 추방 주간
- 아시아여성네트워크 활동 및 국제연대

- 여성인권영화제 'fiwom'
- 여성주의상담실천연구소(준) 운영

한국여성의전화는 평등하고 평화로운 지역사회를 꿈꿉니다

성평등한 지역사회를 이루기 위해 지역의 다양한 여성들과 모임을 결성하고, 지역의 정책과 행사를 성인지적으로 바라보는 모니터링 활동과 다양한 성평등 문화 활동을 진행합니다.

- 지역여성소모임 활동
  - 구별지역모임 / 회원소모임
- 평화마을축제
- 지방자치단체 여성정책 모니터링
- 폭력예방을 위한 지역사회 연대 활동
- 지역문제 해결을 위한 지역연대사업
- 「서울특별시 여성폭력방지와 피해자보호 및 지원에 관한 조례안」 제정

한국여성의전화는 개인의 성장을 꿈꿉니다

열정과 비전이 충만한 여성운동가를 양성하기 위한 체계적인 교육시스템 E.L.F(Empowering, Leadership, Feminism)를 통해 전국의 활동가의 역량을 강화하고, 여성상담전문교육과 대중교육을 통해 여성주의 의식향상 및 개인의 성장을 지원합니다.

- 활동가교육(E.L.F)
  - 활동역량(Empowerment)
  - 여성주의 리더십(Leadership)
  - 가치와 정체성(Feminism)
- 여성상담전문 교육
  - 가정폭력 전문상담 회원 교육

- 성폭력 전문상담 회원 교육
- 상담회원 심화교육 및 재교육
- 여성주의상담 슈퍼비전
- 여성주의상담전문가 양성 교육
- 회원 교육
- 리더십 훈련 및 회원토론회

한국여성의전화는 여성폭력 생존자를 지원합니다

가정폭력, 성폭력, 성매매 등 여성인권문제를 상담하며, 보호가 필요한 내담자 (가정폭력 피해 여성)를 위한 쉼터를 운영하고 있습니다.

- 전화상담: 가정폭력상담 02-2263-6464 / 성폭력상담 02-2263-6465
  상담시간: 월~금 오전 10시~오후 5시(점심시간 1시~2시)
- 면접상담: 전화상담을 통해 예약 후, 상담 가능
- 이메일상담: counsel@hotline.or.kr
- 무료법률상담: 매주 월요일/ 전화상담을 통해 예약 후, 상담 가능
- 쉼터 이용: 전화문의

※ 전국 25개 지부에서도 여성폭력 관련 상담 및 지원을 받고 있습니다.

사단법인 한국여성의전화 Korea Women's Hot Line

주소: 서울시 은평구 녹번동 1-15
전화: 02-3156-5400 / 팩스: 02-3156-5499 / 상담: 02-2263-6464~5
E-mail: hotline@hotline.or.kr / 홈페이지: www.hotline.or.kr
후원: 하나은행 128-910002-01505 (사)한국여성의전화

■ 연혁

1983 여성의전화 창립

1987 가정폭력피해여성 쉼터 개설

1988 성폭력 정당방위사건 최초 대응

1989 가정폭력관련 영화 '굴레를 벗고서' 제작

1991 제1회 세계 여성폭력 추방주간 행사 주관

1993 「성폭력특별법」 제정

　　　 단행본『그는 때리지 않았다고 한다』발간

1994 제1회 가정폭력추방주간 행사 개최

1997 「가정폭력방지법」 제정

1999 창립 15주년 기념『한국여성인권운동사』출판

2000 여성주간기념대통령상, 시민운동지원기금선정 '시민운동대상'

2003 창립 20주년 기념『성폭력을 다시 쓴다』출판

2004 『한국여성인권운동사』일본판 출판, 한일여성인권심포지엄 개최

2005 세계여성학대회 국제 심포지엄 개최

　　　 여성주의 상담 도서『왜 여성주의상담인가』발간

2006 제1회 여성인권영화제 "피움"(film festival for woman rights) 개최

2007 쉼터 개소 20주년 기념 국제심포지엄 '쉼터, 이후의 삶'

　　　 이주여성친정방문 지원 'NalJa' 프로젝트 주관

2008 창립 25주년 기념『여자, 길을 내다』출판

　　　 가정폭력연구서『가정폭력－여성인권의 관점에서』출판

　　　 '가정폭력에 대한 국가책임성과 여성인권운동의 역할' 국제심포지엄

　　　 개최

2009 '한국여성의전화' 명칭 변경

　　　 아시아여성네트워크 포럼 개최

　　　 아시아 3개국 데이트폭력 실태조사 실시

2010 한국여성주의상담실천연구소 개소

2011   가정폭력예방 공익광고 및 모바일 홈페이지 및 어플리케이션 제작

         데이트폭력 예방 어플리케이션 '데이트UP데이트' 개발

2012   여성폭력피해자 추모 및 여성폭력근절을 위한 공동행동

         '당신과 함께하는 기억의 화요일' 선포

저자소개

이미혜

1996년 서울여성의전화 자원상담원으로 활동을 시작했다. 상담을 하면서 동시에 여성의 재산권운동과 가정폭력피해자 지원활동, 폭력추방운동, 지역운동 등을 다양하게 체험했다. 이를 통해 한사람의 삶에 사회의 경제적, 정치적 조건들이 미치는 영향을 절감했고 여성주의상담에서 말하는 개인의 심리적 안녕감과 사회적 건강함이 연결되어 있다는 원리를 이해하게 되었다. 여성주의상담자들이 갖는 비판적 사회의식과 풍부한 감성을 좋아한다. 다시 상담 공부를 시작해 금년 초 박사과정을 수료했다. 상담과 요가 공부를 병행하며 인간의 몸과 영성에 대해 관심을 갖게 되었고 사람을 보다 총체적으로 수용할 수 있는 상담자이자 교육자가 되기를 꿈꾼다.

김영자

상담자의 길을 걷는다는 것은 끊임없는 학습의 연속인 것 같다. 상담을 통해 사람의 심리를 이해하고 현재를 잘 살 수 있는 길을 터 주는 작업이 생각처럼 녹녹치 않고 지난한 길이기 때문이다.
때로는 상담의 한계에 부딪혀 무력감이 들기도 하고, 제자리걸음을 하는 내담자를 보면서 소진되고 지쳐서 어깨가 무거워진 날이 많았어도 나에게 있어 상담은 또 하나의 희망이다.
베틀모임(쉼터 퇴소자들의 모임)에서 만난 내담자들의 밝고 환한 모습, 스승의 날에 "샘 덕분에 웃음이 늘었어요."라고 보내온 문자 메시지가 내게 삶의 보람과 행복을 안겨 준다.
상담을 통해 그들에게 내민 손길이 새로운 희망을 안겨 주고 웃음을 되찾아 주었기에 오늘도 나는 학습의 끈을 놓을 수 없는 것이다.

문채수연

한국여성의전화 전 성폭력상담소 소장이며, 교육조직국 국장으로 일하고 있다. 5년간 성폭력상담소에서 상담자이자, 사건지원자로 활동했다. 성폭력상담소에서 2006년 '데이트폭력'으로 명명한 이후, 생존자 지원과 데이트폭력예방캠페인, 데이트강좌와 실태조사 토론회, 데이트폭력 예방 어플리케이션 등을 기획하고 실행하면서 벅찬 감동을 느꼈다. 데이트폭력 생존자들이 가해자들과의 '결혼'을 선택하게 되는 '맥락'을 살펴보는 일에 많은 관심을 갖고 있으며, 이 글이 그 출발점이다. 여성주의와 상담, 여성운동을 하는 한국여성의전화를 만난 건 행운이었고, 지금도 한국여성의전화에서 활동하고 있다.

배인숙

1988년 여성의전화에 처음 와서 우리들의 경험을 거리낌 없이 나눌 수 있어서 행복했다. 그러나 나의 여성주의적 이상향은 현실과는 너무나 동떨어져 있어서 주변을 힘들게 했는지도 모르겠다. 여성주의상담을 하면서 많은 날들이 지나갔다. 그리고 여성과 소수자의 인권을 소중히 여기고, 공동체를 살리는 여성주의 실천에 대한 고민은 지금도 진행 중이다.

이문자

1988년도에 여성의전화에 입문하여 25년 동안 동고동락 중이다.
여성의전화 동지들로 인하여 성장했고, 행복했다.
피해자들을 누구보다 사랑하고 나는 그들에게서 삶의 지혜를 배웠다.
나는 그들에게 자신을 돌려줬다고 자부한다.
아직은 녹슬지(?) 않았다고 이번 집필에 참여하게 해 준 한국여성주의상담실천연구소 위원들에게 감사드린다.

이화영

현재 한국여성의전화 성폭력상담소 소장을 맡고 있고, 여성의전화와 인연을 맺은 지는 13년째다. 인권홍보업무, 회원사업과 지역사업, 사무국장, 건축업무, 가정폭력상담소, 쉼터, 성폭력상담소까지 정말 다양한 일을 경험했다. 멀티플레이어라고 자부하며, 얕지만 넓은 경험을 여성인권운동의 또 다른 전문성으로 실현하고자 몸부림치고 있다. 여성으로서의 고민만 있되 어떻게 실천할지 모르던 발랄한 20대는 13년의 시간을 거치며 여성운동가이자 실천하는 여성주의상담전문가로 거듭나고자 한다.

황경숙

1985년 여성의전화와 만났다.
그 속에서 교육, 만남, 상담을 주고 받으며 상담자로 시작하여 상담사업위원장, 가정폭력상담소장, 서울여성의전화 회장으로, 여성주의상담전문가로 강산이 세 번 바뀐다는 세월을 보내 왔다. 만남 속에서 주고받은 많은 여성들의 이야기와 직접 경험들, 그리고 여성주의 인식은 나의 삶을 통찰하게 해 주었고, 깨어 있는 삶을 살 수 있게 해 주었다. 그렇게 해서 조금씩 영근 결실들을 함께 모아 2005년 새벽녘의 이슬을 털었고(『왜 여성주의상담인가』), 이제 다시 알알이 2012년 아침의 찬란한 태양빛에 얼굴을 내민다. 새롭지만 새롭지 않고 내가 한 얘기지만 이미 누군가가 했던 그런 이야기들이 모여 우리의 이야기가 되었다. 끊기지 않고 지속적으로 잔잔하게 이끌어 온 경험의 시간들과 실천의 역사성이 내겐 힘이다. 그 힘으로 지금 여성주의상담 슈퍼바이저를 하고 있다.

여성주의상담과 사례 슈퍼비전

2012년 6월 20일 1판 1쇄 발행
2023년 8월 10일 1판 7쇄 발행

기 획 • 한국여성의전화 부설 한국여성주의상담실천연구소
지은이 • 이미혜 · 김영자 · 문채수연 · 배인숙 · 이문자 · 이화영 · 황경숙
펴낸이 • 김 진 환
펴낸곳 • ㈜ 학 지 사
         04031 서울특별시 마포구 양화로 15길 20 마인드월드빌딩 5층
대표전화 • 02) 330-5114   팩스 • 02) 324-2345
등록번호 • 제313-2006-000265호
홈페이지 • http://www.hakjisa.co.kr
페이스북 • https://www.facebook.com/hakjisabook

ISBN 978-89-6330-408-3 93180

정가 16,000원

출판미디어기업 학지사

간호보건의학출판 학지사메디컬 www.hakjisamd.co.kr
심리검사연구소 인싸이트 www.inpsyt.co.kr
학술논문서비스 뉴논문 www.newnonmun.com
원격교육연수원 카운피아 www.counpia.com